丛书主编 ◎ 李水城

中国盐业考古与盐业文明

国家出版基金项目

# 长江上游古代盐业开发与城镇景观研究

李小波 著

西南交通大学出版社
·成都·

### 图书在版编目（CIP）数据

长江上游古代盐业开发与城镇景观研究 / 李小波著. —成都：西南交通大学出版社，2019.10（2022.11 重印）
（中国盐业考古与盐业文明）
国家出版基金资助项目
ISBN 978-7-5643-7194-4

Ⅰ.①长… Ⅱ.①李… Ⅲ.①长江流域－上游－盐业史－研究－古代 Ⅳ.①F426.82

中国版本图书馆 CIP 数据核字（2019）第 234937 号

---

国家出版基金资助项目
中国盐业考古与盐业文明
Changjiang Shangyou Gudai Yanye Kaifa yu Chengzhen Jingguan Yanjiu
**长江上游古代盐业开发与城镇景观研究**
李小波　著

| | |
|---|---|
| 出 版 人 | 阳　晓 |
| 责 任 编 辑 | 居碧娟 |
| 助 理 编 辑 | 罗俊亮 |
| 封 面 设 计 | 原谋书装 |
| 出 版 发 行 | 西南交通大学出版社<br>（四川省成都市金牛区二环路北一段 111 号<br>西南交通大学创新大厦 21 楼） |
| 发行部电话 | 028-87600564　028-87600533 |
| 邮 政 编 码 | 610031 |
| 网　　　址 | http://www.xnjdcbs.com |
| 印　　　刷 | 成都市金雅迪彩色印刷有限公司 |
| 成 品 尺 寸 | 170 mm × 240 mm |
| 印　　　张 | 16.75 |
| 字　　　数 | 261 千 |
| 版　　　次 | 2019 年 10 月第 1 版 |
| 印　　　次 | 2022 年 11 月第 2 次 |
| 书　　　号 | ISBN 978-7-5643-7194-4 |
| 定　　　价 | 68.00 元 |

审图号：GS（2019）5236 号
图书如有印装质量问题　本社负责退换
版权所有　盗版必究　举报电话：028-87600562

# 中国盐业考古与盐业文明丛书编委会

主编　李水城

编委　（以姓氏笔画为序）

　　　王子今　李小波

　　　李何春　赵　逵

# 总序

2016年，我和北京大学中文系李零教授向国家出版基金办公室推荐了"中国盐业考古与盐业文明"丛书出版项目。这套学术著作包括：《中国盐业考古》（李水城，北京大学）、《秦汉盐史论稿》（王子今，中国人民大学）、《长江上游古代盐业开发与城镇景观研究》（李小波，四川师范大学）、《中国古代盐道》（赵逵、张晓莉，华中科技大学）、《滇藏地区的盐业与地方文明》（李何春，云南民族大学）。以上学术著作分别从考古学与民族志、历史学与古文献学、交通史、历史地理学、文化遗产线路、文化人类学的不同视角对中国古代的制盐遗址、制盐工艺与技术、盐政以及与盐有关的贸易通道、城镇发展、盐产区的景观环境和文化习俗等进行了广泛、深入的研究，可以说是全方位地对中国盐业发展的历史和研究做了系统展示。最近，这套学术著作即将出版，这无论是对学术界还是对出版界都是一件值得庆贺的喜事，借此机会表示衷心的祝贺！

盐是人类日常生活的必需品，看似极为普通，但却是维系地球生命繁衍生存的重要元素，其作用就如同空气、粮食和水一样。食盐的主要成分为氯化钠。盐的重要性在于它能够保障人体的新陈代谢、血液循环，增强神经和肌肉的兴奋性，还能调节体内酸碱平衡，使血压维持正常。可见，盐对人的生存和健康是何等重要！

盐的重要性还在于它关乎国计民生，盐税在历史上曾是国家财政的支柱和赋税的重要来源。因此，中国历朝历代都将盐当作战略资源来掌控。先秦时期，齐国的"管仲相桓公，霸诸侯，一匡天下"（《论语·宪问》）；汉昭帝时，组织召开了一场关于盐铁专卖政策的大讨论，即著名的盐铁会议，最终朝廷将盐、铁视为国家的经济支柱；盛唐一代，盐税几占国家财政总收入的一半；宋代以后，更是将盐税全部收归国有。

由此不难看出，"盐"对一个王朝、一个国家的社会安定和政权稳固是多么重要，无怪乎中国古人很早就将盐视为"国之大宝"。

中国古人开采过池盐、井盐、海盐和岩盐。传说古代山东沿海的"宿沙氏煮海为盐"，有说宿沙氏为黄帝臣，也有说是炎帝的诸侯。总之，早在新石器时代人们就知道采卤制盐了。四川出土的汉代画像砖就有开采井盐的生动画面。但过去传统研究盐史和盐文化主要依靠文献记载，多有局限。盐业考古是我国近些年来才有计划地开展起来的新领域。较早的工作从长江三峡起步，特别是对重庆忠县中坝遗址的考古发掘。接下来在黄河三角洲的莱州湾地区发现了大量煮海盐的遗迹，数量有700余处，规模巨大。此后，又在全国其他地方陆续调查发现不少制盐遗址。以上工作的绝大部分是在北京大学考古系李水城教授的主持下进行的。其中，有些是与国外学者合作的，有些是与相关学科的科技工作者协作开展的，可谓国际合作和多学科协作的成功典范。李水城教授和美国加州大学的罗泰（Lothar von Falkenhausen）教授还在此基础上主编出版了几部中国盐业考古文集，并在《南方文物》组织"盐业考古"专栏，向学术界和公众介绍中国盐业考古的发现和研究，取得的诸多成果已引起国内外学术界的广泛关注和高度评价。由此也显示出盐业考古是个非常具有潜力的新兴研究领域。

以李水城教授为代表的一批学者不仅迅速填补了中国盐业考古的长期空白，在中国考古学中建立起盐业考古这一分支学科，还极大地推进了中国盐业史和盐文化的研究。在即将出版的"中国盐业考古与盐业文明"这套丛书中，李水城所著《中国盐业考古》一书不但对中国的盐业考古做了全面介绍，同时还介绍了欧美与亚非拉等地的盐业考古情况以及有关的人类学调查研究，视野广阔，提供了比较研究的大量资料。

我是做考古研究的，难免对盐业考古说的话比较多。其他几部书的内容也非常丰富多彩，涉及盐史、盐文化和文化遗产的方方面面，有些领域我不是很熟悉，就不赘述了。相信这套著作的出版，必将对中国盐业史、盐业考古乃至中国经济发展史、科技史和文化史的研究起到积极的推动作用。

2019年5月10日

# 目 录

**绪　论　长江上游古代盐业开发与城镇景观研究缘起 / 1**
　　一、中国盐业考古引发的地理视野 / 1
　　二、学术研究回顾 / 4
　　三、长江上游古代盐业开发与城镇景观的研究视野 / 13

**第一章　长江上游古代盐业开发的地质基础 / 16**
第一节　四川—云南古地理环境变迁与盐矿形成 / 16
第二节　川东、川中、川西、川北成盐的地质差异 / 20
　　一、时间差异 / 20
　　二、盐矿种类差异 / 21
　　三、盐矿埋藏的地质构造差异 / 21
第三节　滇中、滇西和滇南成盐的地质差异 / 25
　　一、时间差异 / 25
　　二、盐矿类型差异 / 26
　　三、盐矿埋藏的地质构造差异 / 28
第四节　长江上游古盐井遗址考察 / 28
　　一、四川部分 / 29
　　二、重庆部分 / 33
　　三、西藏部分 / 44
　　四、云南部分 / 45
第五节　长江上游盐矿地质条件与古代井盐开发 / 48
　　一、盐矿的埋藏深度对盐业开发历史序列产生重要影响 / 49
　　二、盐矿的开采难度对盐业利用方式和早期聚落及城镇产生较大影响 / 52

三、盐矿空间布局影响了区域空间经济结构、城镇布局和行政区划 / 53

四、盐产区和非盐产区之间的盐业运销伴随着多元文化的交流 / 53

**第二章 三峡盐业考古成果与长江上游人类活动蠡测 / 54**

第一节 三峡盐业考古新发现 / 55

第二节 长江上游早期盐业开发与人类活动蠡测 / 60

　　一、盐泉开发与"巫臷文化"和"黔中文化" / 61

　　二、羌族与早期盐业 / 63

　　三、李冰与蜀中早期盐业 / 64

　　四、云南早期盐业开发与人类活动 / 64

第三节 先秦时期盐业开发与长江上游聚落、城市 / 65

　　一、中坝聚落与古代盐业 / 65

　　二、先秦长江上游盐业资源与城市初步格局 / 67

**第三章 长江上游古代盐业开发对城市的影响 / 71**

第一节 秦汉时期盐业开发对城市的影响 / 71

　　一、秦汉时期长江上游盐业开发的地理分布 / 71

　　二、汉代盐业经济对长江上游行政区划的影响 / 75

第二节 唐代盐业开发对城市的影响 / 88

　　一、唐代长江上游盐业开发的地理分布 / 89

　　二、唐代长江上游盐业开发对城市的影响 / 101

第三节 宋代盐业开发对城市的影响 / 108

　　一、宋代长江上游盐业开发的地理分布 / 110

　　二、唐宋长江上游行政区划和城镇布局的盐业视窗 / 122

第四节 明清时期长江上游盐区与城镇 / 129

　　一、明清时期四川盐业开发与盐业城镇的地理分布 / 129

　　二、明清时期云南盐业开发的地理分布 / 135

　　三、盐业运销与盐业城镇体系的形成 / 141

**第四章　盐业城镇的空间结构与景观特征 / 158**

第一节　盐业城镇和盐道景观的研究方法 / 160

　　一、文化景观理论 / 160

　　二、历史剖面理论 / 162

　　三、共生空间理论 / 163

　　四、文化线路遗产新趋势 / 164

第二节　以自贡为中心的盐业城镇和盐道景观 / 166

　　一、自贡盐业城市空间结构和景观特征 / 166

　　二、盐道体系上的盐业景观 / 183

　　三、盐转运城镇景观 / 189

第三节　以三峡为中心的盐业景观考古和城镇景观 / 203

　　一、忠县中坝盐业景观 / 206

　　二、云阳明月坝——唐宋盐业市镇的考古学景观 / 212

　　三、宁厂古镇——固守着盐泉财富的流逝 / 216

第四节　盐业城镇的仿生学形态 / 220

　　一、罗城——山顶踏船盐行四方 / 221

　　二、罗泉——山川盐脉兴"龙"城 / 223

第五节　云南盐业古镇与村落 / 225

　　一、黑井镇——失落的盐都 / 226

　　二、诺邓——盐业造就的美丽村落 / 236

结　语 / 241

参考文献 / 245

后　记 / 257

Brief introduction / 258

# 绪论
# 长江上游古代盐业开发与城镇景观研究缘起

## 一、中国盐业考古引发的地理视野

盐是人类生活的必需品之一，在人类文明的进程中扮演着极其重要的角色。盐的使用是人类生活史上的一大进步，盐也被称为"食肴之将"；同时，盐是"国之大宝"，盐的税利收入是历代官府的重要财源，经济作用巨大。盐业与国家的政治、军事、文化、科学技术等诸多方面也密切相关。

在盐业史研究中，有两个令所有研究者都无法回避的重要课题：盐是人类生活的必需品之一，人类究竟何时开始使用食盐？早期盐业开发与人类活动关系如何？许多史学家都力图给予解释，但一直未能得到较满意的答案。

四川盐业开采的最早记载见于《华阳国志·蜀志》："秦孝文王以李冰为蜀守……识齐水脉，穿广都（今双流）盐井诸陂池。"单纯从史料看，李冰率先开发了四川盐业，但是，四川不可能到战国末期才开始使用食盐。《后汉书·南蛮西南夷列传》中有巴人祖先廪君氏沿清江上溯、逐鱼盐而居的传说，任乃强先生据此提出盐是川东早期人类活动的关键因素，给四川上古史研究开辟了新的思路。①

事实上，只根据史料，是无法断定食盐使用的最早时间的。一是因为在史料记载以前，盐业开发早已进行；二是关于上古时期的盐业记载，多为传说性质，难以稽征；三是海盐、池盐或者天然盐泉的自然利用，

---

① 任乃强：《四川上古史新探》，四川人民出版社，1986年，第220-221页。

也无法得知其使用的准确时间。人类主动使用盐的最确凿证据，最早只能是制盐的器物。

随着三峡库区抢救性文物发掘工作的进行，考古发现给古代盐业研究提供了新的线索。1994年，北京大学考古系在忠县哨棚嘴、瓦渣地发掘出土的尖底杯和花边陶釜，用途与陶器制盐有关。尖底杯的流行年代当在商代后期至西汉初期，花边陶釜的流行年代在西周至西汉早期。[①]这一发现，将四川井盐的开发年代大大提前，是盐业开发史研究上的一个突破。基于此，北京大学、美国加州大学洛杉矶分校、成都市文物考古研究所于1998年联合成立了中美联合盐业考古队（简称考古队），拟对四川盆地古代井盐生产进行考察、研究，以探讨早期盐业开发与人类活动的关系，项目名称为"四川盆地及其邻近地区古代盐业的景观考古学研究"。这是国内首次开展的盐业专题考古工作，也是一项多学科（历史学、考古学、地理学、地质学）结合的综合研究。该项目由北京大学李水城教授任中方队长，美国加州大学洛杉矶分校罗泰教授任美方队长。笔者有幸参与其中。考古队于1999年3月对四川、重庆的主要井盐产区进行了考察，考察路线是：成都—蒲江—邛崃—自贡—重庆—涪陵—忠县—云阳—奉节—巫溪—巫山—宜昌。8月，笔者受考古队委托，又对乌江流域的古盐井进行了考察。通过考察研究，笔者认为三峡地区是古代盐业开发研究的理想场所，理由如下：

（1）渝东古盐井数量多、埋藏浅、易开发，据现有材料可证明渝东地区是井盐开发利用最早的区域。在渝东地区，考古队一共考察了古盐井31口，由于时间关系，还有万州、开州、武隆等地未考察。其中，巫溪盐泉自崖壁中流出，属天然盐泉，其余盐井几乎都位于河流两侧，埋藏极浅，容易开采使用。考古发现表明，忠县是迄今为止所能证实的井盐开发使用最早的地点。

（2）忠县集古盐井、古窑址、人类活动遗址于一体。忠县从中坝瞽井沟至长江口的区域内，已经发掘的考古工地有3个，即中坝、哨棚嘴、崖脚。有两口古盐井位于中坝遗址附近，盐井对岸已发掘汉代龙窑一个。瞽井沟东部的另一条长江支流涂井河沿岸发现有古盐井10口，盐井附近有考古遗址1个、崖墓群1处。

---

① 孙华、曾宪龙：《尖底陶杯与花边陶釜——兼说峡江地区先秦时期的鱼盐业》，载重庆市博物馆编《巴渝文化4》，重庆出版社，1999年，第59-77页。曾宪龙，一作曾先龙。

考古队当时的基本设想是，以忠县为基地，从以下六个方面开展工作：①在当地寻找比文献记载更早的史前盐业遗存；②重现该区域在使用铁锅制盐以前的陶器制盐技术；③揭示盐业生产的组织和管理形式，特别是早期阶段；④估算该区域盐业生产的产量；⑤评估盐产业对环境的影响；⑥研究盐业生产和交易活动对区域内古代社会进程的影响。

三峡盐业考古项目从 1998 年开始持续了近 8 年时间，分别于 2004 年和 2006 年在美国加州大学洛杉矶分校和德国图宾根大学举行了两次国际学术会议，作为该项目的总结性成果交流，并出版了相应的田野考察和研究的成果《中国盐业考古——长江上游古代盐业与景观考古的初步研究》。[①]

盐业考古成果是盐业研究史上的一大突破，不仅将文献记载的盐业生产时间大大提前，而且给三峡地区早期人类活动的研究提供了一个新的视角。古代盐业资源的分布、开采、生产、运输等对区域开发产生了很大影响，对聚落起源和城镇变迁的影响也十分明显。在三峡地区研究成果的基础上，笔者将研究的空间范围扩大到长江上游地区，同时对云南的安宁、石羊、黑井、云龙，四川的盐源、西昌等地的盐业遗址进行了考察；2007 年又沿着南方丝绸之路（西线和东线），对四川盐业的运销路线进行了考察，对长江上游古代盐业开发与城镇变迁有了更深入的认识，并发表了初期研究的相关成果。[②]

---

[①] 李水城、罗泰：《中国盐业考古——长江上游古代盐业与景观考古的初步研究》（第一集），科学出版社，2006 年。

[②] 李小波：《盐铁经济与汉末巴郡分化》，《中国社会经济史研究》，2000（1），第 10-14 页。
李小波：《川东古代盐业开发对行政区划和城市分布的影响》，《长江流域资源与环境》，2009（3），第 307-312 页。
李小波：《三峡盐业考古发现及其意义》，《重庆大学学报》（社会科学版），2002（1），第 50-55 页。
李小波：《三峡古代盐业开发的历史地理考察》，《侯仁之师九十寿辰纪念文集》，学苑出版社，2003 年，第 167-171 页。
李小波：《古盐业遗址与三峡历史景观变迁》，《四川师范大学学报》（社会科学版），2003（6），第 104-109 页。
李小波：《三峡历史时期盐业发展兴衰及其原因》，《盐业史研究》，2004（1），第 17-20 页。
李小波：《四川古代盐业开发的地质基础》，载《中国盐业考古：长江上游古代盐业与景观考古的初步研究》（第一集），科学出版社，2006 年，第 162-181 页。
李小波：《重庆市彭水县郁山镇古代盐井考察报告》，载《中国盐业考古：长江上游古代盐业与景观考古的初步研究》（第一集），科学出版社，2006 年，第 114-125 页。

古代盐业开采与聚落起源和城镇变迁的关系十分密切。从资源条件看，因盐而聚众，聚众而成邑，盐的经济性使得盐业城镇成为区域性的经济中心和行政中心；此外，伴随着盐的运销，其空间影响随之扩大。所以，长江上游盐业开发对城镇变迁有重要意义。

（1）以前在探讨早期人类活动以及聚落起源时，学界主要关注温和的气候、宽阔的冲积平原或阶地、充足的食物来源等因素，极少考虑盐的重要性，这是历史学、考古学、地理学的空白点。盐的开发利用与早期聚落形成、古代科技发明、环境变迁、经济发展密切相关，具有重要的研究价值。

（2）聚落与城镇是认识长江上游政治、经济、文化的重要途径，其起源和变迁反映了长江上游历史地理的演变过程，与盐业资源的发掘、开采、运输等有生产的关联性和空间的连续性。而且本书研究的区域是多民族聚居地，在盐业资源的开发和城镇发展等方面与汉族地区存在一定差异性。

（3）长江上游是中华文明的重要发源地之一，经济开发历史十分悠久，原始先民们依托艰苦的自然环境进行生产和发展，本书以盐业开发为核心，探讨其人地关系和城镇景观的演变。

（4）长江上游盐业城镇是资源性城市和衰落城市的典型代表，从兴盛、衰落到今天的保护和发展，具有十分重要的现实意义。

## 二、学术研究回顾

由于盐的重要性，中国古代盐业史料十分丰富，既有像《盐铁论》那样充满经济管理智慧和闪烁着文化哲理光芒的经典名篇，也有馆阁中汗牛充栋的盐务档案，这给盐业研究者提供了一个广阔的学术空间。从目前已经出版的专著看，有对中国盐业历史、盐业经济的综合性研究，[1]

---

[1] 曾仰丰：《中国盐政史》，商务印书馆，1936年。
丁长清、唐仁粤：《中国盐业史·近代当代编》，人民出版社，1997年。
郭正忠：《中国盐业史·古代编》，人民出版社，1997年。
唐仁粤：《中国盐业史·地方编》，人民出版社，1997年。
林建宇：《中国盐业经济》，四川人民出版社，2002年。
钟长永：《中国盐业历史》，四川人民出版社，2002年。
陈然、谢奇筹、邱明达：《中国盐业史论丛》，中国社会科学出版社，1987年。
彭泽益、王仁远：《中国盐业史国际学术讨论会论文集》，四川人民出版社，1991年。

有对盐业断代史的研究，[1]有对盐政、科技、人物等的专题性研究，[2]有对区域盐业史的研究。[3]此外，四川省自贡盐业历史博物馆主办有全国唯一的专业杂志《盐业史研究》，为盐业研究者提供了一个交流的窗口和平台，另外，历史、地理、经济史等相关刊物也登载盐业研究的论文。但是，对于长江上游古代盐业开发与区域城市变迁的研究还较为薄弱，前期成果主要集中在以下方面。

## （一）盐业考古方面的研究

郭正忠先生认为：以往的盐史著作，大都以盐政为中心来展开讨论；而现在的研究要求对历代盐政及其以外的各个方面——诸如生产技术、社会经济、思想文化等，给予充分重视和综合论述，以求比较全面地反映古代盐业的面貌和实况。在研究方法上，以往多以文献资料为出发点和立论依据，至于文献以外的，则较少涉及；现在要尽可能利用考古发现、金石档案等其他材料。[4]

盐业考古研究目前主要集中在三峡地区，从忠县瞪井沟发现的尖底杯和花边陶釜入手。孙华教授认为：尖底杯使用年代在商代晚期到西汉初期，用于盛装盐水后，插入长江边沙地自然晒盐；花边陶釜使用年代在西周至西汉早期，是用于烧盐的器物，随着汉代铁器的大量使用，这种制盐陶器逐渐被淘汰。[5]阿拉巴马大学巴盐教授通过与北美洲印第安

---

[1] 郭正忠：《宋代盐业经济史》，人民出版社，1990年。
刘淼：《明代盐业经济研究》，汕头大学出版社，1996年。
丁长清、刘佛丁：《民国盐务史稿》，人民出版社，1990年。
张学君、冉光荣：《明清四川井盐史稿》，四川人民出版社，1984年。
[2] 戴裔煊：《宋代钞盐制度研究》，中华书局，1981年。
彭久松、陈然：《中国契约股份制》，成都科技大学出版社，1994年。
林元雄：《中国井盐科技史》，四川科技出版社，1997年。
李涵：《缪秋杰与民国盐务》，中国科学技术出版社，1990年。
张小也：《清代私盐问题研究》，社会科学文献出版社，2001年。
[3] 牧寒：《内蒙古盐业史》，内蒙古人民出版社，1987年。
彭久松、陈然：《四川井盐史论丛》，四川省社会科学院出版社，1985年。
钟长永：《川盐史论》，四川人民出版社，1990年。
黄国信：《区与界：清代湘粤赣界邻地区食盐专卖研究》，生活·读书·新知三联书店，2006年。
[4] 郭正忠：《中国盐业史·古代编》，人民出版社，1997年，第1-2页。
[5] 孙华、曾宪龙：《尖底陶杯与花边陶釜——兼说峡江地区先秦时期的鱼盐业》，载《中国盐业考古——长江上游古代盐业与景观考古的初步研究》（第一集），科学出版社，2006年，第286页。
孙华：《渝东史前制盐工业初探——以史前时期制盐陶器为研究角度》，《盐业史研究》，2004（1），第3-14页。

人早期制盐方式的比较，认为中坝遗址的功能是制盐，但是，尖底杯的使用和在制盐过程中的装填、运输等一系列问题，还需深入考证。[1]忠县盐业考古引起了许多研究者的关注，研究者从不同角度探讨了早期盐业的开发问题。[2]此外，在科技考古和环境考古方面，也出现了相应的研究成果。[3]

在三峡盐业遗址的考古学研究中，付罗文[4]、陈伯桢[5]两位博士以中坝遗址为研究对象，完成了博士论文。李水城教授（中美联合盐业考古队中方负责人）梳理了三峡地区、成都平原、山东莱州湾和中原地区的盐业考古成果，从早期盐业生产器具、生产技术和盐业资源的控制等方面，提出了盐业考古的研究方向。[6]罗泰教授（中美联合盐业考古队美方负责人）认为，盐业考古在西方已经具有一定的历史，但在中国还是一个新领域。四川盆地盐业考古的研究是将盐作为自然资源和"权力资源"，把盐聚焦在生态背景下"经济行为"与"社会—文化发展"的相关性上。其研究方法是景观考古学，由过去单一的"遗址和人工制品"拓展到人与自然的关系上，"将地质考古和环境考古研究与对聚落和其他遗迹的发掘及对历史、文化性质的阐释完整地结合到一起"。从景观考古学的视角与效果看，这种方法很适合长江上游盆地古代盐业各方面的考察，

---

[1] 巴盐：《尖底杯：一种可能用于制盐的器具》，载《中国盐业考古——长江上游古代盐业与景观考古的初步研究》（第一集），科学出版社，2006年，第260页。

[2] 钟长永、黄健：《川东盐业与三峡库区的盐业遗址》，《四川文物》，1997（2），第3-6页。
孙智彬：《忠县中坝遗址的性质——盐业生产的思考与探索》，《盐业史研究》，2003（1），第25-30页。
四川省文物考古研究院等：《中坝遗址的盐业考古研究》，《四川文物》，2007（1），第37-49页。
曾先龙：《中坝遗址在三峡库区盐业考古中的地位》，《盐业史研究》，2003（1），第22-24页。
刘卫国：《试论渝东古盐泉向人工井的演进》，《盐业史研究》，2002（1），第32-40页。

[3] 张强等：《川江中坝遗址5000年来洪水事件研究》，《地理科学》，2004（6），第715-720页。
黄润等：《长江三峡中坝遗址地层中Rb和Sr的分布特征及其古气候演变》，《第四纪研究》，2004（5），第53-58页。
史威等：《重庆中坝遗址磁化率曲线异常特征的环境考古分析》，载中国第四纪科学研究环考古专业委员会等编《环境考古研究》（第四辑），北京大学出版社，2007年，第302-306页。
朱继平、王昌燧等：《长江三峡早期井盐开发的初步探讨》，《中国科学技术大学学报》，2003（4），第501-504页。

[4] Rowan Kimon Flad. Specialized Salt Production and Changing Social Structure at the Prehistoric Site of Zhongba in the Eastern Sichuan Basin. China. University Of Califonia, Los Angeles.

[5] Pochan Chen. Salt Production and Distribution from the Neolithic Period to the Han Dynasty in the Eastern Sichuan Basin. China. University of Califonia. Los Angeles.

[6] 李水城：《近年来中国盐业考古领域的新进展》，《盐业史研究》，2003（1），第9-12页。

争取能成为研究的"范式"。①陈伯桢先生认为：三峡地区盐业考古的研究，除了发掘报告外，主要可以区分为几个不同的研究主题，包括遗址的介绍，个别遗物、遗迹的判断研究，制盐环境的背景分析，盐业生产技术的重建，盐业生产的专业化发展，盐业生产与宗教信仰的关系，长距离盐贸易的分析以及动物遗存或盐腌制品的研究。②

### （二）盐业资源与盐业生产的研究

长江上游盐业资源主要分布在四川和云南境内，地质学者们首先从科学的角度分析了盐矿资源的形成原因。从1913年中国地质科学研究机构诞生开始，学者们逐步开展了对盐矿的勘探工作。据统计，从1949年至1976年，地质科学家们对井盐矿的专门考察报告和论著有20余部，对四川卤矿资源分布规律、形成原因、地层剖面及命名做了卓有成效的研究工作。③地质科学家的成果是为了找矿的需要，后来，为了满足盐业史研究需要，一些学者开始有针对性地探寻资源的空间分布与后来盐业开发的相关性。④

对盐业生产的研究表现在两个方面：一是开采技术，二是盐产地。林元雄、宋良曦等合著的《中国井盐科技史》堪称这方面的代表作，尤其对卓筒井的研究最全面深入。对盐矿的认识是一个由表及里、由浅入深的过程，盐业早期生产历程主要是从天然岩泉的利用到大口井开发。目前保留较多的浅层埋藏岩泉集中在三峡和四川盆地周边，这引起了学者们的关注。⑤傅汉思和张学君先生为邛崃火井煮盐的研究

---

① 罗泰：《研究项目的背景和目的》，载《中国盐业考古——长江上游古代盐业与景观考古的初步研究》（第一集），科学出版社，2006年，第10-26页。
② 陈伯桢：《中国盐业考古的回顾与展望》，《南方文物》，2008（1），第40-42页。
③ 林元雄、宋良曦等：《中国井盐科技史》，四川科技出版社，1997年，第78-88页。
④ 毕光宏：《云南盐矿地质特征及盐矿地质调查勘探史略》，《盐业史研究》，1996（3），第55-59页。
宣之强：《中国盐矿开发的历史回顾与前瞻》，《化工矿产地质》，1997（3），第204-207页。
王清明：《我国盐矿地质勘查研究简史》，《盐业史研究》，2006（2），第57-60页。
侯虹：《渝东地区古代地质环境与盐矿资源的开发利用》，《盐业史研究》，2003（1），第55-65页。
刘德林：《滇盐矿山开发史略论》，《盐业史研究》，1996（3），第24-35页。
张鸿德：《云南盐矿资源开发利用条件分析》，《中国井矿盐》，1994（5），第4-8页。
⑤ 刘卫国：《从忠县涂井溪的古盐泉看人工井的早期演进》，《盐业史研究》，2003（1），第71-76页。
程龙刚：《长江三峡地区自然盐泉发现时期考》，《盐业史研究》，2001（2），第41-43页。
刘卫国：《奉节鱼复浦上的八阵图与盐灶》，《盐业史研究》，2004（1），第34-39页。
刘卫国：《渝东古盐业探源》，《盐业史研究》，2004（3），第28-36页。
钟长永、黄健：《川东盐业与三峡库区的盐业遗址》，《四川文物》，1997（2），第3-7页。

提供了新证。①云南地区古代盐业开发的竹龙技术和珍贵史料《滇南盐法图》值得人们关注。②在对盐产地的研究中，吉成名教授对不同时期的盐产地进行了梳理，并完成了国家社会科学基金项目"中国历史上食盐产地变迁研究"。③李青淼对唐代盐产地的空间布局及其变迁进行了深入考证，并对唐代盐产地的数量进行了辨析。④此外，还有一些文章对此也有讨论。⑤

### （三）盐政管理和盐业运销的研究

盐政管理一直是盐业史研究的重点，在综合性的著作外，盐政对地域影响的研究日益深入。四川和云南的盐主要行销于本地及周边的贵州、湖北等地，两次"川盐济楚"是川盐规模最大、影响最深远的行盐。四川、重庆、云南作为盐产地，盐政与生产销售等关系密切；在贵州，盐政则主要是对运销产生影响。⑥盐政管理下的生产关系发生了一些变革，

---

杨炳鑫：《浅谈云南主要盐矿开采工艺》，《中国井矿盐》，1999（4），第6-9页。
黄健：《云南盐业考察报告》，《盐业史研究》，1996（3），第35-44页。
张金河、刘世光：《温泉盐场的卤井和取卤方式》，《盐业史研究》，2004（1），第45-49页。
徐朝鑫：《川东并非世界最早的人工钻井地——兼谈川盐的起源问题》，《文史杂志》，1994（3），第40-41页。

① 张学君、张缪斯：《关于临邛、蒲江的盐业历史——汉代蜀郡井盐开发的历史背景与工艺特点》，《盐业史研究》，2007（3），第33-40页。
张学君、张莉红：《明代四川火井探微》，《盐业史研究》，2005（4），第8-14页。
傅汉思、张学君：《中国火井历史新证》，《自然科学史研究》，2000（4），第383-397页。

② 朱霞：《从〈滇南盐法图〉看古代云南少数民族的井盐生产》，《自然科学史研究》，2004（2），第132-147页。
杨柳、诸锡斌：《黑井传统制盐技术新考》，《云南农业大学学报》（社会科学版），2007（3），第122-127页。
戈叔亚、张跃兵：《黑井古法制盐图》，《中国西部》，2001（6），第104-105页。
黄健：《云南盐业考察报告》，《盐业史研究》，1996（3），第35-44页。

③ 吉成名：《辽代食盐产地研究》，《盐业史研究》，2006（4），第27-33页。
吉成名：《唐代井盐产地研究》，《四川理工学院学报》（社会科学版），2007（6），第12-19页。
吉成名：《魏晋南北朝时期的盐产地》，《中国经济史研究》，1996（2），第101-103页。
吉成名：《先秦时期食盐产地》，《盐业史研究》，2008（1），第27-32页。
吉成名：《元代食盐产地研究》，《四川理工学院学报》（社会科学版），2008（3），第11-18页。

④ 李青淼：《唐代盐业地理》，北京大学博士学位论文，2008年。

⑤ 程龙刚：《元代四川盐业生产》，《盐业史研究》，2000（3），第12-18页。
姚晓瑞：《唐代盐产考》，《宁夏社会科学》，2007（6），第145-148页。

⑥ 陆荣华：《略论渝东盐业运销制度的嬗变》，《盐业史研究》，2003（1），第77-81页。
任桂园：《秦汉盐政与三峡盐业综论》，《重庆三峡学院学报》，2002（6），第17-22页。
任桂园：《三国魏晋南北朝时期的盐制与三峡盐业综论》，《重庆三峡学院学报》，2003（6），第5-11页。
任桂园：《隋唐五代盐政与三峡盐业》，《重庆三峡学院学报》，2005（5），第110-115页。

尤其是盐业契约，作为中国最早的股份形式，在经济史上具有重要意义。①由于川滇盐业运销地地处西南边区，边界性特征十分突出，盐政管理下的私盐活动猖獗。从盐的角度去认识行政区划的"边界"问题，这一视角值得关注。在这一方向上，黄国信和张小也等的研究方法和内容值得借鉴。②同时，盐道是一条经济文化的交流通道，从文化线路遗产的角度去认识盐业运销的影响也是一个新的思路。③

武晓芬：《清代及民国云南盐政变化与地方经济的关系》，《中国经济史研究》，2004（3），第75-80页。
顾文栋：《从清末到民国时期贵州盐税及盐价变动的剖析》，《盐业史研究》，1995（1），第64-70页。
顾文栋：《贵州进口盐源及其运销区的演变史略》，《盐业史研究》，1996（4），第50-56页。
顾文栋：《对清代前后期贵州盐政成败的评议》，《盐业史研究》，1999（2），第23-30页。
何伟福：《清代贵州境内的外省商贾》，《贵州社会科学》，2005（3），第144-149页。
张祥光：《明代"开中"在黔实施述评》，《贵州师范大学学报》（社会科学版），2004（1），第63-66页。
马琦：《清代贵州盐政述论——以川盐、淮盐、滇盐、粤盐贵州市场争夺战为中心》，《盐业史研究》，2006（1），第27-34页。
赵小平：《清代滇盐的流通与销盐市场的拓展》，《盐业史研究》，2004（1），第29-33页。
戴斌武、郭正开、黄学：《丁宝桢与四川盐政改革》，《成都教育学院学报》，2003（11），第25-28页。
鲁子健：《试论丁宝桢的盐政改革》，《盐业史研究》，2000（2），第20-27页。
张洪林：《清代四川盐井买卖契约》，《现代法学》，2001（6），第126-130页。
李三谋：《清代四川盐井土地买卖契约简论》，《盐业史研究》，2001（1），第3-6页。
朱霞：《民间卤水资源分配与国家灶户制度——以云南诺邓白族村盐井的"十六灶"习俗为个案》，《云南社会科学》，2007（1），第78-83页。

① 张洪林：《清代四川盐井买卖契约》，《现代法学》，2001（6），第126-130页。
  李三谋：《清代四川盐井土地买卖契约简论》，《盐业史研究》，2001（1），第3-6页。
  朱霞：《民间卤水资源分配与国家灶户制度——以云南诺邓白族村盐井的"十六灶"习俗为个案》，《云南社会科学》，2007（1），第78-83页。
② 黄国信：《区与界：清代湘粤赣界邻地区食盐专卖研究》，生活·读书·新知三联书店，2006年。
  黄国信：《从"川盐济楚"到"淮川分界"——中国近代盐政史的一个侧面》，《中山大学学报》（社会科学版），2001（2），第82-91页。
  张小也：《清代私盐问题研究》，社会科学文献出版社，2001年。
  李福德、赵伯蒂：《从历代缉私看川盐缉私》，《盐业史研究》，1995（2），第60-66页。
  杨彩丹：《清末陕西私盐问题研究》，《盐业史研究》，2006（3），第19-24页。
  朱霞：《私盐、国家垄断与民间权力——以云南诺邓井的私盐问题为例》，《广西民族大学学报》（哲学社会科学版），2007（2），第48-53页。
  王肇磊：《清代鄂西北私盐泛滥原因探析》，《盐业史研究》，2006（2），第9-13页。
  吴海波：《近十五年来清代私盐史研究综述》，《盐业史研究》，2001（3），第46-50页。
  史继刚：《中国古代私盐的产生和发展》，《盐业史研究》，2003（4），第8-13页。
③ 赵逵、杨雪松、张钰：《"川盐古道"文化线路之研究初探》，《华中师范大学学报》（自然科学版），2007（2），第314-318页。
  潘世东：《横亘东西勾连南北的汉水流域古代盐道》，《郧阳师范高等专科学校学报》，2008（1），第22-26页。
  汤绪泽：《巫溪古盐道》，《盐业史研究》，1997（4），第32-35页。
  张学君：《南方丝绸之路上的食盐贸易》，《盐业史研究》，1995（4），第24-30页。

9

### （四）盐业经济与政治、文化及其自然环境变迁的相关研究

盐业经济的巨大作用一直是盐业研究关注的重点，盐业经济对当地政治、文化的影响十分巨大。这种影响主要体现在以下四个方面：一是盐业对早期民族起源和演进的影响。任乃强先生率先提出盐业开发与三峡地区"巫载文明"和"黔中文明"的关系以及盐业开发与羌族起源、迁移的关系，具有开先河的意义。[①]后来的研究者对三峡流域的研究基本都建立在任乃强先生的基础之上，结合考古新发现以及一些更详细的描述做出探讨。[②]藏族史诗《格萨尔王传》中专门有因盐而引发战争的篇章《保卫盐海》，赵心愚教授认为这描述的是南诏和吐蕃围绕盐源发生的资源争夺。[③]二是盐业对地方经济尤其对商业的影响十分显著，云南盐业货币的使用十分独特。[④]三是盐业经济伴随着社会群体的聚集，其经济活

---

① 任乃强：《四川上古史新探》，四川人民出版社，1986年，第220-221页。
   任乃强：《羌族源流探索》，重庆出版社，1984年。
② 黄建平：《清代云南商业研究》，云南师范大学硕士学位论文，2004年。
   曾超：《试论巴人对乌江流域的经济开发》，《贵州文史丛刊》，2003（5），第7-11页。
   任桂园：《廪君、盘瓠后裔反抗斗争与三峡盐业内在联系》，《湖北民族学院学报》（哲学社会科学版），2004（4），第50-53页。
   任桂园：《三峡地区盐资源与早期中原文化因素融入之关系——三峡盐文化简论（二）》，《三峡学刊》，1996（2），第42-46页。
   王运辅：《三峡先秦渔猎经济的考古学观察》，重庆师范大学硕士学位论文，2006年。
   石应平：《盐源地区的民族变迁与笮文化》，《中华文化论坛》，2002（4），第89-93页。
   张莉：《巴盐与巴族的兴衰》，《涪陵师范学院学报》，2003（6），第102-104页。
   胡继民：《盐·巴人·神》，《湖北民族学院学报》（社会科学版），1997（2），第29-32页。
   刘卫国：《渝东古盐泉奇景探秘》，《盐业史研究》，2008（1），第58-67页。
   李世斌：《古代三峡地区的巴人与巴国》，《三峡学刊》，1994（1），第22-26页。
   鲁子健：《大宁盐泉与巫载文明》，《盐业史研究》，1998（4），第41-45页。
   程龙刚：《试论三峡盐资源对巴文化的重要作用》，《南方文物》，2008（1），第48-32页。
   罗玲：《论三峡地区盐业资源的开发与政治、经济、文化的互动关系》，重庆师范大学硕士学位论文，2004年。
③ 赵心愚：《唐代磨些部落与〈格萨尔王传·保卫盐海〉中的"姜国"》，《西南民族学院学报》（哲学社会科学版），2002（4），第1-5页。
④ 母光信：《川盐入黔与仁怀的经济和文化》，《贵州文史丛刊》，1996（6），第63-66页。
   谭刚：《清末民初川江轮船运输的兴起与济楚川盐运输近代化》，《盐业史研究》，2006（2），第13-18页。
   林文勋：《大理国货币流通分析》，《云南民族学院学报》（哲学社会科学版），1999（3），第30-34页。
   赵小平：《历史时期云南盐币流通探析》，《盐业史研究》，2007（2），第13-19页。
   赵小平：《试论滇盐在商品流通中的历史作用》，《盐业史研究》，2002（1），第3-8页。
   李正亭：《元代以前滇盐与云南经济社会发展》，《盐业史研究》，2008（2），第40-43页。
   田强：《清代长江三峡地区的食盐问题分析》，《盐业史研究》，2001（2），第3-8页。
   张汝：《犍乐盐业对盐区经济发展的作用研究》，《农业经济》，2007（12），第73-75页。
   吴佩林、邓勇：《清代四川南部县井盐业概论——以〈清代四川南部县衙门档案〉为中心的考察》，《盐业史研究》，2008（1），第40-52页。

动对文化的作用不可低估，产地和运销地的移民、宗教等，都被深深地打上了盐的印记。①四是盐业开采对自然环境也产生了较大影响，主要表现在能源利用和与周边生态环境的关系等方面。②

### （五）盐业开发与聚落城镇变迁研究

盐业开发的经济功能及其重大影响，使得盐产地成为聚落和城镇中心。伴随着盐业的发展，城镇功能也产生了相应的变化。目前的研究主要集中在个体盐业城镇上，比如自贡、黑井等。其中，刘吕红在《清代资源型城市研究》一文中，把自贡作为重要个案进行了深入研究。③此外，也有少数学者把盐镇盐市放到整个线路上进行大区域的综合研究。④

---

① 谢本书：《滇盐发展的历史特点》，《盐业史研究》，1996（3），第20-23页。
　黄国信：《清代滇粤"铜盐互易"略论》，《盐业史研究》，1996（3），第4-9页。
　陶宏、黄健：《西藏芒康县盐井乡盐业研究》，《盐业史研究》，2002（4），第28-35页。
　朱霞、李晓岑：《西藏自治区芒康县盐井镇的井盐生产》，《中国藏学》，2007（3），第62-67页。
　任桂园：《三国魏晋南北朝时期三峡盐业与移民及移民文化述论》，《盐业史研究》，2004（1），第24-29页。
　王慎之、王子今：《四川竹枝词中的盐业史信息》，《盐业史研究》，2000（4），第32-35页。
　任桂园：《第一次"湖广填四川"与三峡井盐业》，《西南大学学报》（人文社会科学版），2006（3），第29-34页。
　朱霞：《盐井与卤龙王：诺邓盐井的技术知识与民间信仰》，《广西民族学院学报》（自然科学版），2004（2），第62-66页。
　朱霞：《云南诺邓盐井的求雨仪式》，《民俗研究》，2005（2），第142-150页。
　宋良曦：《中国盐业的行业偶象与神祇》，《盐业史研究》，1998（2），第20-25页。
　金少萍：《云龙山地白族宗教文化探析——与盐井相关的宗教民俗文化》，《宗教学研究》，2006（3），第131-134页。
　钟长永：《盐与云南的民俗风情》，《盐业史研究》，1997（2），第19-24页。
　李晋昆：《滇西北盐业和白族文化的关系》，《民族艺术研究》，2006（6），第33-40页。
　李太平：《清代川剧艺术与自贡盐业》，《文史杂志》，1997（1），第14-15页。
② 余明：《明清时期川盐与林产利用》，《盐业史研究》，2006（1），第44-46页。
　陈可畏：《长江三峡地区历史地理之研究》，北京大学出版社，2002年。
　蓝勇：《长江三峡历史地理》，四川人民出版社，2003年。
③ 刘吕红：《清代资源型城市研究》，四川大学博士学位论文，2006年。
④ 阎柏：《古镇的兴衰对滇中社会经济发展的影响——以云南楚雄黑井和石羊盐业古镇为例》，《云南民族大学学报》（哲学社会科学版），2007（3），第37-41页。
　刘新有、黄剑、唐姣艳：《历史文化名镇旅游资源的开发与保护——以云南禄丰县黑井镇为例》，《保山师专学报》，2006（6），第83-86页。
　李兴福：《试论云南黑井盐业的兴衰》，《云南师范大学学报》（哲学社会科学版），2007（6），第61-66页。
　杨君昌：《汉代朐䏰县的"大小石城"与唐代云安县盐官的位置》，《三峡学刊》，1994（1），第72-73页。
　杨庆：《黑井古镇历史保护与开发》，《思想战线》，2002（2），第49-52页。
　赵逵、杨雪松：《川盐古道与盐业古镇的历史研究》，《盐业史研究》，2007（2），第35-40页。
　赵小平：《试论云南盐矿生产、移民与工商市镇形成、发展的关系》，《四川理工学院学报》（社会科学版），2006（4），第19-24页。
　赵逵、张钰、杨雪松：《川盐文化线路与传统聚落》，《规划师》，2007（11），第89-93页。

此外，长江上游城市的发展与盐业也存在一定的相关性。四川大学城市研究所在近现代城市研究和西部城市研究中成绩斐然。隗瀛涛教授在《中国近代城市不同类型综合研究》一书中把自贡等盐业城市作为重要专题进行研究。① 何一民教授关于长江上游城市与文明起源、资源性城市、衰落型城市的研究，无论从理论方法还是实证研究的角度看，都具有前瞻性和开创意义，对盐业城镇变迁研究具有十分重要的指导意义。② 此外，许多学者从不同角度对长江上游古代城市进行了探讨，为本选题提供了更加广阔的视野。③

从以上研究综述可看出，学界对于川、滇、渝、黔区域盐业开发的研究还存在一些不足，主要体现在以下四个方面。

（1）空间上，局限在行政区划的范围内，经济行为是跨区域的，尤其是长江上游及其支流，而各行政区划间通过盐业活动进行的交流十分频繁，流域区、政区、经济区和盐道的空间联系十分重要。

---

梁中效：《宋代蜀道城市与区域经济述论》，《西南师范大学学报》（人文社会科学版），2004（5），第95-100页。
① 隗瀛涛：《中国近代城市不同类型综合研究》，四川大学出版社，1998年。
② 何一民：《近代中国城市发展与社会变迁（1840—1949年）》，科学出版社，2004年。
何一民：《长江上游城市文明的兴起：论成都早期城市的形成》，《中华文化论坛》，2002（2），第33-40页。
何一民：《20世纪后期中国近代城市史研究的理论探索》，《西南交通大学学报》（社会科学版），2000（1），第58-68页。
何一民：《近代中国衰落城市：一个被忽视的重要研究领域》，《四川师范大学学报》（社会科学版），2007（4），第122-130页。
③ 段渝：《秦汉时代的四川开发与城市体系》，《社会科学研究》，2006（6），第134-150页。
段渝：《巴蜀古代城市的起源、结构和网络体系》，《历史研究》，1995（1），第29页。
张学君、张莉红：《长江上游市镇的历史考察》，《社会科学研究》，2006（5），第155-160页。
李忆春、黄炳康：《成渝地区城镇体系结构研究》，《经济地理》，1999（2），第55-60页。
黄勇、赵万民：《三峡地区古代城镇时空格局变迁》，《重庆建筑大学学报》，2008（2），第7-13页。
周琳：《重庆开埠前川东地区的市场体系》，吉林大学硕士学位论文，2005年。
毛曦：《先秦巴蜀城市史研究》，人民出版社，2008年。
田永秀：《近代四川沿江中小城市研究》，四川大学博士学位论文，1999年。
陈庆江：《改土归流：明代云南治所城镇发展历程的重要转折》，《思想战线》，2001（1），第122-126页。
吴晓亮：《古代云南城镇人口探析——以洱海区域城镇人口为例》，《云南民族学院学报》（哲学社会科学版），2003（6），第87-92页。
陆韧：《明代汉族移民与云南城镇发展》，《云南社会科学》，1999（6），第65-72页。
刘吕红：《清代云南区域次中心城镇演变与区域经济发展》，《中华文化论坛》，2007（2），第56-60页。
任均尚、郑毅：《近20年来西南古代商业贸易与市场发展史研究综述》，《重庆三峡学院学报》，2003（4），第47-53页。
熊月之、张生：《中国城市史研究综述（1986—2006）》，《史林》，2008（1），第21-36页。

（2）研究类别上，综合研究较为薄弱，大多学者都是按盐政、经济、技术等分门别类进行研究，而对于某一个空间领域（盐业城市、盐道、盐业产区等）的研究都应该是综合性的，不应该分离。

（3）研究方法上，基本都采用历史文献梳理法，对考古发现和现场的田野考察重视不够。

（4）存在空间和类型的空白点，过去的研究主要集中在以自贡为中心的盐区，对盆地周边重视不够。同时，对盐业城市的空间布局和城镇景观特征缺乏深入研究。

## 三、长江上游古代盐业开发与城镇景观的研究视野

本书的研究对象是长江上游古代盐业与聚落起源及其城镇变迁，并非对这个区域的盐业做全面研究。研究内容主要集中于盐业生产、运销与城镇起源变迁的空间关系，进而探寻其中的内在联系。时间范围从先秦至清代。先秦研究以三峡考古新发现为出发点，结合史料和古代传说蠡测盐与聚落起源的关系；秦汉研究探讨行政区划与城市布局的相关性；唐宋关注盐与城镇的变迁；明清研究从运销和盐道入手，复原盐业城镇的景观变迁。从区域看，包括金沙江和长江上游干流（宜宾—宜昌）及其主要支流（嘉陵江、乌江、岷江、沱江、大渡河），由于云南大理和湖北当阳与盐业相关，所以，怒江和清江流域部分也在本书研究范围内（见图0-1）。行政区划上，集中在四川、云南、贵州三省和西藏的部分区域。

针对盐业史和城市史研究现状，本书研究的总体思路是以城市为载体，从与古代盐业相关的聚落和城镇入手，以时间为线索，寻找不同时代盐业城镇在流域空间、行政空间和经济空间中的地位和影响，阐明城镇和区域的关系，并以盐业城镇为视窗，探索资源型城市和衰落型城市的演变规律，力图为这些城市的保护和再生提供理论基础。本书在研究方法上有以下创新构想。

（1）在广泛的野外考察和田野调查基础上，运用历史地理方法，"复原"盐业城镇的空间布局特征，为之后的研究打下坚实的基础。

野外考察是历史地理学研究的重要手段，在掌握历史史料等相关材料的基础上，通过现场反馈，发现问题，解决问题，将理论与实践相结

合。笔者有幸作为"中美联合盐业考古队"的成员并得到国家社会科学基金的资助，对长江上游的盐业遗址进行了较为扎实的考察，取得了第一手资料。地理学的主要特点是区域性和综合性，地理研究就是要找出区域内的共性和区域之间的差异性。比较法和综合法是地理研究的主要方法。历史地理研究还要考虑时间因素，"要把过去时代的地理进行'复原'……但是更重要的是还得把不同时代的已经复原了的地理按着历史发展的顺序，联系起来进行研究，寻找其发生变化的规律"。[①]区域之间有不同的地理特征，而同一个区域又有不同的时代特色，本研究力图提供一个地区在发展过程中连续的地理剖面。

（2）经济史和城市史结合，以城市为载体，把城市的"点"放到流域空间（金沙江流域、乌江流域、嘉陵江流域、岷沱江流域）、行政空间（四川、云南、贵州和西藏部分地区）、经济空间（围绕食盐运销区域）中，从先秦、秦汉、唐宋、明清四个时间段入手，探索盐业城镇在空间上的地位和影响。

先秦时期长江上游文明和聚落起源：从聚落的选址上看，提出了"逐盐而居"的起源因素及其空间演变特征，对文明起源研究提供了新的视野。

秦汉时期盐铁国策的重要性和长江上游地区资源城市的中心地位（资源中心、行政中心），对行政区划和城市布局产生了巨大影响。

唐宋时期，由于经济的多元发展，盐业城镇在区域经济中地位不断变化，但是在晚唐和宋代转折时期，盐业经济对政区有很大影响，并形成了县与镇的格局。

明清食盐运销区和盐道体系的构建，形成了独特的盐业城镇体系，并且，盐业城镇景观成为明清长江上游城市的独特亮点。

（3）以经世致用为原则，长江上游是文明起源和经济开发的重要区域，盐业城市是资源型城市和衰落型城市的代表，运用景观考古、文化景观、文化线路遗产等理论和方法，探寻景观的形成。盐的开发以资源发现—原料开采—产品加工—成品运输为主要流程，其生产过程造成了自然景观和文化景观的叠加，形成了独特的手工业遗址景观。

---

① 侯仁之：《历史地理学四论》，中国科学技术出版社，1994年，第4页。

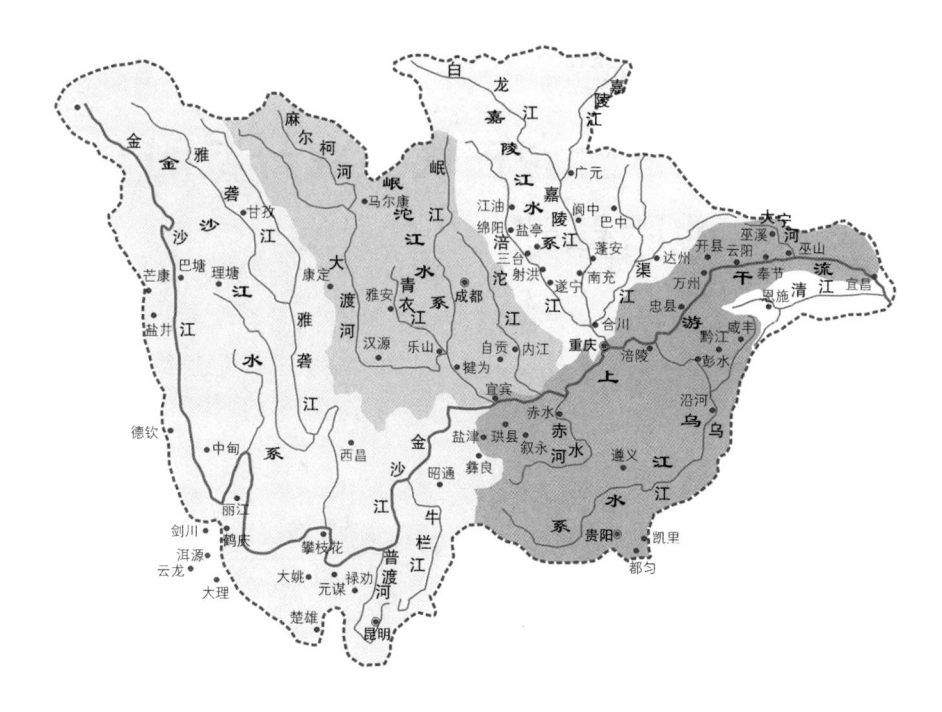

| 绪论　长江上游古代盐业开发与城镇景观研究缘起 |

图 0-1　研究范围

（作者自绘）

# 第一章
# 长江上游古代盐业开发的地质基础

认识世界是一个由表及里、由浅入深、循序渐进的过程，人类对盐矿的开发也如此。和海盐、湖盐的天然利用相比，井盐开采的难度更大。长江上游具有多种多样的成盐条件。从最早天然盐泉的利用到浅层、深层井盐的汲取，从大口井到卓筒井，这一过程反映了找矿、钻井、熬盐技术的发展。而且，盐矿的储量、位置还决定了盐业的规模、范围。同时，盐产地周边的地质地貌条件对早期聚落选址、民族迁移也有较大影响。所以，地质基础是认识长江上游古代早期盐业开发的重要基点。

## 第一节　四川—云南古地理环境变迁与盐矿形成

四川地质构造明显分为东西两大部分。以广元以南的北川、宝兴、康定、冕宁、木里一线为界，东部包括龙门山及安宁河以东地区，以四川盆地为主体，以及凉山的大部分。这部分地区地层发育较全，层序完整，层位稳定。西部主要是甘孜、阿坝两地区，以岩层厚度巨大、岩相变化复杂、强烈的褶皱、断裂发育为特征。由于海相三叠系的广泛发育，早古生代及以前地层出露不全。

在元古代（Proterozoic）前震旦纪（E. Sinian）阶段，吕梁运动后形成了"扬子地台区"（图1-1之1），[①]其核心在四川盆地及接近北部边缘的大别地块和武当地块。在晚震旦世，由于冰川消融，海侵广泛发生，扬子古陆大部分被海水淹没，成为上扬子陆表海。西部在越西、自贡以南，会理、昭通以北，形成一北东东向的蒸发海盆，中间有膏盐沉积。

早古生代（E. Palaeozoic）时期，上扬子海面积广大，但康滇古陆逐渐上升隆起（图1-1之2）。至晚奥陶纪（L. Ordovician），由于加里东运动（Caledonian Mvt.）的影响，滇东南和桂西陆地隆起，与康滇古陆连成滇黔桂古陆，松潘古陆扩大，使上扬子海处于半封闭状态，近海沉积物中有石膏和石盐结晶。到中晚志留纪（Silurian），扬子区大部分又上升为陆地（图1-1之3）。在晚古生代（L. Palaeozoic），扬子地台逐步远离澳大利亚，但仍未与华北地台拼合，古秦岭海域继续存在。海西运动（Hercynian Mvt.）使扬子地台西部有明显拉张和开裂现象。泥盆纪（Devonian）、石炭纪（Carboniferous），海水从不同方向发生过海侵海退。扬子地台分隔了南秦岭海槽与华南海，面积有所减小。在早二叠世（Permian），出现了晚古生代最大的一次海侵，上扬子浅海与东南浅海连成一片。

中生代（Mesozoic）三叠纪（Triassic），扬子、羌塘地块向北拼合，全球规模的联合古大陆最终形成，古地中海南支进一步扩大，四川和云南、陕西的部分地区，属古地中海的一部分，在干旱气候环境下，出现规模较大的咸化海域——上扬子蒸发海（图1-1之4），其规模达50万平方千米。由于海水进退频繁和多水道补给，咸化海膏盐沉积由东向西层位不断升高，成盐环境多样，包括沿海、近岸和远岸等类型。四川盆地中部在早三叠世是一个大的盐盆。至中三叠世，东部抬升使含膏盐带向西收缩至巫山—重庆—泸州一线以北，蒸发海内发育出潟湖—盐湖类型的成盐盆地，如川中盐盆、成都盐盆等，从而构成多级含盐盆地，成

---

[①]《四川—云南古地理环境变迁图》根据《中国古地理图集》（中国地质科学院地质研究所、武汉地质学院编，地图出版社，1985年）改绘。文字部分主要参考《中华人民共和国区域地质普查报告（1∶20万）》"说明书、四川和云南各县幅"，四川省地质局，1981年。

盐条件良好，结晶盐卤、白云质石灰岩、石膏矿物沉淀下来。三叠纪末的印支运动（Indosinian Mvt.）使三叠系及其以下地层几乎全部褶皱隆起。西部横断山系、龙门山，北部大巴山、米仓山，东部黄陵背斜和川鄂湘黔部分山地，南部的大娄山等，均相继崛起，四川从此结束海侵历史，东部转为内陆湖盆环境。湖盆面积约20万平方千米，几乎占据今四川盆地全境，陈丕基先生命名为"巴蜀湖"。

从早侏罗世（Jurassic）开始，川西及湖盆边沿山地的广大地域不断遭受流水侵蚀，盆地接受了陆相碎屑岩的沉积，由于气候炎热干燥，形成了厚4700余米的紫红色岩层，沉积中心在龙门山前拗陷地带（图1-1之5）。侏罗纪末，燕山运动（Yanshan Mvt.）发生，华蓥山以东形成一系列北东向延伸的梳状或隔挡式的褶皱及逆冲断层。川东南的川鄂湘黔山地发生继承性活动，产生了一些小型山间盆地。侏罗纪时期，巴蜀湖面积逐渐缩小为原来的十分之一，仅2万平方千米左右，称为蜀湖。侏罗纪，随着紫色砂岩的厚度沉积，相应沉积了含盐卤物质、铁化合物、煤炭层。

早白垩世末、晚白垩世初，云贵高原及盆地北部地区逐渐抬升，盆南发生凹陷。蜀湖沉降中心在雅安、峨眉一带（图1-1之6）。盆南在綦江以西，合江、泸州、自贡以南的大娄山前地带形成了面积近2万平方千米的巴湖。巴湖汇集周围诸水后，从綦江东北角经万州，沿巫山及黄陵背斜的低洼部进入江汉平原，长江水系发育基本完成。白垩纪时，湖泊内沉积紫色砂岩，沉积盆地越来越小，但主要集中于川西或川北小范围内，在干旱气候强烈蒸发作用下，出现含盐沉积，经淋滤沉降，积聚于侏罗系岩层中。此外，还有山地盐类物质淋溶，盐粒散布于岩石孔隙中，不过难以形成规模，分布较为零散。

盐矿的形成与四川盆地的沉积环境密切相关。一是海洋中盐类物质在干燥气候条件下蒸发结晶。二是古构造拗陷盆地范围大，地形沉降幅度大，封闭性好，沉积稳定，咸化时间长。四川盆地的盐矿，除了彭水郁山盐泉来自奥陶系地层外，其他主要分布于侏罗系、三叠系岩层中，与上扬子蒸发海海相沉积和川滇盆地湖相沉积相关，分布范围东到巫溪，西至盐源、西昌，南到宜宾、长宁，北抵广元、旺苍。

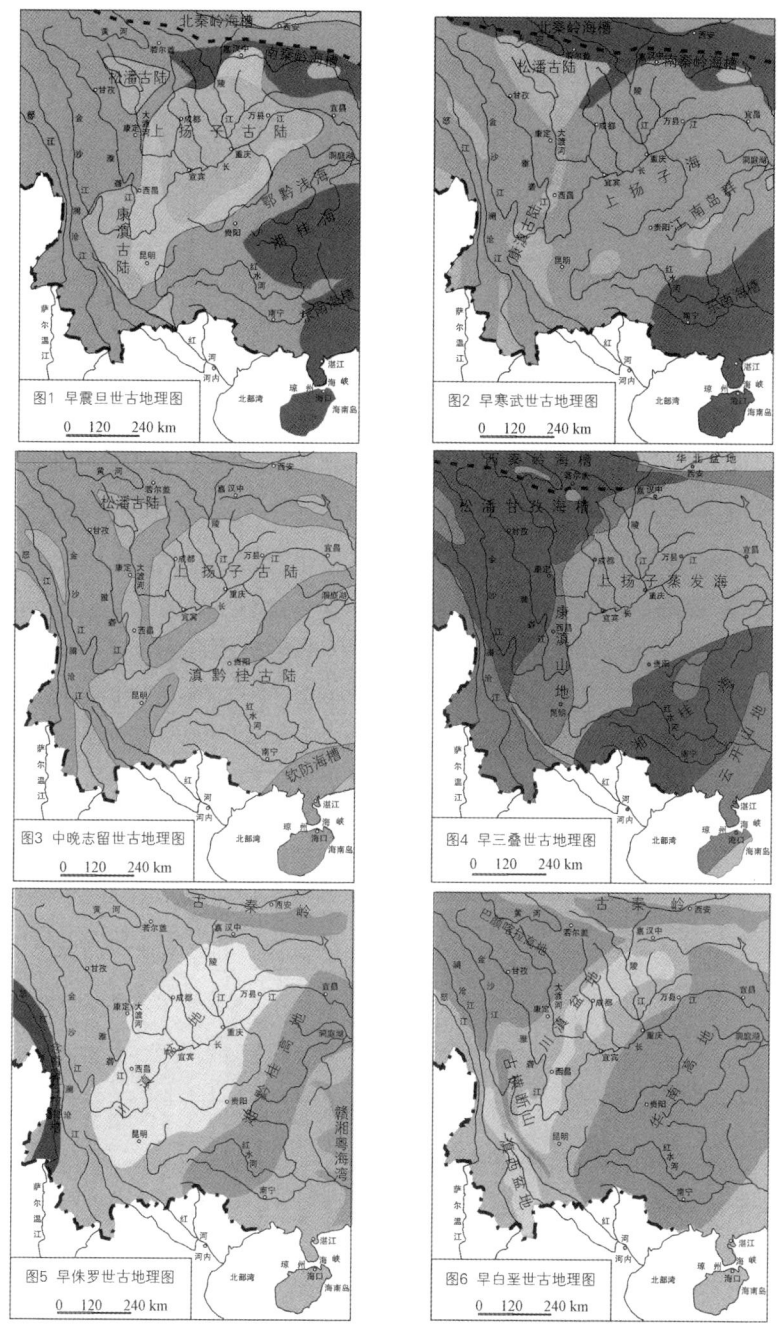

图 1-1　四川—云南古地理环境变迁与盐矿形成

（作者根据《中国古地理图集》绘制）

# 第二节　川东①、川中、川西、川北成盐的地质差异

## 一、时间差异

盐矿形成反映了海相、湖相沉积环境，同时，地质运动形成的复杂地质构造赋予了矿产多种多样的储存埋藏条件。四川成盐条件存在明显的区域差异。由于上扬子蒸发海和川滇盆地咸水面积的缩小，盐矿沉积基本上从东向西推进，呈现有规律的时间递变过程（见表1-1）。②

表1-1　川东、川中、川西、川北成盐时间比较

| 地层 | | 川东 | 川中 | 川西 | | 川北 |
|---|---|---|---|---|---|---|
| | | | | 五通桥 | 彭州—蒲江 | |
| 中生代 | 白垩系 上 | | | | ■ | |
| | 白垩系 中 | | | ■ | | ■ |
| | 白垩系 下 | | | | | |
| | 侏罗系 上 | | ■ | | | |
| | 侏罗系 中 | | ■ | ■ | | |
| | 侏罗系 下 | | ■ | | | |
| | 三叠系 上 | | ■ | | | |
| | 三叠系 中 | ■ | | | | |
| | 三叠系 下 | ■ | | | | |

---

① 本书中"川东"指四川盆地东部地区，包括今四川东部及重庆地区。
② 李悦言：《四川盐矿志》，《地质专报》（甲种第十八号），中华民国三十三年（1944）经济部中央地质调查所印行。

表中五个盐区的分布区域是：

川东盐区：涪陵、丰都、忠县、万县（今万州区）、云阳、开县（今开州区）、奉节、巫溪等。

川中盐区：以自贡为中心。

川北盐区：遂宁、蓬溪、中江、乐至、西充、简阳、绵阳、盐亭、射洪、南部、阆中、三台、蓬安等。

川西五通桥盐区：犍为、乐山、盐源、井研等。

川西彭州—蒲江盐区：彭州、什邡、新津、蒲江、邛崃、雅安等。

## 二、盐矿种类差异

### （一）黄卤

液态，含泥质氧化铁，富含钡，无硫酸根和硫化氢，呈黄色。位于川北、川西、川东南白垩系中下部、侏罗系中上部、三叠系岩层中，由再生囚盐重溶解而成，距地表约 600 米。

### （二）黑卤

液态，含有机质和硫化物，富含微量组分溴、碘、硼、锂、锶等，呈黑色。位于三叠系嘉陵江组石灰岩中，距地表约 800 米。其生成地点，多位于三叠系海水边缘，尤其是海港之中，由于与外海隔离，易于浓缩积聚。主要分布于自贡、川西五通桥盐区。

### （三）岩盐

固态，结晶状，与石膏共生，呈灰白色。系海成地层内囚盐受地下水溶解而成。川内极少，仅自贡大坟堡一带富集。

### （四）白卤

由囚盐溶解而成，含泥质杂质少，含硫酸镁和硫酸钙甚多，白色。主要分布于川东盐区的巫溪、奉节、开州等地。

## 三、盐矿埋藏的地质构造差异

成盐的地质构造主要有两种：一是位于褶皱构造背斜轴部，卤水受压，易于富集；二是卤水沿断层面富集并沿断层上升或渗出。图 1-2 为四川盆地盐矿分布图。

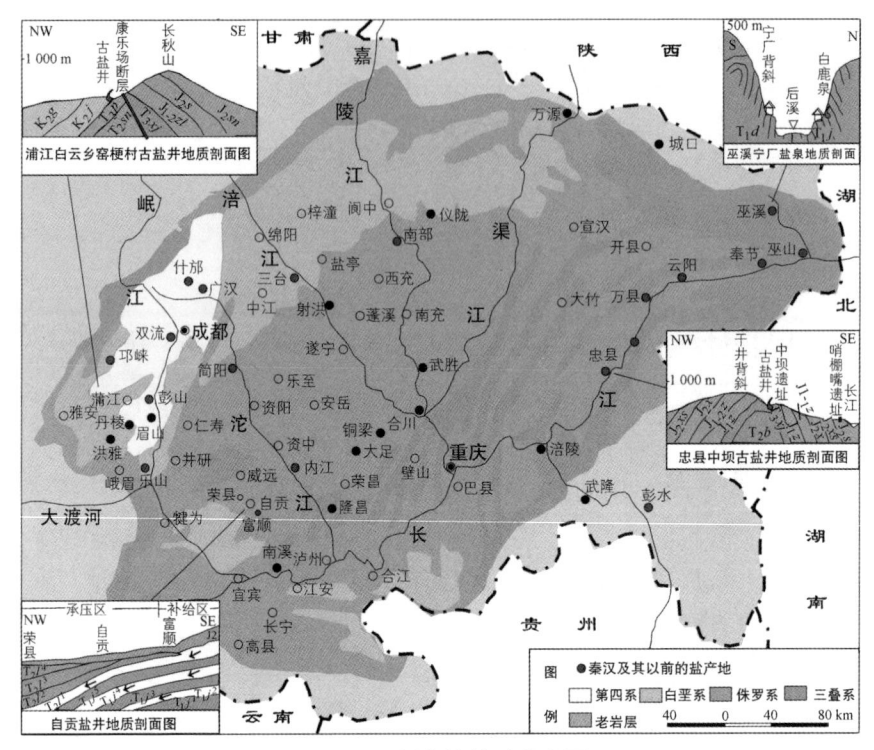

图 1-2　四川盆地盐矿分布图

（作者根据李悦言《四川盐矿志》改绘）

## （一）川东盐区

由于燕山运动和喜马拉雅运动，川东地区形成了一系列褶皱带，背斜轴部多为三叠系、侏罗系地层，两翼则为白垩系地层。盐矿集中分布于背斜轴部，再加上长江水系的强烈侵蚀下切，该区多天然出露盐泉和浅层埋藏盐矿。主要背斜有以下六处。

### 1. 瞿塘峡背斜

分布于奉节、石柱、涪陵一带，呈北东—南西向，奉节盐矿位于背斜西北的大冶组石灰岩中。盐井在白帝城下长江沙洲上。

### 2. 云安镇背斜

云安场盐卤自巴东系岩层流出。盐井多位于汤溪河以南。在云阳县长江以南，故陵长滩亦有古盐井。

### 3. 温汤镇背斜

开州盐井位于背斜轴部大冶组石灰岩内。

#### 4. 大池至礃井背斜

该背斜是方斗山背斜和万州向斜之间的次级构造,由南西石帽子至北东武陵西消失,轴向北偏东40°,轴线长度33千米。忠县古代盐场在礃井镇和涂井镇,含盐层位于三叠系巴东组和嘉陵江组岩层中,礃井河、汝溪河的侵蚀使盐层接近地表。

#### 5. 宁厂背斜

大巴山南坡地带,山脉多呈东西向排列,海拔1 000~2 000米,位于北大巴山褶皱带、南大巴山拗褶带、川东褶皱带、川鄂湘隆褶带汇集处,宁厂背斜是其中之一。由于大宁河及其支流后溪河的强烈侵蚀下切,相对高差几百甚至上千米的峡谷随处可见。三叠系嘉陵江组含盐层暴露于地表,在压力作用下,形成盐泉,顺山势流下。巫溪—徐家坝大宁河两岸,天然盐泉有13处。

#### 6. 郁山背斜

郁山背斜长100千米,背斜南段,从水面坡至黑木耳,轴部开阔,岩层平缓,东翼岩层倾角4°,西翼岩层倾角4°~6°,轴面直立,轴向北偏东45°,轴部由中、上寒武系地层组成,两翼由奥陶系及志留系地层组成,东翼地层出露完整,西翼遭郁山正断层破坏,使奥陶系地层出露极不连续。总之,郁山背斜枢纽呈波状起伏,轴部开阔,两翼陡峭,为标准的箱状褶曲形态。盐矿储存于寒武、奥陶两系地层中。由于中井河、后灶河大约呈东西向侵蚀切割郁山背斜,使含盐岩层出露或接近地表,再加上多断裂,卤水极易开采。

和四川盆地其他井盐产区相比,郁山盐矿具有较强的特殊性,被著名盐矿专家袁见齐教授命名为"彭水型"卤水。[①]郁山盐矿有三个主要特点。

(1)地质时代早。

四川盆地的盐矿分布范围东到巫溪,西至盐源、西昌,南到宜宾、长宁,北抵广元、旺苍,主要分布于侏罗系、三叠系岩层中。与上扬子蒸发海海相沉积和川滇盆地湖相沉积相关。但彭水郁山盐泉来自寒武、奥陶两系地层,属下部古生代地层中之卤水,是四川盆地盐矿地质时代中最早的。

---

① 袁见齐:《袁见齐教授盐矿地质论文选集》,学苑出版社,1989年,第56页。

（2）盐矿埋藏浅，多天然出露。

由于乌江及其支流的强烈下切，郁山盐矿埋藏浅，多天然出露。笔者考察的13口古盐井中，除了新正井为小口深井外，其余井深皆在2～10米，而且古盐井多建立在天然盐泉出露的基础上。郁山盐井还有一个显著特点，就是位于喀斯特溶洞中，如长寿井、歧井、黄泥泉井、飞水井等，这在四川井盐地质史上是绝无仅有的。

（3）成分差异。

郁盐开发早，但生产较落后，盐质较差。据1949年检验，含氯化钠60%，硫酸钾20%，硫酸镁1%～2%，水分、其他杂质7%～8%。中华人民共和国成立后盐质有很大提高。1954年，氯化钠含量提高到92.95%，达到国家规定标准；1978年，氯化钠含量达96%。但郁盐含氟量偏高，这是影响郁盐生产发展的一个不利因素。

### （二）川西盐区

该区位于地质史上的龙门山前断陷盆地中，三叠系地层埋于地下2 500～3 000米之下，盐卤来源于白垩系地层。五通桥盐区白垩系盐质渗入侏罗系岩层之内，地质条件属于缓和褶皱区，利于卤水储集，成为四川仅次于自贡的第二大产盐区。

彭州、蒲江等地的成矿条件与川西红盆的湖相沉积演变关系密切，川西红盆西起芦山双石至都江堰，南止于天全、雅安，东线经蒲江、新津、成都至广汉，北达什邡。在晚白垩世至早第三世，气候干燥炎热，但此时川西盐湖浓度已明显降低，盐类物质来源不足，没有形成丰富的沉积盐层，靠山中盐质淋溶聚集，散布较广。蒲江的古代盐井遗址分布很有规律，都在长秋山北坡，长秋山呈西南—东北向横亘于县城南部，地质构造为熊坡背斜，盐井即在背斜西北翼。由于地下水溶解盐质滞于山前，同时，蒲江的众多支流（老百姓均称之为盐井沟）侵蚀河谷，再加上康乐场断层的影响，盐卤接近地表，易于开采。

### （三）川中盐区

自贡是四川最大的井盐产区，具有得天独厚的成盐条件。背斜层位于富顺、威远县境内，长轴呈东北—西南向，面积约200平方千米，东南倾斜较大，西北较小，形成一个不对称的大穹隆层，构造基底稳定，沉积盖层较厚。自流井盆地有4层含卤层，三叠系须家河组第四段、第二段，雷口坡组第一段，嘉陵江组第五段，卤层厚度分别为 115 米、100米、45 米、35 米，埋藏深度在 500～1 100 米。而且，该区是地下水动力场的中部地带，各地下潜水均向这里汇集。自贡盐区的特点是卤层厚、浓度大、储量大、埋藏深。

### （四）川北盐区

川北卤层位于白垩系砂岩中，合川至广元间为一大向斜，由于岩层倾角缓，卤水流动慢，不易积聚，卤水埋藏深度为 100～400 米，井浅卤淡，产量微少。川北除三台、射洪和南部少数盐井日夜可取外，大都只能断续汲取。

## 第三节 滇中、滇西和滇南成盐的地质差异

云南盐矿主要分布在三个区域：滇中、滇西和滇南。滇中盐区主要分布在禄丰县和安宁市，包括元永井、阿陋井、黑井、安宁等矿区。滇西盐区主要分布在洱源县、云龙县、兰坪县、大姚县和丽江地区。滇南盐区主要分布在景东、镇沅、景谷、普洱、江城、勐腊等地。滇东北的巧家、威信、镇雄、盐津等地区也有少量盐矿存在。三个盐矿区的地质差异体现在以下方面。[①]

### 一、时间差异

云南盐矿床的成盐时代除奥陶、二叠系外，震旦、寒武、志留、泥盆、石炭、三叠、侏罗、白垩和第三系的九个地质层位均有盐类矿产的沉积，全省主要有震旦系上统、侏罗系上统和白垩系—第三系古新统三个含盐地层。滇东北的盐泉主要出露在震旦系上统，滇中盐区昆明附近

---

① 毕光宏：《云南盐矿地质特征及盐矿地质调查勘探史略》，《盐业史研究》，1996（3），第 55-59 页。

的安宁、富民等地主要成盐于侏罗系，禄丰、大姚等地和滇西、滇南主要成盐于白垩系—第三系。表1-2为云南盐矿成盐时间表。

表1-2 云南盐矿成盐时间表

| 地层 | | 滇东北 | 滇中 | | 滇西 | 滇南 |
| --- | --- | --- | --- | --- | --- | --- |
| | | | 安宁、富民一带 | 禄丰、大姚一带 | | |
| 白垩系 | 上 | | | ■ | ■ | ■ |
| | 中 | | | | | |
| | 下 | | | | | |
| 侏罗系 | 上 | | ■ | | | |
| | 中 | | | | | |
| | 下 | | | | | |
| 震旦系 | 上 | ■ | | | | |
| | 中 | | | | | |
| | 下 | | | | | |

## 二、盐矿类型差异

按岩盐矿床的沉积环境、物质水源和岩相古地理等特点，岩盐矿床分为海相、陆相、海源陆相和次生淋滤充填四种成因类型。云南的岩盐矿床绝大部分属陆相沉积，有少部分属海源陆相沉积。不同地质时期的盐矿床特征如下。[①]图1-3为云南古地理环境与三大盐区。

---

① 参见云南省地质局第十六地质队：《云南省盐矿资源概况》，1975年。

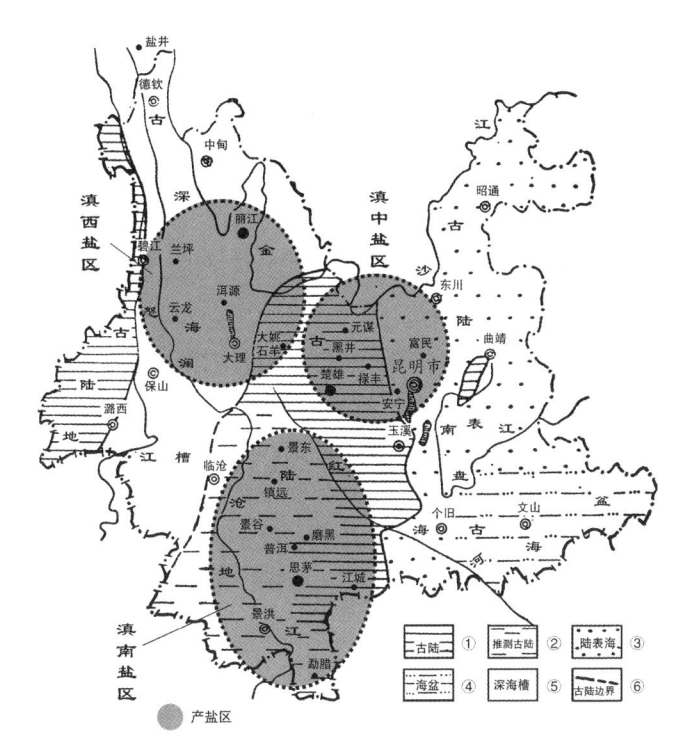

图 1-3　云南古地理环境与三大盐区

（根据《云南省盐矿资源概况》改绘）

### （一）侏罗系矿床特征

滇中富民、安宁一代的矿床属于陆相硫酸盐、氯化物型，不含沙砾，有别于滇中元永井、黑井等矿区，盐体中石盐、钙芒硝、石膏及少量泥质夹层相间，形成多层结构，呈平缓稳定的层状，构造简单，矿床厚度充足，储量巨大，矿物组分以石盐为主，且有钙芒硝、石膏、硬石膏等组成的石盐矿石、钙芒硝—石盐矿石、钙芒硝矿石及石膏矿石等不同的类型。盐矿品位高，石盐岩的 NaCl 含量为 41%～70%，最高达 96.5%，钙芒硝—石盐矿石所含 NaCl+$Na_2SO_4$ 达 58%～66%。

### （二）白垩系—第三系矿床特征

古新统含盐地层，岩性为紫红、暗棕红、黄绿、青灰等杂色钙质粉砂岩、泥岩、砂质泥岩，中夹泥砾岩或含砾粉砂岩，普遍含石膏，滇中地区的含钙芒硝。盐层主要化学组分三个区域各有不同：滇中地区 NaCl 含量低，平均为 25%～30%，$Na_2SO_4$ 含量高，平均为 7%～15%，普遍缺乏硼、碘、

27

溴等海相标型元素；滇西地区 NaCl 含量中等，平均为 40%左右，普遍缺乏 $Na_2SO_4$；滇南地区 NaCl 含量高，平均为 40%~70%，普遍含 KCl、硼、溴、碘等元素，缺乏 $Na_2SO_4$、$Mg_2SO_4$ 等。盐体中高品位的青白盐层（NaCl 在 85%以上）在云南各盐矿区分布特点是：滇中少见，滇南普遍，滇西偶见。

### 三、盐矿埋藏的地质构造差异

云南制盐原料为地下固相的岩盐和液相的盐泉，造山运动后的封闭、半封闭的拗陷（或盆地）为盐类沉积提供了良好的场所。当盐类物质来源丰富、气候干旱、蒸发强烈时，便沉积了规模巨大的岩盐矿床。云南绝大部分岩盐矿床在燕山运动后的白垩系—第三系中沉积。成盐盆地周围岩石经风化淋滤，盐类物质被地表水或地下水携带，积聚于内陆盆地中，在干燥炎热的气候条件下，经蒸发沉积而成。

侏罗系矿床位于滇中两个区域内，即楚雄州和昆明市，地处康滇地轴（又称川滇台背斜）内的拗陷区，有两个不同时代的含盐盆地——楚雄红色盆地和安宁盆地。双柏—楚雄—姚安一线为楚雄盆地的沉积中心，安宁盆地的沉积中心则位于撒营盘—富民—安宁一线。

白垩系矿床的盐体形态与盆地形态基本相似，面积大的有数十平方千米，小的仅 1 平方千米。一般是南北方向长、东西方向窄，盐体厚度一般在背斜轴部剧增，翼部和边缘薄。

盐体在背斜轴部埋藏浅，见盐深度一般在 50 米左右，向斜或翼部埋藏深，山沟埋藏浅，山坡或山脊埋藏深。全区虽为连续沉积的单一盐层，但盐体内厚薄不等、形态多样，总的特点是滇中薄，一般为 5~354 米，滇西最薄在 100 米左右，滇南厚度为 11~844 米。

## 第四节　长江上游古盐井遗址考察

在中美国际合作项目"四川盆地及其邻近地区古代盐业的景观考古学研究"和国家社会科学基金项目"长江上游古代盐业开发与聚落起源

及其城镇变迁研究"的资助下,笔者四次到四川、重庆、云南进行了盐业野外考察,具体情况如下。

1999年3月1日到18日,从川西到三峡,从盆地边缘到中心再到边缘,考察行程是:成都—蒲江—邛崃(火井镇)—自贡—重庆—涪陵—忠县(中坝)—云阳—奉节—巫溪宁厂—巫山—宜昌;

1999年7月20日到28日,涪陵—彭水—郁山—黔江;

2005年8月10日到25日,昆明—安宁—禄丰—黑井—大姚石羊—大理—云龙—丽江—盐源—西昌—成都;

2007年7月5日到15日,成都—资中罗泉—自贡仙市—隆昌—宜宾李庄—叙永—赤水—福宝—泸州—成都。

通过考察,掌握了古代盐业遗址的第一手资料和盐业城镇因盐业兴衰而产生的景观变迁规律。由于考察工作量较大,时间紧,考察内容借鉴了中美联合盐业考古队(以下简称考古队)其他队员的相关资料,[①]考察主要围绕古代盐业遗址展开。

## 一、四川部分

### (一)邛崃

邛崃是秦灭蜀后在成都平原最早建立的城市之一,无论从军事还是经济贸易方面来讲,邛崃都十分重要。除了铁矿资源外,盐和天然气伴生现象十分突出。《华阳国志·蜀志》有临邛利用天然气煮盐的最早记载:"有火井,夜时光映上昭。民欲其火光,以家火投之。顷许,如雷声,火焰出,通耀数十里,以竹筒盛其光藏之,可拽行终日不灭也。井有二水,取井火煮之,一斛水得五斗盐;家火煮之,得无几也。"考古队考察的重点是火井镇油榨乡。目前火井镇公路旁有一个火井的纪念标志,但缺乏准确的地望考证。

---

① 蒲江和邛崃考察资料参考北京大学考古学系、加州大学洛杉矶分校考古研究所、成都市文物考古研究所、阿拉巴马大学人类学系:《1999年盐业考古田野调查报告》,载《中国盐业考古——长江上游古代盐业与景观考古的初步研究》(第一集),科学出版社,2006年,第30-113页。
云南元永井、大井资料参考黄健执笔的《云南盐业考察报告》,《盐业史研究》,1996(3),第35-45页。

在盐坨村的一家农户后院斜坡上,考古队发现了一根陶管,直径12厘米,年代据称为唐宋时,但是,顺管道追寻却没有收获,疑为早期天然气管道。在盐井村,我们发现了废弃天然气厂留下的气井、伴生盐矿,旁边农户平时用天然气煮盐,这足以证明临邛盐水与天然气伴生的可能性。临邛古盐业几乎没留下遗址,但是,当地地名与此关系密切。与古代盐业记载吻合的是唐代火井县的设立,现存名为"衙上"的地方据说是县城治所,残存散落建筑材料砖石瓦砾甚多,但目前没有发掘,无法定论。

邛崃与盐业的关系有两点值得注意:一是地名的解释,任乃强先生认为临邛的含义有"盐"之意;二是南方丝绸之路与此地"盐"的开发相关,邛民运盐入蜀,称之为"灵关",实为"盐关"之意。[1]

### (二)蒲江

蒲江的古盐井遗址分布在鹤山镇的蒲砚村、天华乡的六合村、光明乡的金华村、松花乡的松花村、白云乡的窑埂村。成都市文物考古研究所的蒋成先生最先在窑埂村盐井沟灰沙嘴发现了熬盐制卤的遗址,并发掘出陶器、瓷器、铁器和耐火砖等遗物,经考察确认为四川中晚唐时期的典型器物。沿着灰沙嘴上游还发现有盐井两口和输卤的笕槽遗址,是一个完整的打井、采盐、输卤、熬盐的作坊。[2]

据笔者考察,蒲江盐井的地质构成正好位于一个断层上,长秋山脉地下水富集于此,地下盐水容易出露,易于开采(详见本章第二节)。盐井溪的两口盐井是典型的大口井,井口圆形,直径1~2米,从井口到水面深度仅3米。据《华阳国志·蜀志》记载:西汉宣帝地节三年(前67),"穿临邛、蒲江盐井二十所,增置盐铁官"。此外,蒲江也有唐代盐业的相关记载,说明从汉代至唐代,这里一直是盐产地。附近的石刻和碑记证明现存的古盐井在唐代已开始利用。蒲江白云乡二号井上方的崖壁上有石刻造像,上刻"元和八年,勾当盐井"等字样。图1-4为蒲江窑埂村盐业遗址与汉代制盐画像砖。

---

[1] 任乃强:《说盐》,《华阳国志校补图注》,上海古籍出版社,1987年,第40页。
[2] 成都市文物考古研究所:《成都市蒲江县古代盐业遗址考古调查简报》,载《中国盐业考古——长江上游古代盐业与景观考古的初步研究》(第一集),科学出版社,2006年,第126-145页。

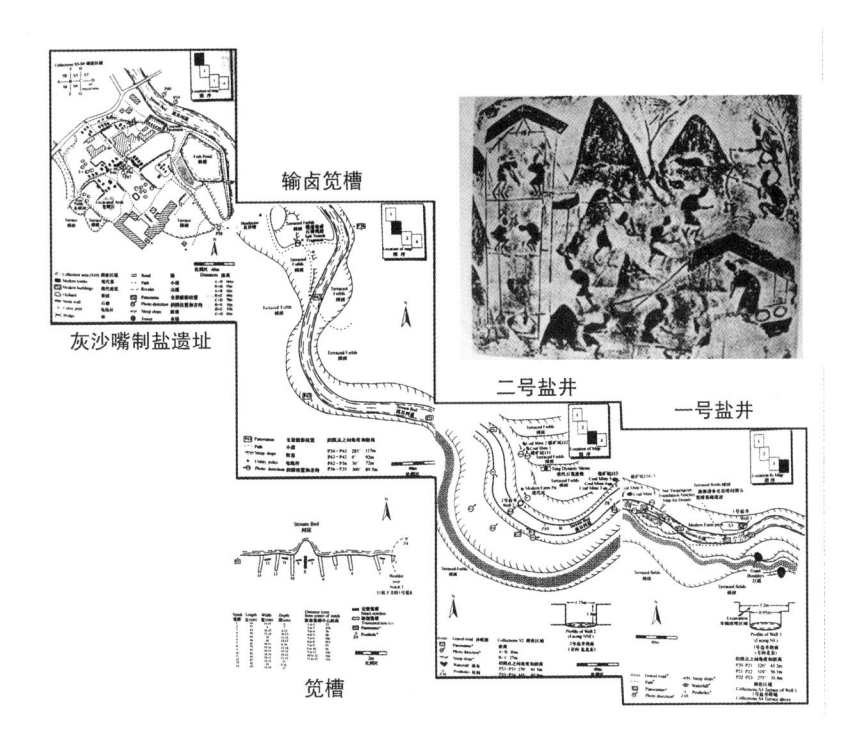

图 1-4 蒲江窑埂村盐业遗址与汉代制盐画像砖

笔者认为蒲江盐业遗址的价值有三：一是反映了盆地边缘山区盐业浅层埋藏条件；二是作为四川盆地开发很早的盐井，保留了汉代以来的大口井样式；三是保存了完整的盐业生产全过程。张学君先生曾经对四川汉代画像砖反映的盐业生产盛况进行过详细论证，[1]他的结论在这里得到了验证。

### （三）盐源

盐源县距今已有 2 000 多年历史，西汉建元六年（前 135）即设置了定筰县，是四川省最早设立的县之一。唐代改名昆明县，元代称润盐州、柏兴府，明称盐井卫，清雍正七年（1729）定名为盐源。《盐源县志》释名："盐之云者，于食货重富民之政；源之云者，为若绳。"若指若水，今雅砻江。绳指绳水，今金沙江。可见，盐源的含义就是盐之财富，两江之地。

---

[1] 张学君、张缪斯：《关于临邛、蒲江的盐业历史：汉代蜀郡井盐开发的历史背景与工艺特点》，《盐业史研究》，2007（3），第 33-40 页。

盐源盐业开发早，《华阳国志·蜀志》记载："有盐池，积薪，以齐水灌，而后焚之，成盐。"这是最原始的制盐方式。当地少数民族为了占据此盐泉，控制经济资源，发生过多次争夺盐的战争。任乃强先生认为，盐源汉代称定笮，意为只要控制了盐泉，就可以平定"笮"等少数民族。南方丝绸之路到达西昌后，有一支转向了盐源，与盐业开发有关，称为"润盐古道"。

目前，盐源县仍存有一些盐泉遗址，分布在盐塘乡和县城东附近，但是很遗憾没有得到很好保护，盐塘乡的遗址几乎被填埋。县城旁边的遗址是古代的白崖井，埋藏浅，附近山崖土层内即可看见白色的灰白含盐层。古盐泉废弃成一片洼地，当地人称为硝水塘。目前盐厂仍在生产，用现代钻井设备和真空制盐，山上新开的井架和储卤池盐水量充足。但是，厂方对这里历史悠久的盐文化根本不重视，此处原来有一座盐水女神庙，当地称为开井娘娘庙，是十分罕见的行业神崇拜，却十分遗憾地被拆掉了。现存东岳庙一座，为附近百姓宗教活动之地，盐厂也准备将其拆除。在考察过程中，相关部门最关心的是研究课题能不能给盐厂扩展销区，产生更多的经济效益。其实，保护和综合开发盐源悠久的盐文化资源，不仅可以提高产品的品牌价值，还能取得巨大的经济效益和社会效益。图1-5为盐源县古盐井分布图。

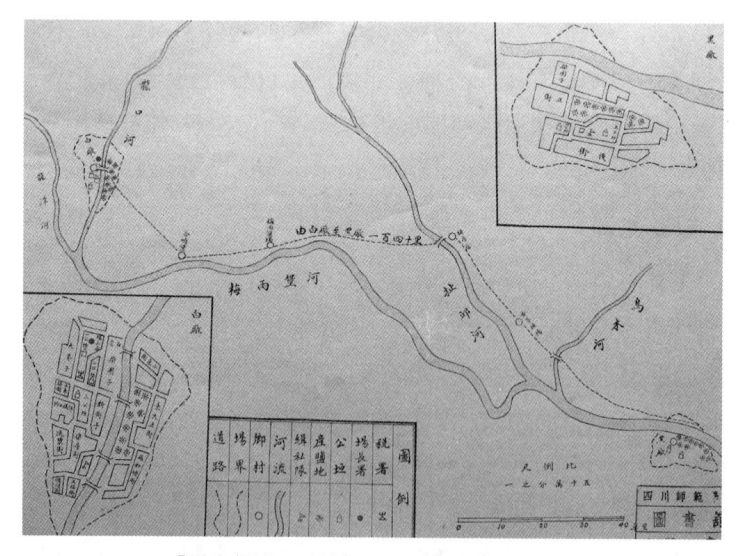

[图片来源：（民国）《四川盐政史图册》]

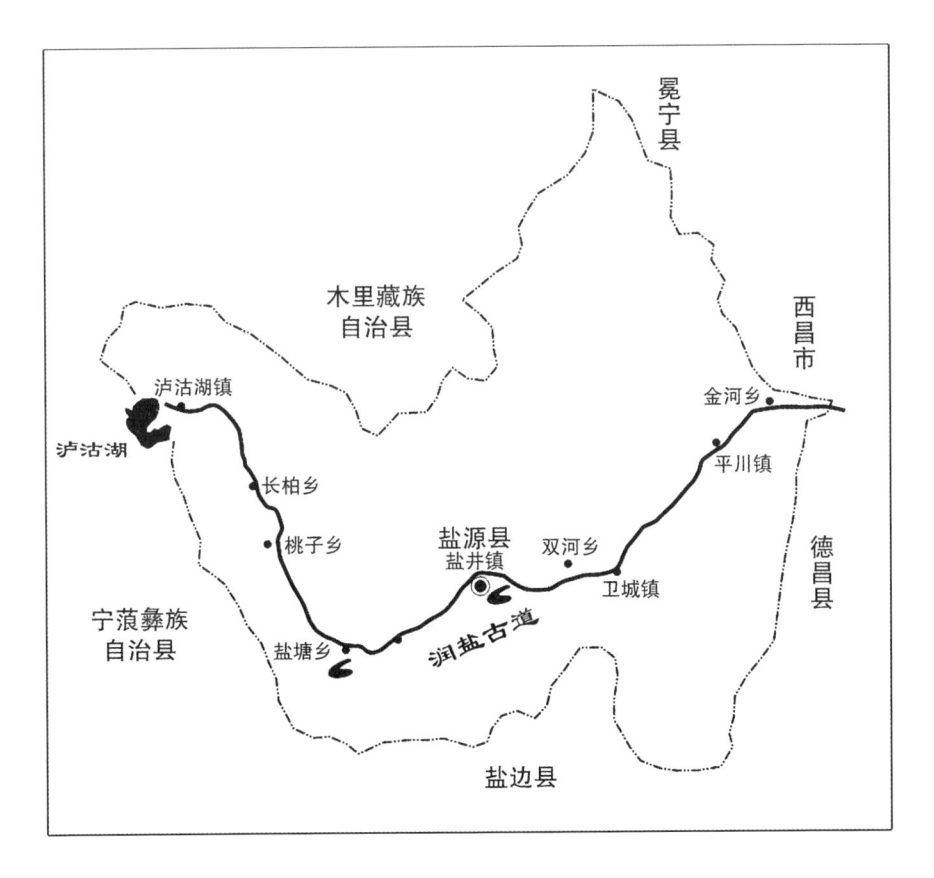

(作者自绘)

图 1-5 盐源县古盐井分布图

## 二、重庆部分

### （一）忠县

忠县古代盐场在㽌井镇和涂井镇，含盐层位于三叠系巴东组和嘉陵江组岩层中，㽌井河、汝溪河的侵蚀使盐层接近地表。图 1-6 为忠县古盐井分布图。

据初步考察，㽌井河左岸一级台地上现存古井两口。较大的名官井，内径 1.5 米，外径 1.8 米，井壁原用木桩围成（13 节木桩，每节约 4 米），推知盐卤表面深度在 50 米以内。因 1998 年长江特大洪水影响，河滩上的古井埋于泥沙之下，数量不详，据当地老人称，有 20 余口。笔者随考古

33

队沿瀿井河穿过忠县背斜到达卫星桥高安村（背斜西翼），河左岸发现古井1口，一级台地上有咸水井1口，系天然盐泉出露。

涂井的古盐井保存较好，现存9口。位于涂井桥附近的有8口，分别是七星井、新井、江西井、官井、石坎井、岩阡井、老鸹井、铁匠井。其中官井最大，至今仍有卤水溢出。河岸、峭壁上架笕管的柱洞密布。沿涂井桥上溯，有古盐井高井1口，内径47厘米，外径76厘米，井圈距地面140厘米，并有笕管柱洞向下游延伸。

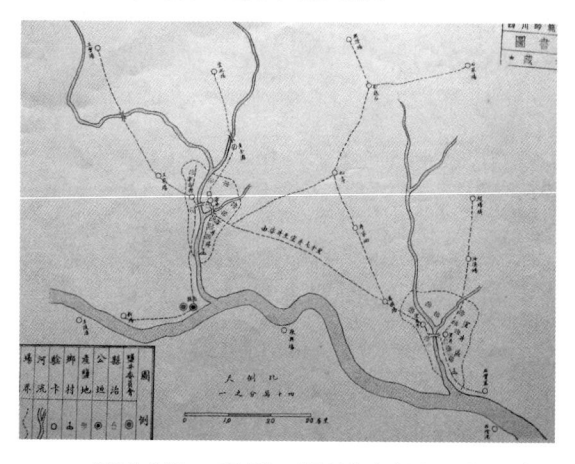

[图片来源：（民国）《四川盐政史图册》]

（作者自绘）

图1-6 忠县古盐井分布图

## （二）云阳

云阳盐井多位于汤溪河以南，古盐井很多，但由于时间关系和古井淤塞者甚多，我们只考察了现存最大的2口。一是白兔井，井口内径4米，八角形，深40余米；二是浣泉井，井口略小，内径2.6米，深度40余米。图1-7为云阳古盐井分布图。

另据明嘉靖《云阳县志》："云安场九井，自汉开创。"九井分别是上温井、下温井、东井、南井、西井、北井、石渠井、浣沙井、土窝井。清乾隆《云阳县志》载："新增盐井36口。"民国《云阳县志》记载清雍乾时期有井126口。据云阳县盐厂统计，云阳盐厂共有185口盐井。[①]当然，这185口盐井不可能同时存在，因卤井矿脉相通，每开新井，他井必损，灶户为增开新井而屡起争讼。卤井的兴衰更替也在不断进行。

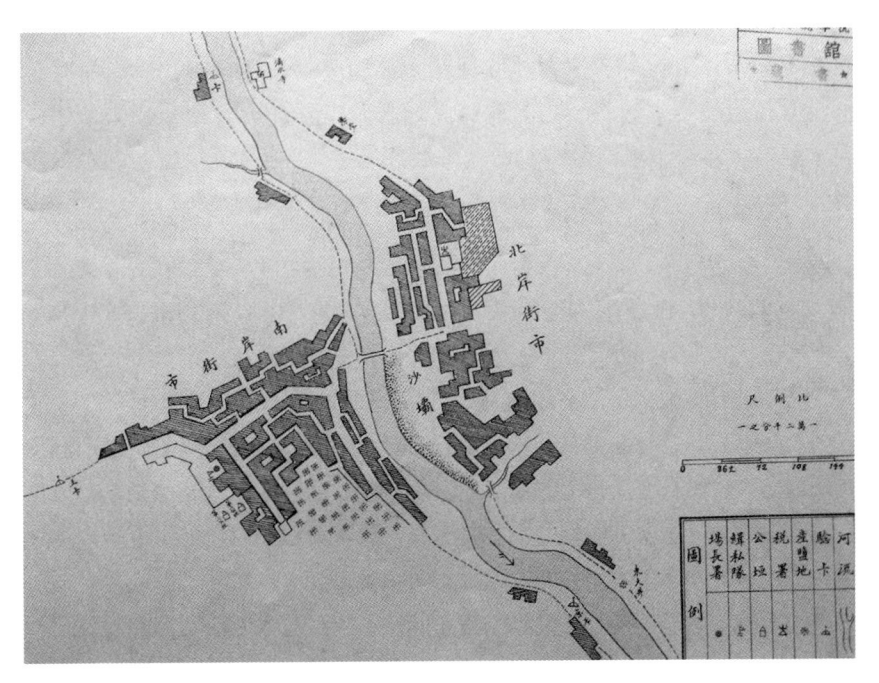

[图片来源：（民国）《四川盐政史图册》]

---

① 云阳县盐厂：《云阳县盐业志》，1990年，第58页。

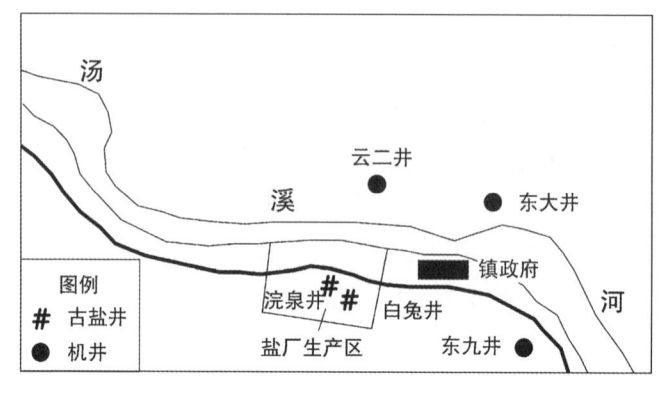

(作者自绘)

图 1-7 云阳古盐井分布图

### (三) 万州

据清同治《万县志》："明长滩旧有盐井，兵燹后淤塞，康熙五年陆续报开井共十口。"但古盐井现已全部埋废，长滩镇现仍有新盐井打出。据任乃强先生调查，现龙驹镇是西晋羊渠县的大致地望，当地传说"羊渠"的名称源于河流旁有盐，羊舐之不去。[①]在龙驹镇以西的走马镇附近，有地名"盐井""盐井沟"，也表明有盐矿存在。

### (四) 奉节

1994年11月，自贡盐业历史博物馆川东盐业考察队对川东盐区进行了全面考察。[②]图 1-8 为奉节古盐井分布图。奉节古盐井在白帝城下长江沙洲上，因江边石缝中常年散发出浓郁的臭味，被老百姓称为"臭盐碛"，臭味实为盐泉中所含硫化氢所致。碛坝上现有盐泉一处。据奉节文物管理所同志介绍，该处矿脉自北向南穿过长江，"臭盐碛"对面是白盐山，山下是"白盐碛"。冬季长江水位较低，水质清澈时，能看到一条白色的水带隐现于江中，这就是被称为"夔州八景"之一的"白龙过江"，实际上是盐泉升涌而形成的一种景象。沙洲上有大面积用大鹅卵石和石灰垒成的圆形和长方形石堡坎，经测量，圆形石坎厚约35厘米，围成的圆圈直径约3.5米，长方形水池宽3.5米，长12米，据分析，这就是制盐的盐灶和储卤池。

---

① 任乃强：《华阳国志校补图注》，上海古籍出版社，1987年，第40页。
② 因时间关系，考察队没有在奉节和开州古盐井遗址实地考察，本书所用两地的资料参见黄健：《川东盐区考察初步报告》，《盐业史研究》，1995（2），第77-79页。

第一章 长江上游古代盐业开发的地质基础

"臭盐碛"附近是传说中诸葛亮练"八阵图"的地方,民国时期还有保存完好的武侯祠。《太平寰宇记》记载:"八阵图下东西三里,有一碛,东西一百步,南北广四十步,碛上有盐泉井五口,以木为桶,昔常取盐。"至民国时期还有盐井4口,分别是大盐井、小盐井、草白井、南井。[①]

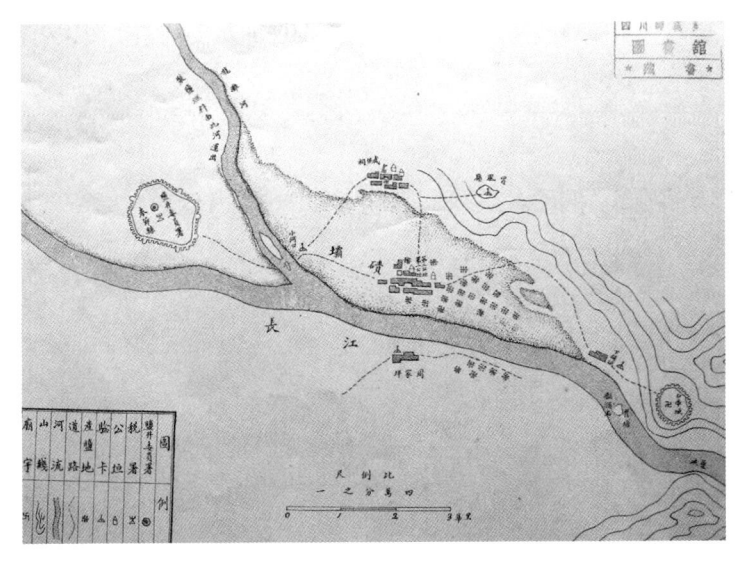

[资料来源:(民国)《四川盐政史图册》]

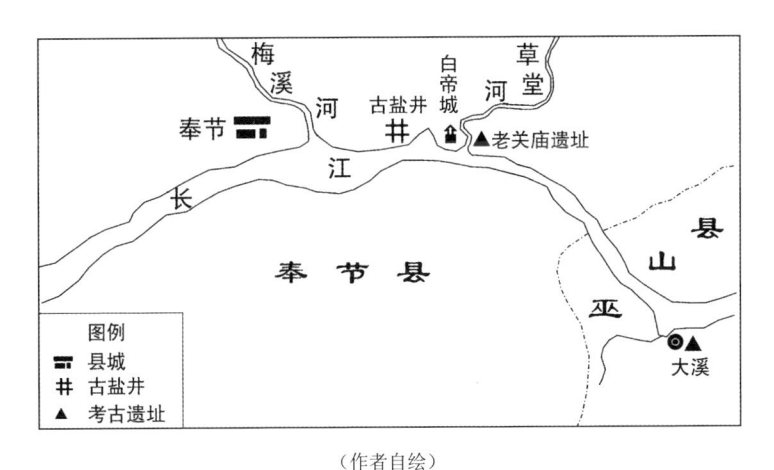

(作者自绘)

图1-8　奉节古盐井分布图

---

① 李悦言:《四川盐矿志》,《地质专报》(甲种第十八号),中华民国三十三年(1944)经济部中央地质调查所印行,第126页。

## （五）巫溪

从巫山沿大宁河上溯，经过大昌古镇、巫溪县城，最终到达宁厂古镇。大宁河风景秀丽，峡谷众多，沿途分布的城镇和考古遗址令人惊叹，两岸悬崖上时有悬棺分布。从自然环境看，这里并不是人类生存的理想场所，显然，宁厂的盐业是影响历史经济发展的重要因素。图1-9为宁厂盐泉与大宁河流域考古遗址分布图。

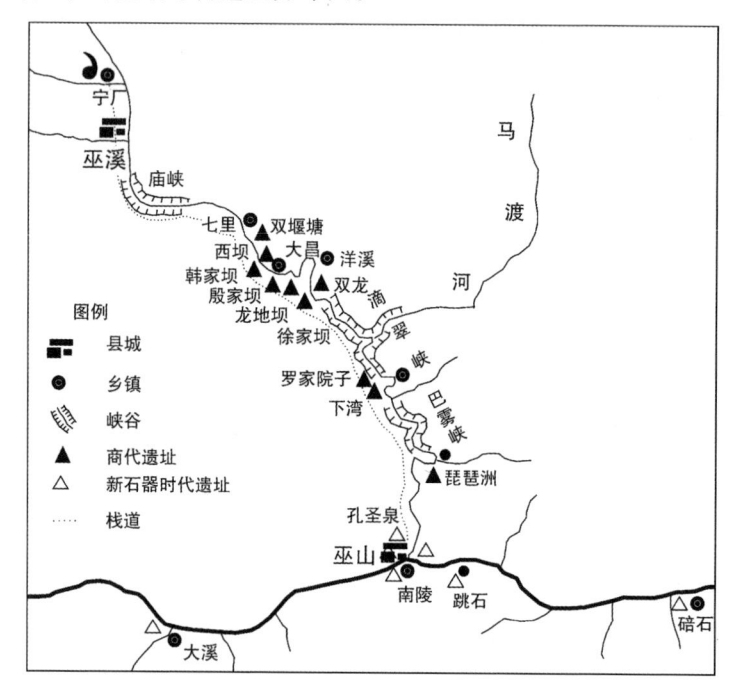

**图1-9 宁厂盐泉与大宁河流域考古遗址分布图**

（根据重庆市文物局、重庆市移民局：《重庆库区考古报告集 1997卷》，科学出版社，2001年）

由于大宁河及其支流后溪河的强烈侵蚀下切，相对高差几百米甚至上千米的峡谷在沿途随处可见。三叠系嘉陵江组含盐层暴露于地表，在压力作用下，形成盐泉，顺山势流下。巫溪—徐家坝大宁河两岸，天然盐泉有13处，最著名的是宁厂"白鹿泉"，流量达13.9升／秒，矿化度39.97克／升。白鹿泉至今仍然流量充足，成为当地一大奇观。

巫溪宁厂盐泉与盐业开发相关的有三个重要区域：一是以盐泉为中心的资源地，盐泉下修建有储卤池，池边开凿一排小孔，用于各灶户分卤之用。盐水通过管道过江（当地人称为绞渡）到对岸熬盐，一些输送卤水的管道与桥梁连成一体，一举两得。二是制盐车间，建设年代是20世纪50年代以后，盐泉旁边的制盐车间还保留了一些传统做法，比如采用烧热的红砖对盐水进行浓缩处理等。三是古镇景观。由于地势狭小，古镇依山修建在坡地上，称为七里半边街，历史记载有盐神庙等，现已不存。90年代中期，在河里发现了大量铜钱，说明了此地盐业贸易曾经的兴盛。但是，1995年，盐厂关闭后，所有中青年都外出打工，只有老年人留守。曾经繁荣的古镇如今一片空寂，说明千年以来支撑古镇的唯一财富就是盐。同时，沿着整个大宁河，崖壁上断续相连的栈道柱孔也是盐业贸易下形成的一大景观。栈道的用途有两种：输送卤水和行船拉纤。

### （六）开州

温汤井位于开州温汤镇的汤溪河边，盐泉位于背斜轴部大冶组石灰岩内，出水呈嫩黄色，富含硫黄等矿物质，泉水温度约37℃，四季不变。因含盐量不高，且靠近云安盐场，生产规模不大，1936年有盐灶33座，但只有半数能维持生产，1941年的产量4 600吨，达历史最高水平。图1-10为开州温汤镇古盐井分布图。

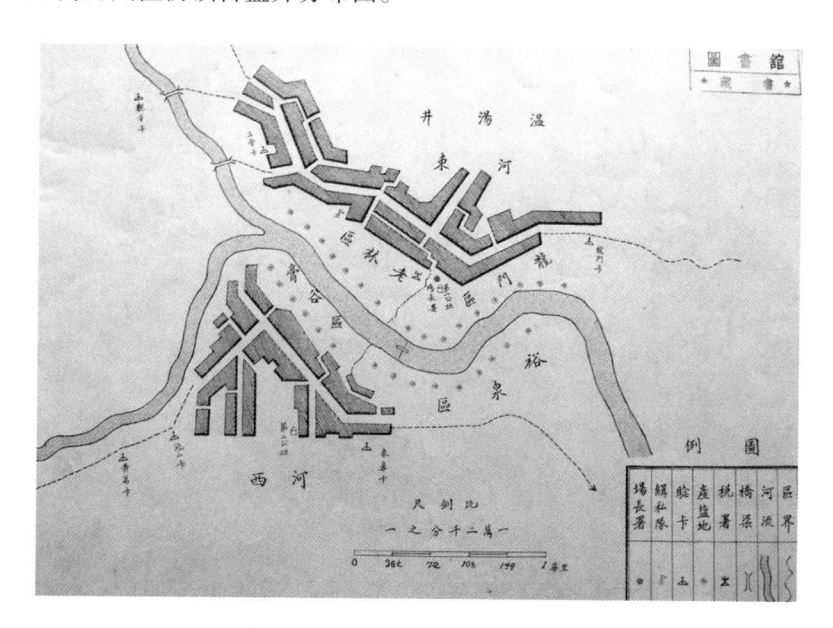

图 1-10　开州温汤镇古盐井分布图

[图片来源：(民国)《四川盐政史图册》]

## （七）彭水

彭水县的盐产地主要位于郁山镇，此外，鸡冠山（现走马乡万灵山）也曾产盐颇丰。宋代，鸡冠山麓盐井镇之盐税高于郁山镇数倍。南宋嘉熙、宝祐年间（1237—1258），为了抵御元军，当地官民在盐井镇附近修筑鸡冠城，元军攻入四川后将鸡冠城废去，盐井亦被封闭。普子区棣棠乡园田村，原名盐田坝，有盐泉溢出。彭水县城东北郊郁江边的温泉，也是一盐泉，中华人民共和国成立后曾开采熬制，后因成本太高而废弃。图 1-11 为彭水县古盐井分布图，图 1-12 为郁山镇古盐井分布图。

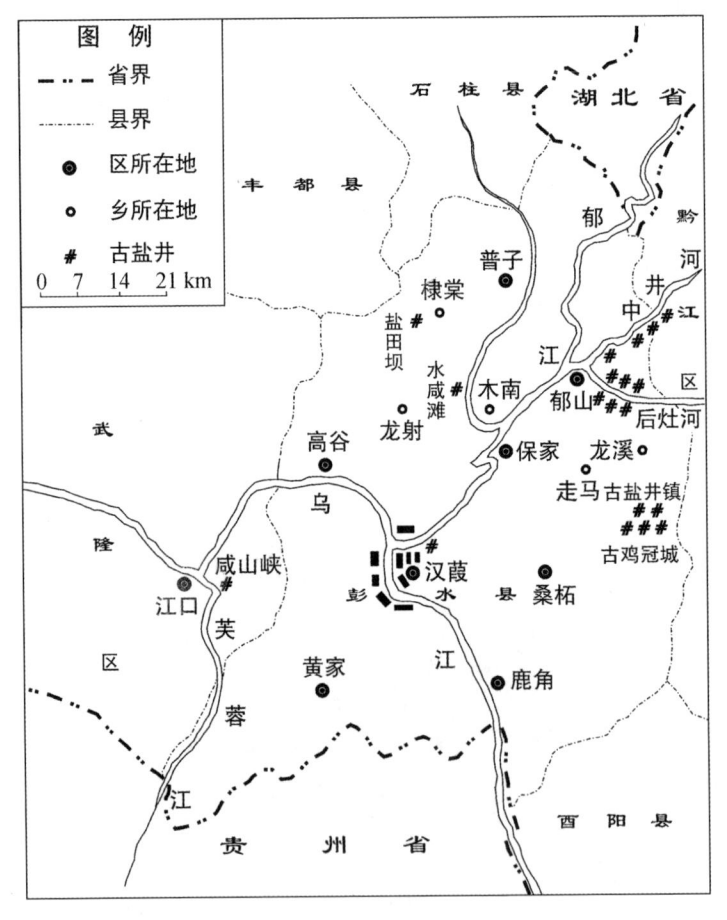

图 1-11 彭水县古盐井分布图

（作者自绘）

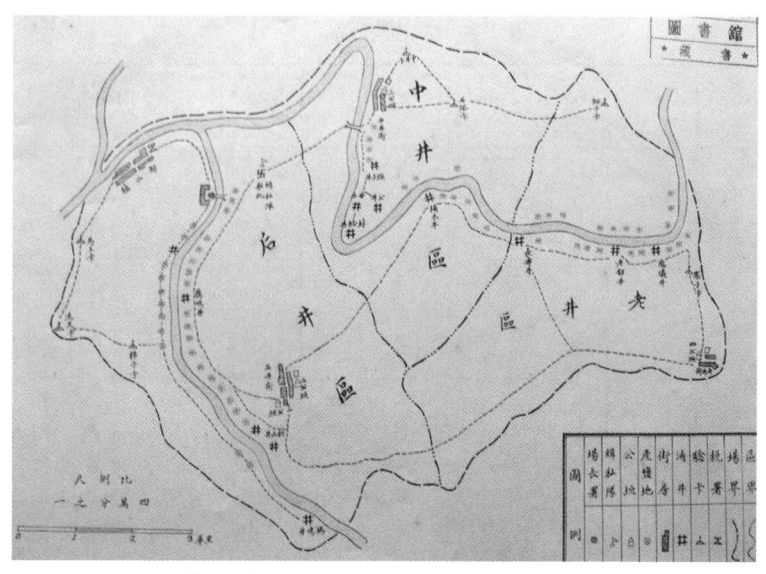

第一章 长江上游古代盐业开发的地质基础

[图片来源：（民国）《四川盐政史图册》]

（作者自绘）

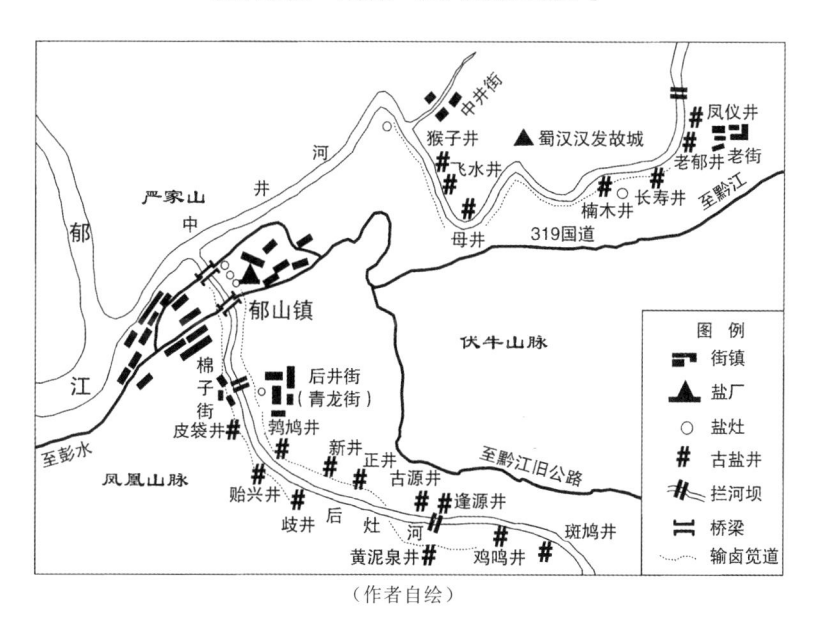

图1-12 郁山镇古盐井分布图

郁山盐矿位于郁江支流后灶河和中井河河谷中，根据《郁山盐业志》记载和笔者实际考察，现有古盐井遗迹13处，分述见表1-3。

41

表 1-3　郁山镇古盐井概况

| 井 | 地　址 | 创修年代① | 井　形 | 深度 | 说　明 |
|---|---|---|---|---|---|
| 鸡鸣井 | 后灶河 | 东汉中叶 | 大口井 2米×2米 | 13米 | 盐泉从河左岸山麓下涌出。1980年封停，现用条石覆盖，保存完好。相传鸡鸣时见盐泉，故名 |
| 飞水井（公井） | 中井河 | 东汉中叶，明万历重修 | 小口井 | | 1960年封停。井高于河岸约6米，设木笕高空输卤至对岸，故名。曾因井内岩层崩塌，淡水大量渗入，1955年、1956年多次修整，效果不佳 |
| 老郁井（鹿井） | 中井河 | 东汉，明天启重修 | 大口井 1.5米×1.5米 | 11米 | 1980年封停。现井壁保存完好，井中已被沙石填充 |
| 鹆井（后井） | 后灶河 | 东汉末，明万历重修 | 浅方形 | | 1960年封停。位置太低，常被河水淹没 |
| 楠木井 | 中井河 | 唐代，明万历重修 | 圆形浅井 直径1米 | 7米 | 1965年封停。现被沙石掩埋 |
| 母井 | 中井河 | 唐代，明万历重修 | 大口浅井 2米×2米 | 2米 | 1960年封停。位置较低，易被洪水淹没，常遭淡水渗入 |

① 据光绪《彭水县志》（歧井、贻兴井除外）；同时参考《涪陵地区盐业志》，四川人民出版社，1991年，第28页。

续 表

| 井 | 地 址 | 创修年代 | 井 形 | 深度 | 说 明 |
|---|---|---|---|---|---|
| 长寿井 | 中井河 | 唐代，清嘉庆重修 | | 2米 | 位于中井河左岸一溶洞中，晴咸雨淡，半年能用。由于修建319国道，土石已将洞口封住 |
| 正 井 | 后灶河 | 清康熙初年 | 小口井直径0.3米 | | 正井与新井邻近，当地盐工合称新正井，为典型的卓筒井形制，现井壁犹存 |
| 新 井 | 后灶河 | 清乾隆二十七年（1762） | 小口井直径0.3米 | | |
| 斑鸠井 | 后灶河 | 清乾隆九年（1744） | | | 盐泉自后灶河右岸山麓下渗出，现仍见约1米见方的井口 |
| 皮袋井 | 后灶河 | 清道光年间 | 大口浅井 | 2米 | 1959年封停。因形似口袋，故名。位置较低，易被淹没 |
| 歧 井 | 后灶河 | 民国二十八年（1939） | 大口浅井直径2米 | 3米 | 位于后灶河左岸马岍洞中，因1939年隆昌人喻昌歧创修 |
| 贻兴井 | 后灶河 | 民国三十一年（1942） | | 4米 | 1960年封停。现被沙石掩埋 |

　　除表1-3所列古盐井外，郁山矿区在明清两代还先后开凿过黄玉井、古源井、逢源井、猴子井、蚌壳井等，因未见盐泉或仅见井底湿润，无开发价值，未能利用，故笔者在考察中未能找到其遗迹。

　　中华人民共和国成立后，郁山镇实际具有生产能力的盐井有9口，即鸡鸣井、新井、歧井、皮袋井、贻兴井、楠木井、母井、老郁井、长寿井，日产卤量1.32万筒（每筒64千克）。由于古盐井年久失修，位置低（多位于河岸两侧），井深浅，卤水产量和质量不甚理想，政府陆续

43

投资新开盐井，扩大生产。1955年，开黄泥泉井（位于鸡鸣井附近黄泥泉洞中，距洞口约100米，由于考察时正值雨季，洞中情况不明，未进入）。1974年，开新皮袋井，深度255米。1977年，投产郁机一井，深度877米。1979年，再钻通郁机二井，深度653米。由于"郁机一井"和"郁机二井"两口机井投产后，卤水浓度高，产量丰富（日产卤量1000余立方米），因此，从1980年起原有古盐井全部封停。

从1979年至1981年，盐厂每年产盐4000吨以上。1982年全厂遭特大洪水淹没，生产设备损失严重，恢复生产难度很大，而且郁盐已无法与国内其他现代化盐厂竞争，同时，郁盐经四川省卫生防疫部门化验，含氟量过重，有碍人体健康，所以，1984年年底，郁山盐厂停产转厂。

## 三、西藏部分

西藏古代盐井在盐井乡。盐井乡位于西藏自治区东南部，上盐井、下盐井和加达村呈三角形分布于自北向南流过的澜沧江两岸，是盐田及盐泉的主要分布和出露地区。从地质构造看，盐泉区位于芒康—盐井复式向斜内部的盐井—四水背斜倾伏端（北段）西翼，岩层走向为北北东方向，倾向为北西方向，倾角50°~60°，复式向斜南端扬起，向北倾伏，并位于断裂带上。盐泉出露高程均在2300米左右，高程起伏较缓，主要在近岸边沿岩层裂隙溢出，居民稍加挖掘或扩大就形成盐井，局部成群3~5个密集分布，总体分布较为集中。枯水季节，西岸加达村共出露3处盐泉，东岸上、下盐井共302处（图1-13阴影部分），两岸泉群大体分布走向与岩层平行，在宽约30米、长约2000米的条带状地形范围内分布。[1]

盐井乡的盐业开发方式是中国古代盐业十分独特的方式之一。据陶宏、黄健实地考察，现共有盐井79口，其中，东岸58口，西岸21口。井的形状一般都不规则，井径的大小和井的深度不一，井径大的有2~3米，小的仅几十厘米，井的深度一般在几十厘米至11米，多数井深度在5米以下。有7口高产井，井口修护围堤，下设梯子，人沿着梯子下去取卤。[2]

---

[1] 钱琳、许模等：《西藏盐井盐泉地下热卤水水化学特征分析》，《资源开发与市场》，2007（5），第401-403页。
[2] 陶宏、黄健：《西藏芒康县盐井乡盐业研究》，《盐业史研究》，2002（4），第28-34页。

图 1-13 盐井乡地质构造图

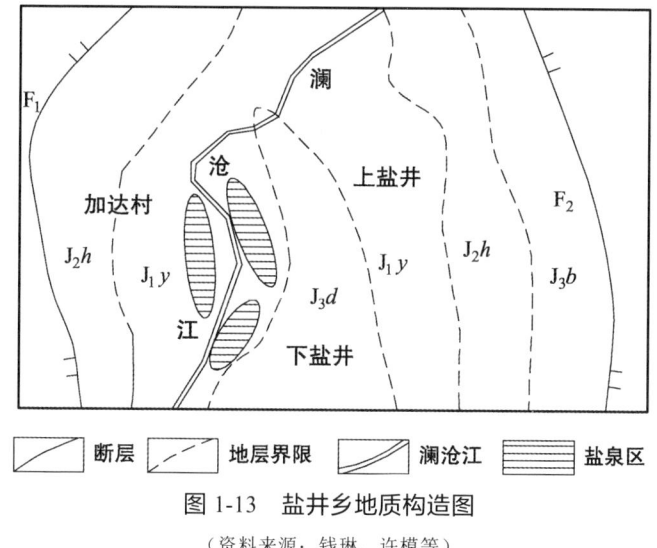

（资料来源：钱琳、许模等）

盐井乡的晒盐方式很独特，利用人力将盐水背或挑至盐田，靠自然蒸发，析出盐分。盐田依山而建，根据地形用整块圆木作支撑，当地人称作木楼。木楼面积一般在 10～60 平方米，木楼高度依据地形，高的 6～7 米（纳西村、上盐井村），低的只有 1～2 米（加达村）。盐田大都呈长方形，少数呈扇形。每栋木楼上建有盐田 4～20 块，一般都在 10 块左右，盐田的规格多数为长 3～4.5 米、宽 2～3.5 米，盐田的数量大约有 3 000 块。

盐井乡位于茶马古道滇藏线上，经济文化交流频繁，产盐的历史下限是明正德七年（1512），第五代木氏土司木青将纳西的制盐技术带到这里进行开发，在井盐区域利用澜沧江的阳光和风力实行"种盐""晒盐"，这是盐业史上的宝贵遗产。同时，盐井乡上的佛教与天主教并存，中西文化在这偏僻的山乡交会，成为独特的文化景观。

## 四、云南部分

在云南三大盐区中，野外考察集中在滇中、滇西。1999 年，由于云南盐业集团对盐业资源和生产进行整合，许多现代化盐厂都实行封闭管理，无法取得相关资料。许多古盐井遗址遭到废弃或者由当地政府管理，曾经在云南历史上繁荣辉煌的古盐井遗址面临极大的破坏，保留较好的古盐井遗址只有禄丰县黑井镇和云龙县诺邓村，其余的仅仅保留了散落的单体资源（石羊晒盐棚、文庙、盐神庙等）。2006年，云南白象盐业成功上市，但是，古盐业文化的失落令人惋惜。

## （一）黑井镇——云南古代盐业"巨擘"

黑井镇位于楚雄州禄丰县，盐业开采历史悠久，民间传说有彝族姑娘阿诏牧牛发现盐井之说。黑井镇最大的古盐井就是黑牛井，可见传说反映了早期盐业开发的历史。由于黑井盐矿储量丰富，又位于龙川江畔，江水的侵蚀作用使得盐矿出露较浅，盐产量很大。元代是黑井开发的发展期，到明清进入鼎盛期。明代、清中期、清末民初，黑井盐税分别占云南总赋税的67%、50%和46%，为云南赋税之大户，被称为云南盐业之"巨擘"。[①]后由于能源枯竭、技术落后、市场竞争激烈等，黑井逐渐衰落。但是，因盐而盛的古镇保留了大量古镇景观形态，现已成为特色旅游景点。图1-14为黑井古盐井和城镇布局示意图。

图1-14 黑井古盐井和城镇布局示意图

（图片来源：黑井古镇旅游中心。黑井地图资料缺乏，只有旅游部门提供的此图，古镇格局和主要古迹位置基本准确。）

---

① 〔清〕沈懋价纂订，李希林点校：《康熙黑盐井志》，云南大学出版社，2003年。

古镇因盐业发展而形成的空间结构保留完整，盐井、制盐作坊、仓库、商业街、会馆、文庙、盐神庙、盐商大院、道观、寺庙一应俱全，是认识盐镇难得的"标本"。镇内目前保留的古盐井是黑牛井，横向进入的井口约 2 米高，输卤管道内外延伸，井外的储卤池呈长方形，宽 10 米，长约 20 米。进口背靠山坡，坡地从下而上排列有梯形台阶，为放置晒盐棚所用，规模很大，可见生产的繁荣。山坡上建有盐神庙，建筑精美，巍峨气派，将盐业生产和宗教活动融为一体，十分独特。依山而建的小小的古镇，却集中了许多大气精美的建筑，而且布局十分考究，难能可贵。

古盐井形态保留基本完好的还有 3 口大井，即天恩井、德洋井、裕济井，现已完全废弃于荒野之中。笔者在杂草丛中找到 3 口井的位置，但已经无法进入。古井之外有一 2～3 米直径的洼地，疑为储卤池。古镇东侧的古井被开发成旅游体验场所，小锅制盐方式为游客所喜欢，但难以觅得历史遗迹和技术演进。黑井所在地以其经济地位曾在 20 世纪 50 年代被设为盐兴县，现在还保留有当年县政府的门楼。

盐业开发需要大量能源，黑井薪炭林的利用造成生态环境的严重破坏，黑井镇盐业生产时被形象称为"烟溪"，污染非常严重。长期砍伐造成周边森林极少，几乎都是浅草灌木次生林，龙川江水也难见清澈，所以，黑井的衰落从生态意义上讲，也是城镇发展的再生机遇。

### （二）云龙县诺邓村——盐业造就的美丽村落

诺邓村位于大理云龙县，走进村落，是意想不到的美丽画面，民居鳞次栉比，构成山地立体的聚落系统，建筑的石木瓦土在阳光下泛着金黄。曾经的富庶随着盐业的衰落转眼成空，只有村口的盐井讲述着这里曾经精彩的传说。图 1-15 为诺邓盐井与村落景观图。

| 汉代古盐井 | 文庙棂星门 |

| 盐业造就的美丽村落　　　　　　民国盐务局

图 1-15　诺邓盐井与村落景观图

　　古盐井目前已经关闭，无法看到其形态。自贡盐业历史博物馆的黄健研究员在 1996 年考察时，还目睹了用竹龙抽卤的过程，这是与四川井盐不同的生产方式。早在汉代，在云龙县境内已设立比苏县，与洱海边的叶榆一样都是大理最早的县。盐业经济的兴盛使小小的诺邓村成为开发较早的聚落，辉煌过后，资源型古镇几乎成为空城，幸运的是村落保存完好，成为研究村落的原真活化石。

　　在诺邓考察，有几个问题值得思考（详见第四章）：第一，建筑景观，一个村落里几乎保留了云南古建筑的大部分形态，号称云南建筑博物馆；第二，移民文化与本土文化的融合，诺邓为白族村落，白族的风俗习惯如何与来自四面八方的移民文化融合；第三，村落布局，与一般农耕村落不同，农业背景、民族背景下的手工业发展，造成了社会结构的复杂性，这种复杂性又决定了村落功能与文化的景观布局特色；第四，将视线放到云龙乃至大理州的区域范围，古代盐业开发在区域行政和经济的变迁中究竟处于一个什么样的地位。

## 第五节　长江上游盐矿地质条件与古代井盐开发

　　对长江上游（四川—云南）盐矿地质条件的分析，以及对野外田野考察的感性认识和盐业史的基本分析，为以后的研究奠定了基础。盐矿的分布和开采决定了生产布局和销售布局体系，同时，对盐业经济发展的时间和空间具有决定性的作用。

## 一、盐矿的埋藏深度对盐业开发历史序列产生重要影响

据以上对古地理环境和地质构造的分析可知，川东盐矿最易开采，川东地层中的卤水系三叠系海相地层中的次生卤水，加上河流强烈下切，多天然盐泉和浅层埋藏，是四川盆地最容易采盐的地区，以宁厂、忠县、彭水为代表。但是，盐矿长期开采以后，卤水浓度渐小，而且盐井多位于江边，极易被洪水冲坏。以彭水县和大宁县为例："（彭水县）蜀东之下邑也……惟在县治之东百里有伏牛山，山下有咸泉四，曰伏鸠（斑鸠）、鸡鸣、楠木、老郁，去江者二三尺，下者尺许，最下者在江中流水中，其之少者，既不足给灶丁，而杂于河水，淡而不咸，煎烧所出，恒不足以供口食。"[①]"（大宁县）嘉庆六年，盐厂大水，冲没一百余灶，民房、铺户被冲无算。八年癸亥，水没盐场。"[②]1998年长江洪水时，忠县㽏井镇古盐井遗迹除了管井以外，其余全部埋于泥沙中。所以，洪水的威胁对川东井盐生产产生了很大影响。

川西、川北地层中的卤水为白垩系次生卤水和侏罗系地层移集卤水，埋藏较深，开采有一定难度，但在一些侵蚀河谷地带或山前冲积扇地区，也有盐泉涌出或浅层埋藏，如蒲江、邛崃等地。川中自贡地层中的卤水是三叠系海相原生卤水，卤层厚、浓度大、储量大，但是埋藏深，开发难度较大，开采较晚，除富顺外，唐以前无产盐的记载。宋代卓筒井的发明使用给自贡盐业的全面开发提供了技术基础，明代（天然）气水田得到开发，自贡盐业逐步成为四川盐业之首，加上两次"川盐济楚"，奠定了自贡"盐都"的地位。从储量看，川西、川中明显大于川东，所以，前两个地区在四川井盐史上的经济地位日益重要，而川东则呈下滑趋势。云南与四川一样，最早开发的是安宁、诺邓等浅层埋藏区域，后逐步向深层区域开发。表1-4为四川各场盐井深浅比较表。图1-16为四川盆地主要盐矿地质构造图。

① 〔清〕同治《酉阳直隶州总志》。
② 〔清〕光绪《大宁县志》。

表 1-4 四川各场盐井深浅比较表[①]

| 场名 | 盐井深度 |||
| --- | --- | --- | --- |
|  | 最深 | 最浅 | 普通 |
| 富荣东场 | 320 丈 | 120 丈 | 200~290 丈 |
| 富荣西场 | 300 丈 | 100 余丈 | 200 余丈 |
| 犍为场 | 120 丈 | 50 丈 | 70~90 丈 |
| 乐山场 | 220 丈 | 70 丈 | 100~170 丈 |
| 井仁场 | 140 丈 | 40 丈 | 60~80 丈 |
| 资中场 | 200 余丈 | 80~90 丈 | 120~130 丈 |
| 邓关场 | 200 余丈 | 100 余丈 | 160~170 丈 |
| 大足场 | 60 余丈 | 20 余丈 | 40 余丈 |
| 射蓬场 | 90 余丈 | 46 丈 | 60~70 丈 |
| 简阳场 | 90 余丈 | 30 丈 | 40~60 丈 |
| 南阆场 | 80 余丈 | 40 丈 | 60 丈 |
| 乐至场 | 60 余丈 | 20 余丈 | 40 余丈 |
| 三台场 | 100 丈 | 30 丈 | 70 丈 |
| 蓬中场 | 80 丈 | 30~40 丈 | 60 余丈 |
| 蓬遂场 | 80 丈 | 30 丈 | 40~50 丈 |
| 绵阳场 | 100 丈 | 30 丈 | 50~90 丈 |
| 射洪场 | 30 余丈 | 10 余丈 | 20 余丈 |
| 南盐场 | 96 丈 | 56 丈 | 70 丈 |

① 《四川盐政史》。

第一章 长江上游古代盐业开发的地质基础

续 表

| 场名 | 盐井深度 |  |  |
|---|---|---|---|
|  | 最深 | 最浅 | 普通 |
| 西盐场 | 100余丈 | 30余丈 | 70余丈 |
| 中江场 | 60余丈 | 20余丈 | 40余丈 |
| 康藏盐井县 | 1丈2尺 | 3～4尺 | 无 |

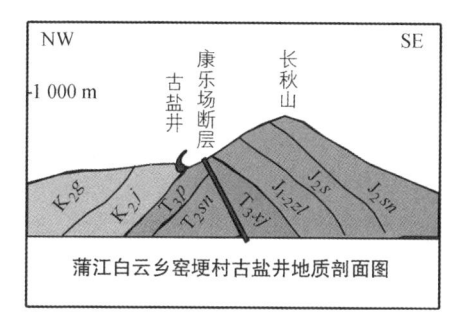

蒲江白云乡窑埂村古盐井地质剖面图

盆地边缘，断层盐水富集
开发较早，西汉置盐官

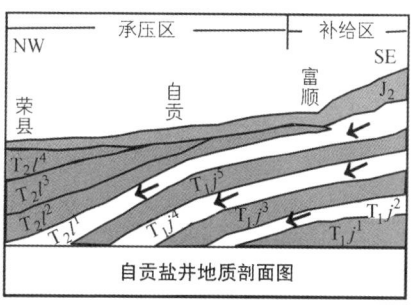

自贡盐井地质剖面图

川中盆地底部，深层埋藏
开发最晚，但是储量最大

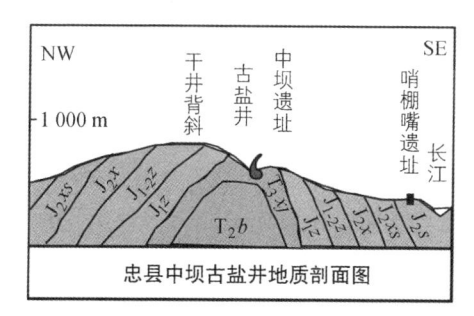

忠县中坝古盐井地质剖面图

长江河滩，深层埋藏
考古发现证明商周开发

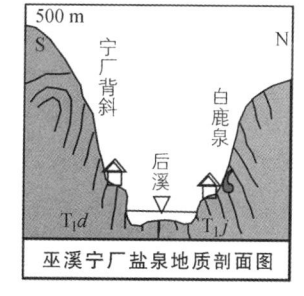

巫溪宁厂盐泉地质剖面图

天然盐泉
推测开发最早

图1-16 四川盆地主要盐矿地质构造图
（作者根据相关地质资料和实地考察自绘）

除了盐矿埋藏情况，能源利用也对生产产生了较大影响。川西临邛盐场早在汉代就开始使用天然气熬盐，犍为、蓬溪、富荣等盐场在明代纷纷开出火井，据《天工开物》记载，上述地区在明代已有可靠的采气装置，清代天然气已经广泛利用，大大提高了劳动生产率。川东能源危机是盐业发展的一个制约因素，按传统方式，熬盐所用燃料几乎都是柴草，明代大宁县"各省流民一二万，在彼砍柴以供大宁盐井之用"[①]，彭水县"其火惟茆刈以烧，先集茆数百驮以供一煎之火，时遭阴雨，则茆不可刈"[②]。大宁盐厂道光年间才开始利用煤炭。[③]直到现代，云阳、大宁、彭水等地盐场为节约能源，均采用垅灶制盐法，以减少成本。

## 二、盐矿的开采难度对盐业利用方式和早期聚落及城镇产生较大影响

民间传说中，盐矿最早的发现多与动物有关，然后从浅层到深层逐渐深入。由于长江及其支流的侵蚀作用，盐矿容易出露。因盐聚众，聚众成邑，因矿业资源的开发与占有而产生的最早聚落是认识长江上游文明的一个基点。但是，随着采盐技术的不断提高，盐业的生产、储存、销售等形成体系，盐业聚落与城镇布局也发生了很大变化。自宋代卓筒井技术发明以后，经过不断改进，明代有了长足进步，马骥的《盐井图记》[④]、宋应星的《天工开物》等著作中对钻井技术有专门记述和研究，六道工序（开井口、下石圈、凿大口、下木竹、凿小口、扇泥）基本完善，治井、打捞、采卤、输卤等技术也日趋精湛，盐井深度也不断增加，深层盐卤得以开发，从而使得蓬溪、富荣等盐场异军突起，发展势头超过渝东盐场。另外，从制盐技术看，犍乐、富荣等盐场工艺精细，盐的质量比渝东好，从而受到消费者的欢迎。

---

① 〔清〕顾炎武：《天下郡国利病书》。
② 〔清〕光绪《彭水县志》。
③ 严如煜：《论川盐》，引自《皇朝经世文编》卷五〇《户政》。
④ 马骥《盐井图记》已佚，文字部分由曹学佺《蜀中广记》和顾炎武《天下郡国利病书》保存下来。

## 三、盐矿空间布局影响了区域空间经济结构、城镇布局和行政区划

盐作为重要的经济资源，对区域经济产生了重大影响。在经济产品比较单一的时候，盐业经济的空间占有可能是决定性的因素，对城镇布局和行政区划都会产生巨大作用。随着经济发展，多元经济使盐业经济的地位出现一定下降，区域经济、城镇空间甚至行政空间都会产生相应的变化。秦汉时期，长江上游盐业开发与城市布局存在明显的相关性，因盐设县的现象较为普遍，政区的设立与变迁也与盐业开发的经济势力有关。唐宋时期，沿江的许多盐业生产地与县城分离，出现盐业镇与县城依存的局面，同时，盐对区域经济的支撑作用也影响到政区的变化。明清时期，盐业生产的规模决定了许多盐业城市的兴盛程度。同时，盐业运输使得因盐而连接的城市体系形成，成为城镇体系的特殊类型。

## 四、盐产区和非盐产区之间的盐业运销伴随着多元文化的交流

盐矿地质决定了盐产区的布局，盐业运销对于道路系统的开拓和政治文化的交流作用巨大，同时，非盐产区与盐产区的可逆的政治文化交流也会产生相应影响。比如，为了争夺盐业资源而发生的战争（盐源、三峡等地），因盐而兴的城市文化的繁荣（自贡等），盐商和移民文化的影响（会馆的分布、行业神崇拜的变迁、方言的形成等），以及盐道上因政治、经济、文化交流而形成的文化线路景观和遗产。

# 第二章
## 三峡盐业考古成果与长江上游人类活动蠡测

由于资料缺乏，先秦时期盐业史的研究一直难以深入，只能凭借有限的史料围绕盐政进行研究。曾仰丰先生认为：我国盐业的开发与管理有无税制、征税制、专卖制三种形式。三代以前，山海之利，未有禁榷。榷盐之制，始于有夏，《禹贡》载"青州厥贡盐"，即是以盐为贡品，以代赋税，商因夏，周因商，三代榷盐都以物贡形式出现。[①]春秋时期，管仲利用齐国海盐资源丰富的优势，创立了食盐民产、官收、官运、官销的官营专卖制度。战国时期，秦用商鞅变法，将山泽之利尽行开放，但征税过重，《汉书·货殖传》记载盐利二十倍于古。在盐业开采利用上，多为古史传说，难以稽征。《说文解字》释盐："古者夙沙初作煮海盐。"郭正忠先生认为，夙沙氏是长期居住在山东半岛上的古老部落，与传说中的炎帝部落有密切关系，不仅首创了煮海为盐的方法，而且大概在商周之际，就在当地推广和普及煮盐，他们被后世尊崇为"盐宗"。[②]山西运城的盐池属于自然盐之一，开发很早。《史记》中记载黄帝战炎帝于阪泉，败蚩尤于涿鹿。钱穆先生认为：阪泉、涿鹿在解县盐池附近。[③]张其昀先生提出：炎黄之战实为争夺食盐而起。[④]张光直先生认为夏朝崛起于晋南，商代自东向西以及周代自西往东发展，与这里丰富的盐矿资源有一定关系。[⑤]

---

[①] 曾仰丰：《中国盐政史》，商务印书馆，1998年，第3-6页。
[②] 郭正忠：《中国盐业史·古代篇》，人民教育出版社，1997年，第21页。
[③] 钱穆：《国史大纲》，商务印书馆，1996年，第10页。
[④] 张其昀：《中华五千年史》第一册《远古史》，中国文化大学出版部，1981年，第22-23、59页。
[⑤] 张光直：《三代社会的几点特征——从联系关系看事物本质两例》，载《考古学专题六讲》，文物出版社，1986年，第125页。

现存史料记载中，在长江上游的井盐和岩盐地区，最早进行盐业开发的是战国末期的李冰："秦孝文王以李冰为蜀守……识齐水脉，穿广都盐井诸陂池。"①这是有史料记载的四川第一口盐井。公元前316年，秦统一巴蜀，五年后即在成都设立盐官，"惠王二十七年，（张）仪与（张）若城成都……置盐铁市官并长、丞"。②据此，有学者认为，盐铁市官设立时，蜀地还没有盐井，无盐的生产可管，只是管理盐的销售，盐的来源可能是山西安邑的池盐。③

实际上，人类对盐的利用是一个由浅入深、由易到难的过程。李冰开凿盐井，表明蜀地居民对盐矿的埋藏条件已有一定认识。然而，《华阳国志》记载的李冰是一个人神兼备的角色，可以操刀入水与水神搏斗，他集治水、灌溉、制盐等一切造福于川人的功绩于一身，所以，以李冰开凿盐井的时间作为蜀地有无食盐生产的时间界限是不客观的，当时蜀地盐的来源也不仅仅限于安邑池盐，因为川东地区多天然盐泉和浅层埋藏盐矿，盐业开发和利用应该早已进行。长江上游盐业的开发利用情况，直到三峡文物考古工作的进行，才揭开序幕。

# 第一节　三峡盐业考古新发现

忠县中坝遗址（图2-1、图2-2）自20世纪50年代末开展调查开始，就引起了学术界的关注和重视，遗址中出土了两种器物——尖底杯和花边陶釜（图2-3），但是，器物的用途一直不甚明了。著名考古学家俞伟超先生曾说："谁能解决它的性质问题，谁就应该评为院士。"④尽管是一句戏言，但说明中坝遗址在当时是一个不解的谜团。

---

① 《华阳国志·蜀志》。
② 《华阳国志·蜀志》。
③ 廖品龙：《试论张若在成都置盐铁市官与李冰穿广都盐井》，载《四川井盐史论丛》，四川省社会科学院出版社，1985年，第52-55页。
④ 白九江：《巴盐与盐巴：三峡古代盐业》，重庆出版社，2007年。

图 2-1　忠县中坝遗址与古盐井
（曾先龙提供）

图 2-2　三峡水库蓄水 135 米后被淹没的中坝遗址
（陈伯桢摄）

图 2-3　尖底杯与花边陶釜
（曾先龙提供）

尖底陶杯或称角杯，是一种直口无唇、薄胎斜壁、尖底的尖角状或胡萝卜状的陶容器。这种陶器最早被发现是在1957年，当时四川省博物馆在川东长江沿岸调查时发现了忠县㽏井沟遗址群，在采集的标本中有尖底杯3件。1959年，四川省长江流域文物保护委员会文物考古队在忠县㽏井沟遗址群汪家院子（即瓦渣地遗址）的试掘中发现一座陶窑，在窑中出土了尖底杯200余件，这是尖底陶杯的首次大量出土。而尖底杯的连续大量出土是在1993年以后。1993年四川省文物考古研究所在忠县㽏井沟遗址群的哨棚嘴遗址的发掘中，1994年北京大学考古学系在哨棚嘴遗址的继续试掘和忠县李园遗址的试掘中，1997年北京大学考古学系在哨棚嘴遗址和瓦渣地遗址的大规模发掘中，均出土了尖底杯。这些遗址中存在尖底陶杯的堆积层，出土了大量的这类器物。经过多次发掘可知，除了在川西平原的几处遗址外，角状尖底陶杯基本集中出土于峡江地区，尤其是忠县一带，其尖底陶杯的堆积往往相当"单纯"，形成以尖底陶杯为主的"尖底杯堆积层"。

花边陶釜或称花边圜底罐，是一种口沿抹压成波浪状的鼓腹圜底陶容器，器表从颈部以下布满绳纹。这种陶器引起考古学家的注意也是在1957年，四川省博物馆调查㽏井沟遗址群时，花边陶釜就与尖底陶杯一起被采集并公布。此外，巫山县双堰塘、西坝、刘家坝，万县（今万州区）的麻柳沱，忠县的扬子崖（中坝）等遗址都采集到这种器物。1990年，四川省文物考古研究所发掘了忠县扬子崖（中坝）遗址，发现很厚的相当"单纯"的花边陶釜堆积层。1997年，北京大学考古学系在㽏井沟遗址群的哨棚嘴、瓦渣地两遗址的发掘中，发现了以花边陶釜为主要器类的堆积，其中瓦渣地遗址的堆积最为深厚，最厚处达到了3米。

中坝遗址由四川省文物考古研究所组织发掘，主持发掘工作的孙智彬先生认为，从发掘所获得的材料和已经发表的该区域材料来看，中坝遗址是三峡地区发现的最主要的遗址之一，其地层堆积之厚（文化层厚度深达12.5米）、延续时间之长（近5000年）、出土遗迹和遗物之丰富，在中外已经发掘过的遗址中都是极为罕见的。[1]基于遗址的重要性和独特性，加上对历史文献的整理解读，中坝遗址与盐的关系逐步凸显。为此，1999年，北京大学、加州大学洛杉矶分校（UCLA）、成都市文物考古队

---

[1] 四川省文物考古研究院、北京大学考古文博学院、美国加州大学洛杉矶分校（UCLA）、中国科技大学科技史与科技考古系、自贡市盐业历史博物馆：《中坝遗址的盐业考古研究》，载《四川文物》，2007（1），第36-50页。

和四川省文物考古研究所联合开展"盐业考古"专题研究，使三峡地区早期巴人盐业活动初露端倪，孙华和曾先龙先生较早做了专题研究。[①]他们认为尖底杯的流行年代在商代后期至西汉初期，花边陶釜的流行年代在西周至西汉早期，性质都是制盐陶器。

尖底陶杯和花边陶釜的堆积非常集中，往往一层是尖底陶杯，另一层就是花边陶釜，许多堆积现象与后世陶瓷窑炉的堆积类似。在瓦渣地遗址的一些壕沟中，可见从上而下倾倒的大量花边陶釜等陶器的残片和基本完整的陶器次品。在哨棚嘴遗址中，发现有烧结在一起的套烧的尖底陶杯。同时，在瓦渣地遗址、李园遗址和扬子崖遗址都发现有烧制这两类陶器的陶窑。从器物的形状看，头重足轻，又无圈足器座同出，不便于放在室内使用，而且如此单一、大数量的器物不会是日常生活用具，而是支持某种产业烧制的生产器具。忠县的盐卤资源十分丰富，古盐井的分布与这两种器物的埋藏地点对应关系密切，推测尖底杯是盛装卤水，插于滚烫的沙滩中，利用太阳能晒盐的器具。花边陶釜则是置于灶上或支架上，用火加热熬制食盐的器具。

尖底杯和花边陶釜与制盐相关也得到了科技考古的证实，朱继平、王昌燧先生通过样品测试，认为花边陶釜的确是制盐工具。扫描电子显微镜（简称 SEM）分析表明陶釜由内表面至陶胎内部 Na、Cl 元素成分含量呈减少趋势，存在明显的盐度梯度，而其外表面盐度为零。陶釜内壁原始残存沉淀物的液态包裹体分析测试显示当时煮盐的溶液温度为 85～115℃，因目前无法测定其盐度，故尚难以提供过多的有关当时煮盐的工艺信息。[②]

这种制盐方式在铁制容器广泛使用之前较为普遍，我国北方环渤海地区的盔形器与忠县的尖底陶杯和花边陶釜十分相似，有学者提出与制盐有关。[③]三峡盐业考古之后，李水城教授在山东主持的盐业考古又有新的发现，认为盔形器与盐业生产密切相关，使用时间为商代晚期至西周，把盐业考古的范围扩大到海盐产地。[④]此外，世界其他地区早期制盐的陶器和制盐技术与忠县有一定的相似性，给研究提供了有力佐证。

---

① 孙华、曾宪龙：《尖底陶杯与花边陶釜——兼说峡江地区先秦时期的鱼盐业》，载重庆市博物馆编《巴渝文化 4》，重庆出版社，1999 年，第 59-77 页。
② 朱继平、王昌燧等：《长江三峡早期井盐开发的初步探讨》，《中国科学技术大学学报》，2003（4），第 500-505 页。
③ 曹启元：《试论西周至战国时代的盔形器》，《北方文物》，1996（3），第 22-26 页。
④ 李水城：《莱州湾地区古代盐业考古调查》，《盐业史研究》，2003（1），第 82-92 页。

德国中部萨尔河流域的制盐陶器大致有 15 种形状，归为 4 类，其变化特征为由平窄的足逐渐变长，而后分离成下面的支柱和上面的陶盆。使用时间大约在公元前 1000 年至前 400 年。[1]日本古代盐业考古学研究始于 1954 年，在本州、四国、北九州的青森、秋田、山北、能登、山口、知多、松下等地均有分布，从石器时代到奈良和平安时期，从尖底器物发展成为支柱和上面的陶盆的组合。[2]非洲尼日尔和埃塞俄比亚，大约公元前 1000 年的制盐陶器与欧洲的大致相似。[3]中美联合盐业考古队的盐业考古专家，阿拉巴马大学布朗教授对北美洲东北部史前时期的制盐技术做过深入研究，印第安人早期的制盐就是用较矮的底座支撑统一的碗器，在温火上人工蒸发，一旦盐结晶，就将其刮到小碗中，晾干和运输。这种技术的具体操作流程在欧洲、非洲、亚洲大致相似。[4]图 2-4 为世界各地早期制盐陶器比较图。

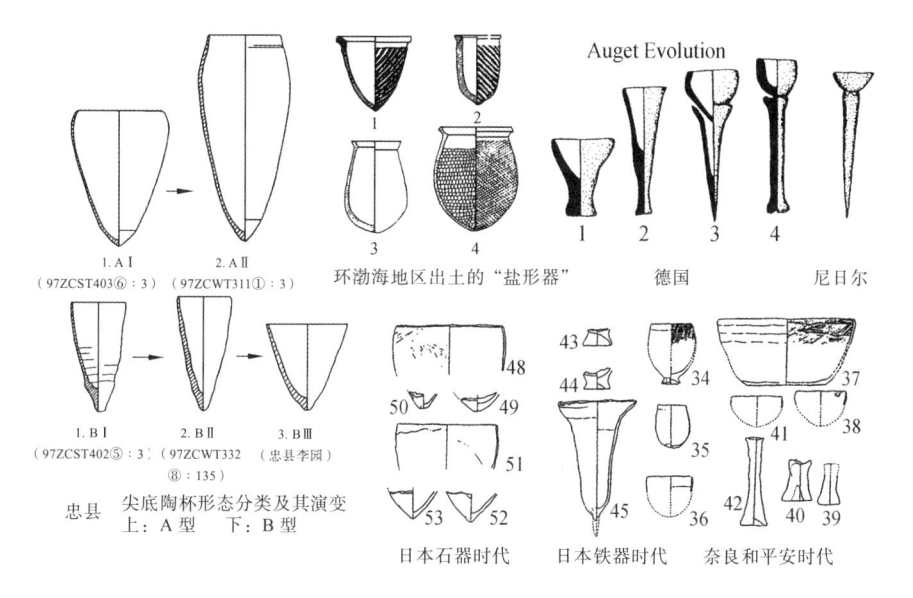

图 2-4　世界各地早期制盐陶器比较图

[1] Dorothee Kleinmann. The Salt Springs of the Saale Valley. From Salt：The Study of an Ancient Industry. Edited by：K. W. de Brisay. Colchester 1975：46-48．
[2] Yoshiro Kondo. The Salt Industry in Ancient Japan. From Salt：The Study of an Ancient Industry. Edited by：K. W. de Brisay. Colchester 1975：60-66．
[3] J. A. Alexander. The Salt Industries of Africa. From Salt：The Study of An Ancient Industry. Edited by：K. W. de Brisay. Colchester 1975：81-83．
[4] Ian W. Brown. Salt and the Eastern North American Indian：An Archaeological Study. Peabody Museum Harvard University, 1980．

中坝遗址的用途虽然基本得到公认，但是还需要做进一步研究。孙智彬认为，单独依靠考古学方法很难圆满解决中坝遗址的性质问题，必须开展综合研究，尤其是自然科学方面的检测工作。同时，卤水检测工作中应当排除自然因素，寻找与盐业生产的必然联系，开展实验考古，模拟生产过程，进一步验证结果。①陈伯桢通过对世界各地早期制盐陶器的对比研究，总结出早期制盐遗址的区位选择、陶器的共性和制盐遗址的共同特性，用普遍性的方法视野去分析个性问题，同时指出，三峡地区墓地遗址远远高过居住等其他性质的遗址，研究工作还需要继续深入。②孙华教授在以前研究的基础上指出，还要重视中坝以外的尖底杯性质以及从盐业生产更大的系统来认识。③李水城教授对四川、重庆、山东、中原等地的盐业遗址进行了全面分析，提出了新的研究趋势和研究视野。④付罗文在盐业考古基础上，对新几内亚、乌干达和西罗马帝国的盐业生产、交换和消费做了一个早期产业系统的分析，并与重庆地区先秦盐业生产进行比较，这很有意义。⑤

## 第二节 长江上游早期盐业开发与人类活动蠡测

早期盐业开发与人类活动关系密切，在这方面任乃强教授做了开创性的工作，尤其是在盐业考古开始以前，任乃强先生的论证分析具有前

---

① 孙智彬：《忠县中坝遗址的性质》，《盐业史研究》，2003（1），第25-30页。
② 陈伯桢：《由早期陶器制盐遗址与遗物的共同特性看渝东早期盐业生产》，《盐业史研究》，2003（1），第31-38页。
③ 孙华：《四川盆地盐业起源论纲——渝东盐业考古的现状、问题与展望》，《盐业史研究》，2003（1），第16-20页。
④ 李水城：《近年来中国盐业考古领域的新进展》，《盐业史研究》，2003（1），第9-16页。
⑤ ［美］付罗文：《新几内亚、乌干达及西罗马帝国的盐业生产、交换及消费——重庆地区先秦时期盐业生产的比较研究》，《盐业史研究》，2003（1），第95-104页。

瞻性，在三峡地区，他的一些论断得到了考古学的证实，给四川上古史研究提供了新的视野和方法。①

## 一、盐泉开发与"巫载文化"和"黔中文化"

渝东地区古代盐业主要集中于三个区域：以忠县、云阳为中心的瞿塘峡以东长江宽谷地带；以巫溪宁厂盐泉为中心的大宁河流域；以彭水郁山为中心的渝鄂湘交界地带。三峡考古工作为渝东地区早期盐业开发提供了有益线索，三峡库区文物现已查明有旧石器遗址65处，新石器遗址85处，夏商周时期巴文化遗址87处，墓葬3处，东周时期巴、楚、秦遗址41处，墓葬18处，秦汉遗址152处，墓葬290处。②这说明该地区早期人类活动非常频繁。在空间分布上，古盐井附近往往有考古遗址存在，对应关系较密切。目前，有直接证据的仅有忠县一处。对于巫溪宁厂和彭水郁山盐泉的开发，任乃强教授提出了"巫载文化"和"黔中文化"的概念。

### （一）宁厂盐泉与"巫载文化"

从盐业开采的难度看，大宁河流域的天然盐泉开发应该比忠县的浅层挖掘容易得多。据任乃强先生考证，《山海经》记载的巫载国就在大宁河一带："有载民之国。帝舜生无淫，降载处，是谓巫载民。巫载民朌姓，食谷，不绩不经，服也，不稼不穑，食也。爰有歌舞之鸟，鸾鸟自歌，凤鸟自舞。爰有百兽，相群爰处，百谷所聚。"③这个富庶安康的人间乐园因何存在，唯一能支撑的解释只有宁厂的盐泉。任乃强先生的观点虽少有直接史料证实，但是通过对大宁河流域的考察，他发现宁厂镇对盐业的依赖性几乎是唯一的。大宁河流域峡谷众多，地势险要，土地贫瘠，并不是人类早期聚居的理想场所。宁厂镇街道沿着山崖分布，被称为半边街，盐业是经济的唯一支撑，宁厂盐场关闭后，全镇失去了经济来源，几乎所有的居民都移居外地。从三峡最新的考古成果看，巫山县境内大宁河两岸分布有新石器时期遗址8处，商周遗址14处（巫溪

---

① 任乃强：《四川上古史新探》，四川人民出版社，1986年。
任乃强：《羌族源流探索》，重庆出版社，1984年。
② 俞伟超：《三峡文物抢救计划》，载《三联人文地理》，三联书店出版，1999年，创刊号，第60-61页。
③ 《山海经·大荒南经》。

61

县因不属于三峡淹没区，考古遗址情况不详），①说明这里的早期人类活动十分频繁。从早期居民获取肉食资源的方式看，距今4000~6000年前，这里野生动物占绝大多数，商周时期，家养动物仍未超过半数，在野生动物中，鱼类的比例始终较高，②鱼的防腐需大量食盐，这也许与宁厂盐泉有着直接关系。所以，孙华教授认为，峡江地区的鱼盐业是相互依存的。古人常将鱼、盐相提并论，巫山大溪遗址的大溪文化中，常有用鱼随葬的现象，鱼骨、网坠等遗迹在周边的考古遗址中十分常见，捕鱼活动具有很强的季节性，捕获的鱼需要盐的腌制保存，捕鱼—制盐—制陶，也许形成了早期的联系环节。③

## （二）巴人迁移与"黔中文化"

任乃强教授认为，与三峡"巫载文化"并行的还有"黔中文化"。渝东、鄂西、湘西北交界地区是古代巴人活动频繁的区域，巴人起源于武落钟离山（今湖北长阳县境内）这一结论已被众多学者所认可。④巴人的祖先称为"廪君种"，廪君率领巴人由西向东迁移，"乃乘土船，从夷水至盐阳。盐水有神女，谓廪君曰：'此地广大，鱼盐所出，愿留共居。'廪君不许，盐神暮辄来取宿，旦即化为虫，与诸虫群飞，掩蔽日光，天地晦冥。积十余日，廪君伺其便，因射杀之，天乃开明。廪君于是君乎夷城，四姓皆臣之"。⑤夷水，今名清江；盐阳，今湖北恩施附近。清江是沟通鄂西和渝东的重要通道，廪君为何要自东向西迁移，其中一个重要的因素就是为了夺取"鱼盐所出"之地。笔者认为，这与郁山盐泉有一定关系，因为七曜山脉地势险峻，阻挡了从清江流域进入长江的交通，要获取云阳、巫山的食盐较困难。但是，沿清江溯流而上，可顺利进入四川黔江、彭水境内获取食盐，一直到20世纪80年代，郁山食盐始终供给湖北咸丰、来凤等地。另外，从民族成分看，据潘光旦先生

---

① 四川省文物管理委员会、四川省文物考古研究所、巫山县文化馆：《巫山境内长江、大宁河流域古遗址调查简报》，载《四川考古报告集》，文物出版社，1998年，第1页。
② 袁靖：《论中国新石器时代居民获取肉食资源的方式》，《考古学报》，1999（1），第10页。
③ 孙华、曾宪龙：《尖底陶杯和花边陶釜——兼说峡江地区先秦时期的鱼盐业》，载重庆市博物馆编《巴渝文化4》，重庆出版社，1999年，第59-77页。
④ 徐中舒：《论巴蜀文化》，四川人民出版社，1981年，第20-21页。
童恩正：《古代的巴蜀》，四川人民出版社，1979年，第8-15页。
邓少琴：《巴蜀史迹探索》，四川人民出版社，1983年，第20-21页。
⑤ 《后汉书·南蛮西南夷列传》。

研究，土家族是巴人后裔，[①]沿清江流域到渝东南是土家族的聚居地，长阳、五峰、来凤都是土家族自治县，彭水是土家族聚居的西界，秦于此设立郡县。渝东的黔江、彭水、酉阳、秀山、石柱与鄂西、湘西北地区同属黔中郡。[②]

## 二、羌族与早期盐业

任乃强教授认为，羌族起源于青藏高原，并与早期盐业开发相关，羌族与羌族文化形成有四个核心地区：①最大的一个是羌塘地区，有数百个湖泊和近百个涸湖盆地，羌人寻盐而至；②察零多盐泉：位于昌都北部，后来发展成为苏毗、东女国和西康的一些部落；③通天河区：最初依赖羌塘盐湖的食盐，一部分人向下游移动，在黄河上源地区发现了"哈姜盐湖"（青海玛多县地），在此定居下来，后来发展为"多弥部""党项部"与康区的"白兰部"和昌都的"苏毗部"；④察卡盐湖：羌族从哈姜盐海向北发展，发现了察卡盐湖，成为羌族的第四个起源中心。[③]

羌族以上述四个区域为中心，向四周发展迁移，同时还从事盐业等经商活动，贩盐且占据盐矿资源。四个区域以北有花马盐池，这里形成了河套民族，河套民族与陕西解池附近的华夏民族基本属同一时期。向南以哈姜盐湖为中心，延伸至四川甘孜、阿坝等地。羌人的古"昆弥"部落沿着横断山区繁衍，又发现了盐井、云龙、兰坪、安宁等一系列盐产地，并在此定居下来，后演变为"昆明"。盐源地区（唐代昆明县）用土陶器制盐的习俗一直保留到中华人民共和国成立前，是早期制盐的遗存。任乃强教授的观点尽管带有很大的推断性，但是为研究长江上游早期人类活动打开了新的视窗，很有意义。少数民族对盐业开采的贡献是开创性的，羌族是否完全是"逐盐而居"，盐，也许不是唯一原因，但是，应该是一个重要因素。

---

① 潘光旦：《湘西北的"土家"与古代的巴人》，载《潘光旦民族研究文集》，民族出版社，1995年，第183页。
② 谭其骧：《秦郡界址考》，载《长水集》，人民出版社，1987年，第14页。
③ 任乃强：《羌族源流探索》，重庆出版社，1984年，第16-18页。

## 三、李冰与蜀中早期盐业

李冰治水成就天府,但是,李冰开盐井却很少有人关注。《华阳国志·蜀志》中有两条记载:李冰"识齐水脉,穿广都盐井诸陂池。蜀于是盛有养生之饶焉","南安县……治青衣江会。县溉,有名滩,一曰雷垣,二曰盐溉。李冰所平也"。广都(包含今双流、仁寿等地)、南安(今乐山)是四川最早产盐地之一。任乃强教授考证"齐水脉"的含义,不是指治水,而是指发现地下盐水所在。秦汉时期,医方家称药物配方为齐(剂),烧炼家称铅、汞为齐,煮盐者谓卤水为齐。[1]一些学者还考证,李冰治水的淘滩、挖沙、堆堤、作堰等技术与早期开采盐井的方式颇为相似,并且,都江堰水利工程的修建与开发盐井的时间基本一致,表明蜀中人民对盐业有了一定的认识,盐也成为一种重要物资。这才可能使蜀中有"养生之饶"。[2]目前,成都市双流区境内还有古盐井遗迹,只是由于成都平原为冲积平原,大多盐井遗迹难以保留,只能从零星的记载中寻找线索。

## 四、云南早期盐业开发与人类活动

云南是人类文明的发祥地之一,在这里不仅发现了人类的直系祖先拉玛古猿化石,而且发现了距今170万年以前的元谋猿人化石。元谋盆地和滇池周边从旧石器时代开始,就是人类活动最频繁的区域之一。元谋县的年肩包、石垅箐、大那乌、老城下棋柳、哨房梁子发现的中石器时代的石器和滇池石寨山的新石器时代的遗迹具有文化上的连续性和代表性。[3]云南早期人类活动与云南的地理、气候、物产等多种因素相关,也许与盐业的开发也存在一定的关系。从盐矿的分布看,这些考古遗址正处于安宁、黑井、石羊、晋宁等盐产地的环状结构内,但是目前还缺乏考古学的直接证据,只能作为推论。

---

[1] 任乃强:《华阳国志校补图注》,上海古籍出版社,1983年,第141页。
[2] 林元雄、宋良曦等:《中国井盐科技史》,四川科学技术出版社,1987年,第58-59页。
[3] 李昆声:《1949年以来云南人类起源与史前考古的主要成就》,《云南社会科学》,2004(2),第108-115页。

# 第三节 先秦时期盐业开发与长江上游聚落、城市

## 一、中坝聚落与古代盐业

人居环境决定了人类生存生活的起源和发展，也成为现代城市研究关注的重点，但是，先秦时期长江上游的人居环境罕有史料记载，给研究带来很大困扰。三峡地区的文物抢救性发掘发现了大量的人类活动遗址，其中，与盐业直接有关的是中坝遗址，这为早期盐业开发与聚落研究提供了珍贵的史料。

在地理学概念中，聚落是指"人类活动的中心，它既是人们居住、生活、休息和进行各种社会活动的场所，也是人们进行劳动生产的场所"。[1]考古学上的聚落是"人类聚居生活的地方，是与人类生存活动密切相关的地表空间，它是人类在大自然中赖以生存的基础，是人类利用自然、改造自然的主要场所"。[2]"聚落"概念进入考古学视野成为考古学研究的分析单位，始于高登·威利所主持的秘鲁北部海岸"维鲁河谷调查计划"，其目的是通过考察遗址的形态和空间关系复原古代社会。中国的聚落考古发展较晚，萌芽于20世纪20年代河南安阳殷墟的发掘，开始于20世纪50年代半坡仰韶遗址的发掘。潘碧华对三峡地区的聚落考古进行过深入研究，他结合考古学理论和三峡的考古实践，认为聚落考古就是"以聚落为研究的基本单位，对考古遗存的聚落形态进行考察，复原古代人类社会的社会关系、文化内涵、对环境的适应方式和历史演化进程"。聚落考古的内容包括：①聚落组成单位的界定和研究；②单个聚落布局和内部结构的研究；③聚落的空间分布及其相互关系的研究；④聚落与生态环境之间关系的研究；⑤以上诸方面的历史演变的研究。[3]

潘碧华把三峡早期聚落类型分成山地场景、平地场景、滨水场景、海岛及沿岸场景四种类型。中坝聚落从环境选择看，属于滨水场景聚落，这

---

[1] 张文奎：《人文地理学词典》，陕西人民出版社，1990年，第478-479页。
[2] 俞伟超：《考古学新理解纲》，载王然《考古学是什么——俞伟超考古学理论文选》，中国社会科学出版社，1996年，第173页。
[3] 潘碧华：《三峡早期人居环境研究》，复旦大学博士学位论文，2007年。

种类型的聚落一是与水路交通有关,二是与渔盐有关。根据遗址的组成与分布情况来看,中坝岛为当时聚落的中心区,遗址形成以后由于河流的切割侵蚀作用而脱离河的左岸,成为一座河中小岛。[①]遗址位于礛井河边,四周群山环抱,东有李公山,南有灶柏山,西有凤凰山,北有甘田坝。

中坝遗址文化层厚达 12.5 米,从上到下依次为明清、宋、唐、南朝、汉、秦、战国、春秋、西周、商、夏和新石器时代。作为古代盐业遗址,陈伯桢认为,制盐遗址一般具有以下共性:①盐灶的使用痕迹:在制盐过程中,会有许多化学物质残余遗留在盐灶之上,比如欧洲古罗马时期的盐业遗址上常会发现一种绿色残渣,是卤水蒸发后的钠离子和燃料中蒸发的水分反应后形成的钠羟化物,盐灶上会加上一层如釉一般的堆积,中坝遗址少部分圜底罐口部也有一层类似的釉薄膜。②硬面:盐业生产遗址上的硬面可能是掺杂了钙化物、制盐陶器碎片及碳渣而形成的。③纯化与增加卤水浓度的装置:古人用许多原始方法给卤水加热以提高浓度或者去除杂质,会留下相应痕迹。[②]中坝遗址(图2-5)基本具备这些特点,但也有一些问题值得探索。

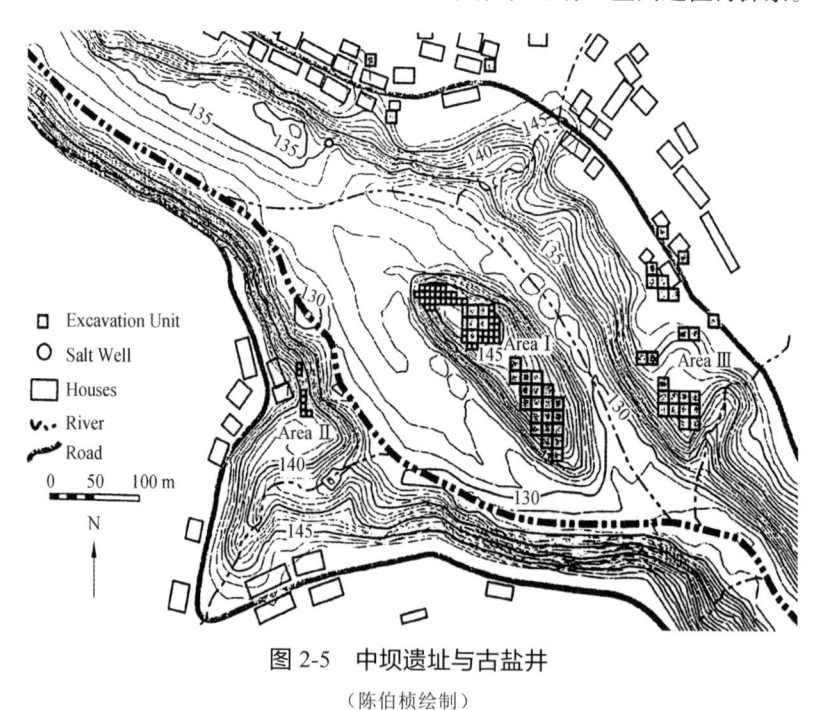

图 2-5 中坝遗址与古盐井

(陈伯桢绘制)

---

① 潘碧华:《三峡早期人居环境研究》,复旦大学博士学位论文,2007年。
② 陈伯桢:《由早期陶器制盐遗址与遗物的共同特性看渝东早期盐业生产》,《盐业史研究》,2003(1),第 31-38 页。

孙智彬对中坝遗址的奇特遗迹遗物提出了有意义的思考：①石器时代的窖藏：数以百计的灰坑和窖藏，形态口大底小，口径1~2米，底径小于1米，高度在1米以上，排除半地穴墓葬的可能，关系复杂。它们是用于储藏什么，如何储藏？②"柱洞"：从新石器晚期到战国，遗址内大量的密集无规律的"洞"类遗迹，至今未能得出满意解答。③水槽类遗迹：在春秋战国时期的发掘层中，出现一类长方形、内壁用黄黏土加工、留有灰白色钙化物的遗迹，排除了墓葬性质，可能与房址配套使用，但用途不明。④房址：中坝遗址出土的房址数以百计，但与国内其他房址存在明显差别，这些房址很难有全地面范围平整一致的，柱洞排列没有规律，一直未发现有封闭而成一定形状的，房址内有用火痕迹。这种只有地面、柱洞、水槽和用火痕迹的房址，似乎不是人们生活居住的地方，而是生产类作坊。[①]

在中坝遗址周边，还发现有汉代古盐井和龙窑。曾宪龙（曾先龙）先生对龙窑进行了工艺复原，还与欧洲同类遗址进行比较，认为龙窑是专门用于煮盐的灶，与对岸的遗址匹配。[②]在考察过程中，汉代龙窑遗址的旁边还有一个现代的陶器生产作坊，周边原料地有储量丰富的高岭土。在中坝遗址通往长江干流途中，还发现汉代的无名阙，在这个荒凉的田野上，巍然矗立的汉阙见证了中坝曾经的繁华。在这个人类活动频繁的小区域，盐泉—盐井—制盐，陶土—制陶—盐器，河谷—渔业—阶地—居住空间，梁平—忠县—石柱的南北交通和长江水运，把早期盐业资源开发和人类聚落很好地延续到现在，为盐业聚落研究提供了很好的借鉴。

## 二、先秦长江上游盐业资源与城市初步格局

城镇是生产力发展到一定水平的产物，伴随着农业和手工业、商业的分工而出现。先秦时期，在长江上游地区，严格意义上的城镇并不多，研究中只能通过行政区划上设立的县来确定城市的布局。但是，县的意义有三个阶段和三种含义，即县鄙之县、县邑之县和郡县之县。县鄙之县是一个范围概念，不可数；县邑之县弹性很大，也难以明确；郡县之

---

① 孙智彬：《忠县中坝遗址的性质》，《盐业史研究》，2003（1），第25-30页。
② 曾先龙：《中坝龙窑的生产工艺探析》，《盐业史研究》，2003（1），第46-50页。

县代表了国君的直属地，经过人为划定，而且长官不世袭，是明确的行政单位。所以，公元前514年晋国设十县是地方行政制度萌芽的标志。①

但是，先秦时期，对郡所管辖的县没有明确记载，所以，在《中国历史地图集》上，对长江上游明确考证的城市很少，只有成都、郫县（今郫都区）、临邛、蒲阳、湔氐、江州、胸忍等少数城市。毛曦教授通过考证，认为巴蜀地区先秦城市分布如下：蜀郡12个（成都、郫县、临邛、广都、新都、繁、武阳、南安、僰道、湔氐、严道、葭萌），巴郡9个（江州、枳、垫江、鱼复、胸忍、阆中、宕渠、江阳、符）。②图2-6为秦代长江上游郡县分布图。

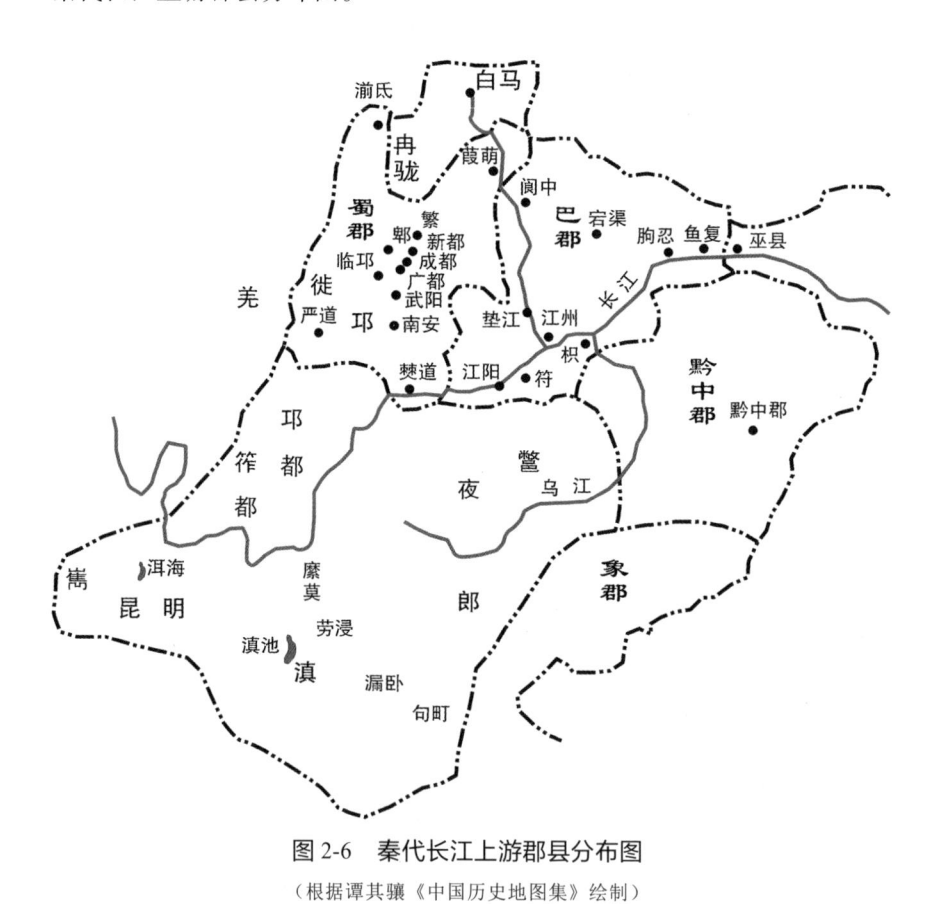

图2-6 秦代长江上游郡县分布图

（根据谭其骧《中国历史地图集》绘制）

① 周振鹤：《县制起源三阶段说》，《周振鹤自选集》，广西师范大学出版社，1999年，第1-14页。
② 毛曦：《先秦巴蜀城市史研究》，人民出版社，2008年，第250页。

## 第二章 三峡盐业考古成果与长江上游人类活动蠡测

另外，对于西南少数民族地区，其人类活动多有记载，但是，具体城市地望难以确定，只能判断大致范围，大致可以确定的有滇池县。据《华阳国志·南中志》："滇池县，郡治，故滇邑也。"考古发掘在晋宁石寨山滇王族墓群发现有"滇王之印"，位置应在今昆明市晋宁区。鳖是春秋楚国最西之邑，今遵义附近。

先秦早期，三峡地区的城市与盐业开发有着明显的关系。秦统一后所置巴郡范围与《华阳国志》所载古巴国范围基本相同，[①]即"东至鱼复，西至僰道，北接汉中，南极黔涪"。先秦时期巴国城市起源扑朔迷离。"巴子时虽都江州（今重庆），或治垫江（今合川），或治平都（今丰都），后治阆中。其先王陵墓多在枳（今涪陵）。其畜牧在沮，今东突硖下畜沮是也。又立市于龟亭北岸，今新市里是也。""土植五谷，牲具六畜。桑、蚕、麻、苎、鱼、盐、铜、铁、丹、漆、茶、蜜、灵龟、巨犀、山鸡、白雉、黄润、鲜粉，皆纳贡之。"[②]据此可大致推断，巴人活动范围主要是沿长江和嘉陵江河谷两岸，经济活动有耕作、畜牧、捕鱼、狩猎、采矿和商业贸易。段渝先生认为：先秦时期，巴国处于蜀、楚之间，"巴、楚数相攻伐""巴、蜀世代战争"，战争频繁，政局动荡，数易其都，这五个城市具有很强的军事防御职能。[③]

任乃强教授认为，巴国的都城迁移是与楚国征战的结果，楚国为了占据巴国的盐泉资源，占领巴国领土，迫使巴国最后退据阆中，直到灭亡。秦国为了同样的战略目的，兴军灭楚，所谓"楚得枳而国亡"。[④]三峡考古中大量的楚墓与盐业资源的相关性也进一步证实了这一推断。在涪陵镇安、忠县崖脚、云阳李家坝、万州中坝子、奉节上关等地清理出楚墓近100座。从其分布看，忠县和云阳是三峡地区两个产盐重地；崖脚位于㽏井河与长江汇合处的北岸，是控制㽏井盐场的要地；李家坝位于云阳高阳镇，距云安盐场仅20千米，又是开州温汤盐的必经之地，是控制云阳和开州水陆盐运的要地；万州、奉节也产盐；涪陵虽不产盐，但地处乌江口，是控制彭水郁盐水道的重地。不难看出，上述楚墓所处的位置都与三峡盐产地有关，而且都处在盐

---

[①] 谭其骧：《秦郡界址考》，载《长水集》，人民出版社，1987年，第12页。
[②] 任乃强：《华阳国志校补图注》，上海古籍出版社，1987年，第27、5页。
[③] 段渝：《巴蜀古代城市的起源、结构和网络体系》，《历史研究》，1993（1），第29页。
[④] 任乃强：《四川上古史新探》，四川人民出版社，1986年，第220-221页。

运的重要位置，楚军控制这些地方的目的不言自明。从墓葬数量看，盐的产量越大，墓葬越是集中。①

黄勇、赵万民根据巴国城邑的史料梳理和野外考察，认为三峡城镇在先秦呈现明显的"点—轴"空间格局，即以城邑为中心或节点、以河流水道为联系轴线，视流域为整体单元。春秋时代巴国城邑绝大多数都位于河流沿岸或交汇口，在分工协作、交通组织乃至政治隶属方面，城邑之间基本形成了以河流水道为内在逻辑的空间关系。具体而言，以江州国都城邑群为中心，通过峡江联系僰道、夔等城邑；通过乌江联系丹兴、汉葭等城邑；通过嘉陵江联系阆中、葭萌等城邑；通过渠江联系宕渠等城邑；通过大宁河联系北井等生产基地。②

---

① 程龙刚：《试论三峡盐资源对巴文化的重要作用》，《南方文物》，2008（1），第48-52页。
② 黄勇、赵万民：《三峡地区古代城镇时空格局变迁》，《重庆建筑大学学报》，2008（2），第7-13页。

# 第三章 长江上游古代盐业开发对城市的影响

## 第一节 秦汉时期盐业开发对城市的影响

秦汉盐业开发分为四个阶段：秦代盐业生产为官府所垄断，食盐官营，仅15年左右；汉初至武帝元狩四年（前119），弛山泽之禁，为食盐私营时期，为时约85年，但是，据有郡国的诸侯王，在其境内垄断食盐生产，具有地方官营性质；汉武帝重禁山海，严格推行食盐官营，成效显著，这一制度推行于西汉中后期，直至新莽末年，前后长达约140年；东汉皇权不振，地方割据势力发展迅速，朝廷重弛山泽之禁，山泽之利多为地方豪强占有，一直到曹操执政，食盐私营约180年之久。魏晋南北朝亦推行食盐官营，但强制性更加明显，是在战乱和分裂割据的情况下采取的特殊措施，带有食盐军管的性质。[1]

### 一、秦汉时期长江上游盐业开发的地理分布

《汉书·地理志》记载西汉中叶后及王莽时所置盐官共36处，今长江上游有5处，分别是南郡巫县、巴郡朐忍、蜀郡临邛、犍为郡南安、益州郡连然。图3-1为西汉长江上游盐业分布图。笔者以《华阳国志》的

---

[1] 郭正忠：《中国盐业史·古代编》，人民出版社，1997年，第55-56页。

郡县为划分依据，结合《汉书·地理志》《水经注》的相关内容，对长江上游的盐产地做出分析整理如下。①

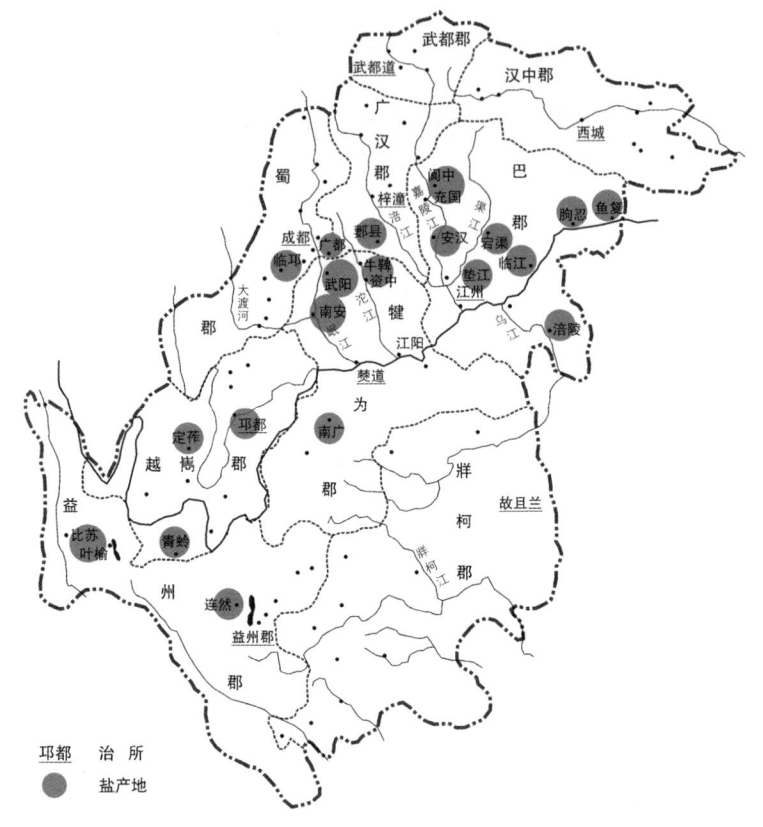

**图 3-1 西汉长江上游盐业分布图**
（根据谭其骧《中国历史地图集》改绘）

## （一）《华阳国志·巴志》所记载的产盐地

### 1. 巴郡

临江县："有盐官，在监、涂二溪，一郡所仰，其豪门亦家有盐井"（《华阳图志校补图注》）。"江水又东径临江县南……县有盐官，自县北入盐井溪，有盐井营户"（《水经注·江水》）。

### 2. 巴东郡

鱼复县："有橘官、盐泉"。

---

① 任乃强：《华阳国志校补图注》，上海古籍出版社，1987年。以下引用无特别说明，皆出自该版本。

胸忍县："有巴乡名酒、灵寿木、橘圃、盐井、灵龟。汤溪盐井，粒大者方寸"（《华阳国志校补图注》）。"江水又东，右径朐忍县故城南……（汤溪水，今汤溪河）水源出县北六百余里上庸界，南流历县，翼带盐井一百所，巴、川资以自给。粒大者方寸，中央隆起，形如张伞，故因名之曰'伞子盐'。有不成者，形亦必方，异于常盐矣。王隐《晋书地道记》曰：入汤口四十三里，有石煮以为盐，石大者如升，小者如拳，煮之，水竭盐成"（《水经注·江水》）。

南浦县："江水又东会南、北集渠，南水出涪陵县界，谓之阳溪，北流径巴东郡之南浦侨县西，溪硖侧盐井三口相去各数十步，以木为桶，径五尺，修煮不绝"（《水经注·江水》）。据任乃强先生考证，隋代在今万州设立的南浦县，但之前南浦应在今万州以南八十里的龙驹坝，与长滩古盐井的位置吻合。

巫县、北井县："江水又东径巫县故城南……水南有盐井，并在县北，故县名北井，建平一郡之所资也。盐水下通巫溪，溪水是兼盐水之称也"（《水经注·江水》）。

### 3. 涪陵郡
汉发县："有盐井"。

### 4. 巴西郡
西充国县："故充国，和帝时置。有盐井"。

## （二）《华阳国志·南中志》所记载的盐产地

### 1. 牂柯郡
万寿县："本有盐井"。

### 2. 晋宁郡
晋宁郡："有鹦鹉、孔雀、盐池、田、渔之饶。金、银、畜产之富"。
连然县："有盐泉，南中共仰之"。

### 3. 南广郡
南广县："有盐官"。
临利县："有土盐"。

### 4. 永昌郡
比苏县："有盐"。

### 5. 云南郡

蜻蛉县："有盐官、濮水"。

姑复县："有盐池泽"。

## （三）《华阳国志·蜀志》所记载的产盐地

### 1. 蜀郡

成都："成都县本治赤里街。若徙置少城。内城营广府舍，置盐铁市官并长、丞"。

广都："秦孝文王以李冰为蜀守……识齐水脉，穿广都（今双流）盐井，诸陂池。蜀于是盛有养生之饶焉"。"有盐井、渔田之饶。大豪冯氏，有鱼池、盐井"。

临邛、蒲江："孝宣帝地节三年，罢汶山郡，置北部都尉。时又穿临邛蒲江盐井二十所，增置盐铁官"。（临邛）"有火井，夜时光映上昭。民欲其火光，以家火投之，顷许，如雷声，火焰出，通耀数十里，以竹筒盛其光藏之，可拽行终日不灭也。井有二水，取井火煮之，一斛水得五斗盐；家火煮之，得无几也"。

### 2. 广汉郡

什邡："有盐井"。

郪县："有山原田，富国盐井"。

### 3. 犍为郡

南安县："治青衣江会，县溉，有名滩，一曰雷垣，二曰盐溉，李冰所平也，有柑橘官社。汉有盐井"（《华阳国志校补图注》）。"有盐官、铁官"（《汉书·地理志》）。"悬溉有滩，名垒坻，亦曰盐溉"（《水经注·江水》）。

牛鞞县："元鼎二年置，有阳明盐井"。

### 4. 江阳郡

江阳县："有富世盐井"。

汉安县："宜蚕桑，有盐井。鱼池以百数，家家有焉，一郡丰沃"。

新乐县："有盐井"。

### 5. 汶山郡

汶山县："有盐溪，山出咸石，煎之得盐"。

### 6. 越嶲郡

定筰县："有盐池，积薪，以齐水灌而焚之，成盐"。

## 二、汉代盐业经济对长江上游行政区划的影响

### （一）汉代巴郡、蜀郡政区的演变与盐业开发

行政区划是一定社会历史发展阶段的产物，是自然、社会综合因素影响的结果。其中，政治因素和经济因素至关重要。一个行政区划必有经济实力作支撑，同时，每一级区划也就是每一级政权的权力范围。西汉时期长江上游地区盐业经济与城市布局和行政区划的变迁有一定的关系。

周振鹤教授对西汉政区的研究最为系统。汉王朝建立初，秦岭以南仅有巴郡、蜀郡、汉中三郡四十一县的建制，相当于刘邦受封汉王时的封地。高帝年间分置广汉郡，之后，在汉初六十年里，巴、蜀、广汉、汉中四郡没有变化。汉武帝在休养生息的基础上，经略西南，建元六年（前135），置犍为郡。元鼎间，汉王朝取得了对匈奴的决定性胜利，进一步开拓西南，政区逐步推进，以旧郡部分地为基础，合以新开地置新郡，比如广汉郡、犍为郡、牂柯郡、益州郡，其设置与演变见表3-1。[①]

表3-1　蜀郡分化表

| 高帝五年（前202） | 高帝六年（前201） | 建元六年（前135） | 元鼎间 | 元封二年（前109） | 备注 |
|---|---|---|---|---|---|
| 蜀郡 | 蜀郡 | 蜀郡 | 汶山郡 | 蜀郡 | 元光二年（前133），司马相如出使西南夷，于蜀郡置十余县。南越平定后，置牂柯郡，设置四个郡：汶山、沈黎、武都、越嶲。沈黎在14年后并入蜀郡，汶山郡45年后并入蜀郡 |
| | | | 蜀郡 | | |
| | | | 沈黎郡 | | |
| | | | 越嶲郡 | 越嶲郡 | |
| | | 广汉郡 | 武都郡 | 武都郡 | |

---

[①] 周振鹤：《西汉政区地理》，人民出版社，1987年，第138-146页。

续表

| 高帝五年（前202） | 高帝六年（前201） | 建元六年（前135） | 元鼎间 | 元封二年（前109） | 备注 |
|---|---|---|---|---|---|
| 蜀郡 | 广汉郡 | 犍为郡 | 广汉郡 | 广汉郡 | 高帝年间分巴蜀置广汉郡。经济发达，人口稠密，具备分郡基础。武帝时派唐蒙开南夷，夜郎等归顺，分置犍为郡。蜀、广汉、犍为号称"三蜀" |
|  |  |  | 犍为郡 | 犍为郡 |  |
|  |  |  | 牂柯郡 | 牂柯郡 | 汉对匈奴取胜，加强西南夷开发，灭且兰，置牂柯郡 |
|  |  |  |  | 益州郡 | 用兵滇国，开滇池，置益州郡 |
| 巴郡 | 巴郡 | 巴郡 | 巴郡 | 巴郡 | — |

在西汉政区的分化过程中，周先生将其原因几乎都归结为政治军事因素，都是汉武帝用兵西南实行的军事控制手段，只有广汉郡的分化涉及经济原因，但语焉不详。从表3-1可看出，蜀郡的分化除了广汉郡是在高帝时期完成外，其余的都在汉武帝时期奠定。汉武帝的军事扩张与他实行的经济政策是分不开的，尤其是"盐铁专卖"政策，这一政策为西汉王朝积累了充足的财富。因此，盐业开发与西汉政区的发展存在重要联系。

段渝教授认为，秦汉时期巴蜀地区郡县分化，分为六郡数十县。在四川和重庆境内的共59县，直接目的是缩小政区范围，以便管理、控制和进一步开发。在经济上，新划分的郡县成为新的经济增长点，扩大了城市网络并带动了周边发展。[①]

据笔者统计，在巴蜀汉代城市中，直接产盐的城市有19个（另有云南盐业城市7个），占总数的32.2%，如果加上间接与盐有关的城市，这种影响还应扩大。

---

① 段渝：《秦汉时代的四川开发与城市体系》，《社会科学研究》，2000（6），第134-140页。

(1) 盐业对巴郡的支撑作用。

西汉初在三峡地区（巴郡和南郡部分）所设的12个县（江州、枳、临江、垫江、阆中、充国、安汉、鱼复、朐忍、涪陵、宕渠、巫县）中，有8个产盐，而且盐业的经济支撑作用明显。比如：临江县的盐业是"一郡所仰"，朐忍县的盐业"巴川资以自给"。除了这8个盐产地外，江州、枳、垫江的地理区位主要为两江汇合处（嘉陵江与长江，乌江与长江，嘉陵江、渠江与涪江），宕渠为当时重要的铁矿产地。这些情况进一步说明了巴郡中盐业的作用[详见本节（二）]。

从人口的数量统计也可侧面反映出盐产丰富所在郡比一般郡的繁荣（见表3-2）。巴郡在东汉末分化，一分为五，即巴郡（以江州为郡治）、巴西郡（以安汉为郡治）、固陵郡（以鱼复为郡治）、宕渠郡（以宕渠为郡治）、巴东蜀国（以涪陵为郡治）。至西晋，合并为巴郡、巴西郡、涪陵郡、巴东郡。这四个郡的人口统计显示，巴东、涪陵郡的人口数量明显高于行政中心巴郡，尤其是巴东郡，三个县（朐忍、汉丰、鱼复）皆为产盐县，平均户数最多。

表3-2 西晋太康初年各州郡人口统计表[①]

| 州郡 | 县数 | 户数 | 每县平均户数 |
| --- | --- | --- | --- |
| 巴郡 | 4 | 3 300 | 825 |
| 巴西郡 | 9 | 12 000 | 1 333.33 |
| 巴东郡 | 3 | 6 500 | 2 166.67 |
| 涪陵郡 | 5 | 4 200 | 840 |

（2）蜀郡分化中盐业的重要作用。

蜀郡、广汉郡、犍为郡号称"三蜀"。蜀郡的经济发展很早，除了水利农耕外，手工业也十分发达，李冰开广都盐井，蜀国有"养生之饶"，至宣帝时"增置盐铁官"，工商业持续兴盛。《汉书·货殖传》记载："程、卓既衰，至成、哀间，成都罗裒訾至钜万。初，裒贾京师，随身数十百万，为平陵石氏持钱。其人强力，石氏訾次如、苴，亲信，厚资遣之，令往来

---

[①] 梁方仲：《中国历代户口、田地、田赋统计》，上海人民出版社，1980年，第41-42页。

巴蜀，数年间致千余万。衷举其半赂遗曲阳、定陵侯，依其权力，赊贷郡国，人莫敢负。擅盐井之利，期年所得自倍，遂殖其货。"盐井之利的财富积累可见一斑，也反映出盐业在成都已经是相当成熟的产业。

广汉郡最先从蜀郡分出，《华阳国志》记载的广汉属县的经济物产中，一为农业稻作，二为盐。尤其是郪县，原为郪王国所在地，处于巴蜀之间，被秦灭后设县，西汉因盐设县。后来，周边的中江、蓬溪、射洪等都成为明清时期最重要的盐产地。目前在郪江镇周边发现的上千个汉晋崖墓也反映了当时的兴盛局面。

犍为郡的设置与边疆统治相关，该区域多为少数民族的聚居地，经济十分落后。犍为郡的产盐中心集中在今天的乐山五通桥、犍为、自贡、富顺、简阳、资中一带，成为一郡繁盛之地。《华阳国志·蜀志》记载汉安县"有盐井。鱼池以百数，家家有焉，一郡丰沃"。

至西晋行政分化后，广汉郡分为广汉郡和梓潼郡，犍为郡分为犍为郡、江阳郡和朱提郡。从人口统计可看出盐产地在当时的经济重心地位（见表3-3）。

表3-3 西晋太康初年各州郡人口统计表[①]

| 州郡 | 县数 | 户数 | 每县平均户数 |
| --- | --- | --- | --- |
| 广汉郡 | 3 | 5 100 | 1 700 |
| 梓潼郡 | 8 | 10 200 | 1 275 |
| 犍为郡 | 5 | 10 000 | 2 000 |
| 江阳郡 | 3 | 3 100 | 1 033.33 |
| 朱提郡 | 5 | 2 600 | 520 |

（3）汉代川滇地区的盐业县制。

以盐业开发为中心设县的情况在西汉较为突出，在川滇地区只要是盐产地，几乎都有县的设置。盐源县是盐业开发很早的地区，少数民族用最简易的"积薪烧炭"的方法制盐，汉代在此设定筰县。段渝教授认为，汉初以前筰都南界不过今越西，《汉书·地理志》越嶲郡所属的定

---

[①] 梁方仲：《中国历代户口、田地、田赋统计》，上海人民出版社，第41-42页。

莋（今盐源县）、笮秦（今盐源县境）和大笮（今盐边县）等三笮，是汉武帝之后莋（笮）都南迁所居之地。①越巂郡除了以邛都为中心外，盐源和青蛉两个产盐县也划在其中，据《汉书·地理志》："姑复，临池泽在南""青蛉，临池瀳在北"。《后汉书·郡国志》青蛉条下注引《华阳国志》："有盐官，濮水出。"姑复大致在今丽江至永胜县、华坪县一带，青蛉在大姚、永仁一代，两个区域都是云南的重要产盐地，大姚的石羊镇至今保留有完好的盐井和传统晒盐棚。任乃强先生认为：定笮之名源于汉武帝开西南夷，在通道设吏，慑以军威，同时占据盐业资源，则可稳定一方，得到盐泉就可以使笮人就范，所以命名"定笮"。②

在益州郡的滇池和洱海地区，两个盐业县的作用也十分明显。《华阳国志》记载连然县的盐业资源达到了"南中共仰之"的地位，而且从城市的演变看，这个时候连然的地位比起现在的昆明更加重要。并且，连然所在的晋宁郡物产有"鹦鹉、孔雀、盐池、田、渔之饶"，显然，盐是最重要的几大物产之一。洱海周边设有两县，一是叶榆，二是比苏。前者位于洱海湖滨地带，农业、渔业发达，自然成为一定区域的经济中心。从考古发现来看，大理地区的农业考古是颇有成就的，大理地区的稻作发展史、农耕历史脉络清晰，大理地区的稻作历史，可上溯至约4 000年前。③比苏县的设立与盐业开发相关，诺邓盐井一直到明清都是云南最重要的盐产地之一。

（4）盐业开发、城市分布与行政管理。

汉武帝的盐铁专卖政策不仅是经济政策，同时还控制了富商大贾的势力，实现了双重目的。汉武帝死后，桑弘羊继续推行这一政策。在盐铁会议上，他历数盐铁专卖的功绩：第一，专卖政策可以缓解国家财政困难，特别是解决军费问题，成效显著；第二，可以削弱地方割据势力，吸取吴、楚之乱的前车之鉴；第三，防止商人囤积居奇，可以保证百姓生活必需品的供给。④盐铁专卖带来的财富也为武帝的战略拓展奠定了基础，在扩张的过程中，统治者也定会重视对盐铁等资源的占有，所以，西汉的盐业开发与政区有着必然联系。

---

① 段渝：《玉垒浮云变古今——古代的蜀国》，四川人民出版社，2001年，第320页。
② 任乃强：《华阳国志校补图注》，上海古籍出版社，1987年，第213页。
③ 张丽剑：《关于日本"寻根热"与云南稻作文化起源的研究》，《农业考古》，1997（1），第51页。
④ 林文勋、黄纯艳等：《中国古代专卖制度与商品经济》，云南大学出版社，2003年，第80-84页。

在长江上游地区，西汉政区有两种特殊职能的县值得关注：一是"道"，主要管理少数民族，如湔氐道、刚氐道、盐道、僰道等；二是商业都会和手工业城市，如在盐矿、铁矿、铜矿开采地设县。汉武帝经略西南夷所设的县城大都是这两种类型。所以，在资源产地设立手工业官署（盐官、铁官等）有力地促进了经济的发达和城市商业的繁荣，并且盐铁官的级别不低，"随事广狭置令、长、丞，秩次皆如县、道"①。盐官分布与政区的空间基本吻合：成都、临邛盐官—蜀郡和广汉郡，朐忍盐官—巴郡，南安盐官—犍为郡，连然盐官—益州郡，巫县盐官—南郡。只有产盐地越嶲县没有设立盐官，广汉可以纳入蜀郡盐官的管辖范围。另外，产盐地的级别都较高。汉代县城的级别依据经济和军事地位来定，每个行政区官吏的秩禄石数可客观地反映城市的级别，有千石、八百石、六百石、五百石、三百石五个等级。《张家山汉墓竹简·二年律令》较为全面地记载了上至中央朝廷、下至采邑县道的秩禄石数。肖爱玲根据《二年律令》整理了汉初的县与秩禄石数（见表3-4）。②

表3-4 西汉初县制的秩禄石数

| 郡 | 辖县 | 秩别 | 今地 | 郡 | 辖县 | 秩别 | 今地 |
|---|---|---|---|---|---|---|---|
| 蜀郡 | 成都 | 千石 | 四川成都市 | 巴郡 | 江州 | 八百石 | 重庆江北区 |
| | 临邛 | 八百石 | 四川邛崃市 | | 临江 | 六百石 | 重庆忠县 |
| | 青衣道 | 六百石 | 四川雅安市名山区北 | | 枳 | 六百石 | 重庆涪陵区 |
| | 严道 | 六百石 | 四川荣经县 | | 朐忍 | 八百石 | 重庆云阳县 |
| | 绵虒道 | 五百石 | 四川汶川县南 | | 安汉 | 六百石 | 四川南充市 |
| | 湔氐道 | 五百石 | 四川松潘县北 | | 宕渠 | 六百石 | 四川渠县北 |
| 犍为郡 | 江阳 | 六百石 | 四川眉山市泸州市 | | 涪陵 | 六百石 | 重庆彭水县 |
| | 武阳 | 八百石 | 四川眉山市彭山区东 | | | | |

---
① 《后汉书·百官制》。
② 肖爱玲：《西汉城市历史地理研究》，陕西师范大学博士学位论文，2006年。

从秩别能看出城市的级别。在本区域内横向比较，盐产地的级别较高，如临邛、朐忍都是八百石，尤其是朐忍，盐几乎是唯一的经济支柱。临江、涪陵产盐地仅仅是一小镇，却能达到当时泸州、南充、涪陵等中心城市的级别，也说明了经济地位的重要。

盐业县城的设置时间多在武帝经略西南夷时，即武帝每取得一个资源地，就在那设县管理。一个郡的设立必以经济为基础。秦汉时期设县的基本原则是："县大率方百里，其民稠则减，稀则旷。"[①]范围大小要看人口的密度和经济的支撑力度。盐业的经济支撑作用在史料中多有表现，比如据《华阳国志》描述，临江县、连然县、朐忍县、安汉县、广都县等，都是一郡的支撑或者丰沃之地。

由于盐的重要性，对盐业资源的管理和争夺在汉代也十分重要。因盐而发生的战争在《华阳国志》中有明确记载：盐源成盐甚多，"汉末，夷皆钢之，张嶷往争。夷帅狼岑，槃木王舅，不肯服。嶷禽，挞杀之。厚赏赐，余类皆安，官迄今有之"[②]；"昭帝始元元年，益州廉头、姑缯、牂柯、谈指同并等二十四县民反，水衡都尉吕破奴募吏民及发犍为、蜀郡奔命击破之。后三岁，姑缯复反，破奴击之，败绩。明年，遣大鸿胪田广明等，大破之，斩首捕虏五万人，获畜产十余万头。封钩町渠帅亡波为钩町王，以其助击反者故也。广明赐爵邑"[③]。盐源县当地少数民族和朝廷争夺盐业的战争一直持续到明朝，明朝在此设盐井卫后，还与彝人发生冲突。任乃强先生认为"廉头"造反就是盐工造反，反映了盐铁专卖制度与当地盐商盐工的利益冲突，以安宁为中心的反抗行为带动周边的势力，两郡三边二十四县皆反，规模巨大。

但是，如果官府对盐业资源的管理得当，也可促进经济的发展。东汉明帝时（58—75），哀牢人、僚人和濮人所属各部族纷纷归附东汉。东汉于公元69年设永昌郡，以原益州郡西部都尉郑纯为永昌郡太守，郑纯"与哀牢夷人约，邑豪岁输布贯头衣二领、盐一斛，以为常赋"，永昌郡因此"夷俗安之"。[④]李正亭认为，从地域上看，永昌郡包括今保山、德宏、思茅、临沧、西双版纳等地，其产盐地仅限于云龙及威远（景谷）

---

① 《汉书·百官公卿表》。
② 任乃强：《华阳国志校补图注》，上海古籍出版社，1987年，第210页。
③ 任乃强：《华阳国志校补图注》，上海古籍出版社，1987年，第235-236页。
④ 《后汉书·南蛮西南夷列传》。

等地，而威远等地的盐井尚未开办，因此，汉代向永昌郡太守纳盐的部落或村社只可能限于云龙地区。百姓能向官府纳盐一斛而不认为苛刻，说明东汉时云龙井盐产量并不低。魏晋南北朝时期，云南盐业生产有了新的发展，晋宁郡因为有盐、田之饶，"俗奢豪，难抚御"，可见因盐而富的地方势力的强大。①诸葛亮在平定南中后把盐当作其扩充军力的财政保障之一，"诸葛亮五月渡泸，收其金银盐布，以益军储"②。可见盐业在当时云南地方经济中的重要地位。

可见，盐业在城市的分布和行政区划变动中的重要性，在三峡地区，东汉巴郡的分化更能体现其巨大的作用。

### （二）西汉、东汉间盐业政策的转型与政区分化——中国行政史上的特殊案例

秦统一后，在西南置巴郡、蜀郡。巴郡范围与《华阳国志》所载古巴国范围基本相同，③即"东至鱼复，西至僰道，北接汉中，南极黔涪"。西汉时期的黔中郡西部，大致相当于今天黔江、酉阳、秀山、武隆四区县。由于考古和文献的缺乏，先秦时期巴国城市起源扑朔迷离。"巴子时虽都江州（今重庆），或治垫江（今合川），或治平都（今丰都），后治阆中。其先王陵墓多在枳（今涪陵）。其畜牧在沮，今东突碛下畜沮是也。又立市于龟亭北岸，今新市里是也。""土植五谷，牲具六畜。桑、蚕、麻、苎、鱼、盐、铜、铁、丹、漆、茶、蜜、灵龟、巨犀、山鸡、白雉、黄润、鲜粉、皆纳贡之。"④据此可大致推断，巴人活动范围主要在沿长江和嘉陵江河谷两岸，经济活动有耕作、畜牧、捕鱼、狩猎、采矿和商业贸易。段渝先生认为：先秦时期，巴国处于蜀、楚之间，"巴、楚数相攻伐""巴、蜀世代战争"，战争频繁，政局动荡，数易其都，这五个城市具有很强的军事防御职能。⑤

西汉时期，川东范围内除了江州、垫江、枳三个古巴国都城外（平都省），增加了临江（今忠县）、朐忍（今云阳）、涪陵（今彭水）、鱼复（今奉节），共七个县。东汉恢复平都，共八个县。

---

① 李正亭：《元代以前滇盐与云南经济社会发展》，《盐业史研究》，2008（2），第40-44页。
② 王溥：《唐会要》卷七三。
③ 谭其骧：《秦郡界址考》，载《长水集》，人民出版社，1987年，第12页。
④ 任乃强：《华阳国志校补图注》，上海古籍出版社，1987年，第27、5页。
⑤ 段渝：《巴蜀古代城市的起源、结构和网络体系》，《历史研究》，1993（1），第29页。

东汉末，巴郡出现分化。至建安二十三年（218），巴郡划分为四郡、一个属国，[①]奠定了四川省东部（重庆直辖市设立以前）行政区划和城市的基本格局。表3-5呈现了两汉时期川东地区行政区划的演变。

表3-5 两汉时期川东地区行政区划演变表

| 西汉<br>平帝元始二年（2） || 东汉<br>顺帝永和五年（140） || 东汉<br>献帝建安二十三年（218） ||
|---|---|---|---|---|---|
| 郡名 | 县名 | 郡名 | 县名 | 郡名 | 县名 |
| 巴郡<br>（11县） | 江州<br>枳<br>临江<br>垫江<br>阆中<br>充国<br>安汉<br>鱼复<br>朐忍<br>涪陵<br>宕渠<br>巫县属南郡 | 巴郡<br>（14县） | 江州<br>枳<br>临江<br>垫江<br>阆中<br>充国<br>安汉<br>鱼复<br>朐忍<br>涪陵<br>宕渠<br>宣汉<br>汉昌<br>平都<br>巫县属南郡 | 巴郡<br>（6县） | 江州、枳、平都、临江、乐城、常安 |
| ~ | ~ | ~ | ~ | 巴西郡<br>（5县） | 阆中、垫江、西充国、南充国、安汉 |
| ~ | ~ | ~ | ~ | 固陵郡<br>（6县） | 朐忍、鱼复、羊渠、汉丰、巫、北井 |
| ~ | ~ | ~ | ~ | 巴东属国<br>（4县） | 涪陵、丹兴、永宁、汉发 |
| ~ | ~ | ~ | ~ | 宕渠郡<br>（3县） | 宕渠、宣汉、汉昌 |

巴郡分化始于桓帝永兴二年（154），巴郡太守但望上疏要求分郡："谨按《巴郡图经》境界南北四千，东西五千，周万余里。属县十四，盐、铁五官，各有丞、史。户四十六万四千七百八十，口百八十七万五千五百三十五。远县去郡千二百至千五百里，乡亭去县，或三四百，或及千里。土界邈远，令尉不能穷诘奸凶。……敢欲分为二郡：一治临江。一治安汉。各有桑麻、丹漆、布帛、鱼池、盐铁，足相供给。"[②]但当时朝议未许。后于献帝兴平元年（194）分郡。

---

[①] 根据李晓杰：《东汉政区地理》，山东教育出版社，1999年。同时参考《汉书·地理志》《后汉书·郡国志》；任乃强：《华阳国志校补图注》，上海古籍出版社，1987年；刘琳：《华阳国志校注》，巴蜀书社，1984年；谭其骧：《中国历史地图集》，中国地图出版社，1990年。
[②] 《汉书》《后汉书》记载巴郡盐铁官只有三处，即朐忍、临江、宕渠。此处"盐铁五官"，另两处据刘琳考证应是涪陵和充国，因《华阳国志》明确记载这两县"有盐井"。而任乃强考证则是涪陵和奉节。

巴郡分化的最初动因是辖区过大，管理不便，周振鹤先生已从行政的角度进行了分析。[①]如果从经济的角度入手，我们发现，巴郡分化与盐铁经济的发展密切相关。图 3-2 为汉末巴郡分化与盐铁经济布局。

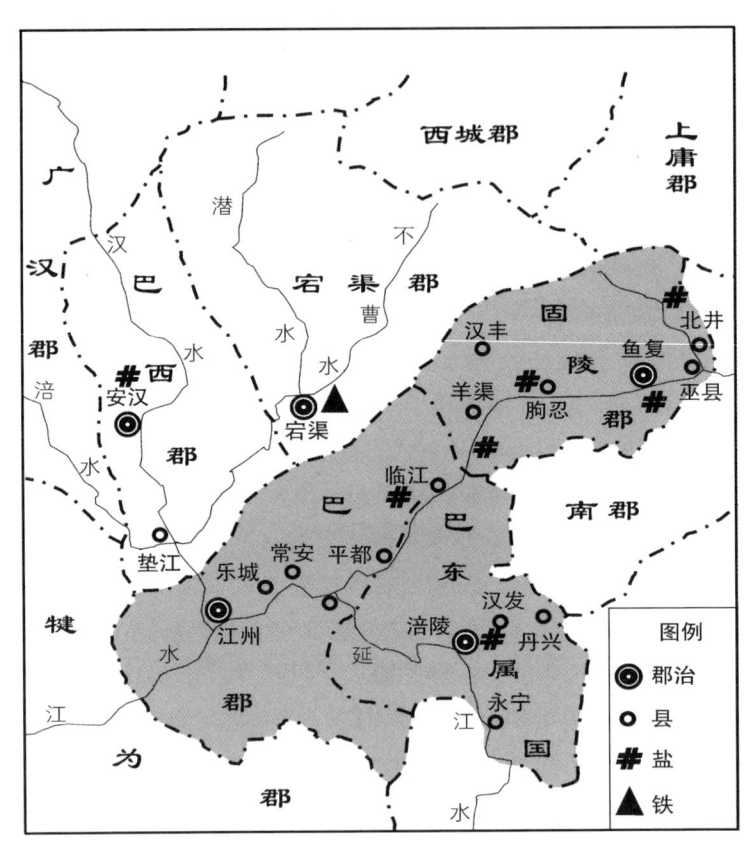

图 3-2　汉末巴郡分化与盐铁经济布局
（根据谭其骧《中国历史地图集》改绘）

现对献帝建安二十三年（218）两个郡、一个属国的经济做一概述。

（1）巴郡。

属县六，乐城、常安在两《汉志》中均无记载，《华阳国志》记"延熙十七年省"，经济状况不详。江州为行政中心，物产有贡粉、荔枝、

---

[①] 周振鹤：《中国历代行政区划幅员的伸缩变化》，载《周振鹤自选集》，广西师范大学出版社，1999 年，第 116 页。

御米、蒲蔺（可制席）。枳县"土地确瘠"。临江县"有盐官，在监、涂二溪，一郡所仰，其豪门亦家有盐井"，是巴郡经济支柱。

（2）固陵郡。

属县六，均为盐产地。朐忍县"有灵寿木、橘圃、盐井、灵龟"。盐井多，产量大，"翼带盐井一百所，巴、川资以自给"[①]，是川东最大的盐产地。朐忍和巫县是西汉最早设立盐官之县。北井县名即缘于其地有盐池出于县北，而且"水出地如涌泉，可煮以为盐"[②]。鱼复县地处夔门，军事地位十分重要，西汉置江关都尉，东汉置捍关，"有橘官"，有天然盐泉，任乃强先生认为汉代即有盐官。羊渠和汉丰于建安二十一年（216）从朐忍分出，盐业生产记载始于唐代。

（3）巴东属国。

属县四，地处乌江谷地，山险水急，交通不便。最著名的物产有二，一是"汉发县，有盐井"，二是"丹兴县，山出名丹"。此乃立郡之根本。建安六年（201），"涪陵谢本白璋，求分置丹兴、汉发二县，以涪陵为郡。璋初以为巴东属国，后遂为涪陵郡"。[③]汉发在今重庆彭水郁山镇。丹兴在今重庆黔江区，"丹"即丹砂，易采尽，丹兴县于晋初即废。

可见，两汉时期，川东地区盐业经济与行政区划及城市存在以下联系：

① 产盐的县是所在郡的经济支柱。如临江、朐忍、巫县、汉发等。

② 以盐业产地为行政或经济中心，分出若干县。如朐忍—羊渠、汉丰，涪陵—汉发、永宁。

③ 新的县级行政单位多为产盐地，易形成新的经济增长点。汉末巴郡、固陵郡、巴东属国新设8个县，产盐地有4个（汉发、羊渠、汉丰、北井）。而不产盐的4个县中，乐城、常安、丹兴3县很快被废。

城市是人类社会发展到一定阶段的产物，早期城市的形成与商业、手工业密切相关。忠县哨棚嘴遗址出土的尖底杯和花边圜底罐使巴人早期盐业活动初露端倪；大宁和郁山两地的天然盐泉更容易利用，开发时间不会晚于忠县；渝东可以说是古代井盐业开发最早的地区。一方面，盐业对劳动力的需求较大，"采铁石鼓铸，煮盐，一家聚众或

---

① 《水经注·江水》。
② 《文选·蜀都赋》"刘逵注"。
③ 任乃强：《华阳国志校补图注》，上海古籍出版社，1987年，第26页。

至千余人"[1]；另一方面，盐的商品性很强，在产盐郡县设盐官，负责管理产、运、销，所以，盐产地人口集中，商业繁荣，有利于城市的形成发展。两汉时期川东地区的城市分布特点就是围绕盐业形成区域行政中心和经济中心，形成较为分散的多中心城市格局。江州地处嘉陵江和长江交汇处，为两汉巴郡郡治，但并不是巴郡的首位城市。西晋时期的人口数量可充分说明这一点。巴郡，统县四（江州、枳、垫江、临江），户三千三百；涪陵郡，统县五（涪陵、汉葭、汉复、汉平、万宁），户四千二百；巴东郡，统县三（朐忍、鱼复、南浦），户六千五百。[2]汉代先后实行过三种盐铁政策，即西汉前期盐铁包商，西汉中后期盐铁国营，东汉一代主要是盐铁私营。每一次变化都对社会产生强烈影响，盐铁问题不仅仅是一个经济问题，而且是中央集权和民间商人、地主阶级争夺盐铁利益的一场斗争。[3]盐铁包商、私营，市场流通，经济繁荣，但地方势力恶性膨胀，"大者倾郡，中者倾县，小者倾乡里者，不可胜数"[4]，兼并频繁，流民四起。武帝实行盐铁专卖，可迅速积累财富，但盐铁质量低劣，价格昂贵，官吏腐化，百姓疾苦。所以，盐铁问题犹如一把双刃剑，贯穿了汉代社会始终。东汉时期，盐铁管理体制发生重大变化，"郡国盐官、铁官本属司农，中兴皆属郡县"[5]。从表面看，东汉末巴郡分化是一次行政管理调整，实际上它与地方势力笼盐铁之利、割据自立密切相关。考古发现为盐商势力的历史提供了证据。1985年，忠县发掘的盐商家族崖墓，反映出的生活之奢侈，势力之大，在川东实属罕见。[6]

在中国行政区划史上，地方政府总是极力扩大自己的管辖范围。自下而上要求分郡者，仅巴郡一例。但望一再表明分郡是为百姓考虑，自己不贪大求权，实际上是出于无奈。东汉中后期，社会矛盾激烈，地方豪强自立，农民起义不断，但望上疏中所列举的"贼盗公行，奸宄不绝"就是社会的缩影。顺帝、桓帝时期，巴郡的少数民族板楯蛮数反。灵帝二年（179），天子欲出军征讨，益州程苞认为，其人勇敢能战，而且是因赋役太重，官逼民反，不如宣诏降赦。巴郡分化始于献帝兴平元年

---

[1]《盐铁论·复古篇》。
[2]《晋书·地理志》。
[3] 张传玺：《论秦汉时期三种盐铁政策的递变》，载《秦汉问题研究》，北京大学出版社，1995年，第240页。
[4]《史记·货殖列传》。
[5]《后汉书·百官志三》。
[6] 张才俊：《四川忠县涂井蜀汉崖墓》，《文物》，1985（7），第49-86页。

（194），此时，刘璋为益州牧，懦弱少断，性情温仁，巴郡分化实际上是豪强自立、刘璋无奈顺从的结果。

分郡过程在《华阳国志》中记载得十分清楚："献帝初平六年，征东中郎将安汉赵颖建议分巴为二郡，颖欲得巴旧名，故白益州牧刘璋，以垫江以上为巴郡，江南庞羲为太守，治安汉。璋更以江州至临江为永宁郡，朐忍至鱼复为固陵郡。巴遂分矣。建安六年，鱼复蹇胤白璋，争巴名。璋乃改永宁为巴郡，以固陵为巴东，徙羲为巴西太守。是为三巴。于是涪陵谢本白璋，求分置丹兴、汉发二县，以涪陵为郡。璋初以为巴东属国。后遂为涪陵郡。"[1]可见，分郡方案甚至郡名都由地方势力提出。赵颖原是刘焉、刘璋父子手下军事将领，因与刘璋不和，利用"奉诏"（董卓控制朝廷之时）攻打荆州的机会，在朐忍屯兵不前，发展势力，同时，向刘璋提出"分巴"的要求，后来又"乃阴结州中大姓，建安五年，还共击璋"[2]，兵败被杀。蹇胤、谢本都是当地大姓，能与刘璋抗衡，必有经济做保障。到了蜀汉章武元年（221），"朐忍徐虑、鱼复蹇机，以失巴名，上表自讼"[3]。刘备为笼络地方势力，又将固陵郡名恢复为巴东郡。

巴东郡（领三县）在西晋时人口户数比巴郡（四县）多出一倍，今天看来难以想象。其实，司马迁在谈论江陵的经济优势时就说"西通巫、巴，东有云梦之饶"[4]，楚地几乎不产盐，可推断朐忍、鱼复、巫县的盐对楚地十分重要。同时，巴东郡经济也赖于此。谢本立郡"求以丹兴、汉发"也缘于此。"丹"即丹砂，是汞的氧化物，在渝东主要分布于彭水、黔江、酉阳、秀山一带，酉阳现在还有大型汞矿厂。巴寡妇清在此利用丹穴之利，以成巨富豪强，"能守其业，用财自卫，不见侵犯，秦皇帝以为贞妇而客之"[5]。但丹砂储量小，极易采尽，巴寡妇清"擅其利数世"后，涪陵郡的矿业唯有盐泉。临江"豪门亦家有盐井"，盐井成为分化后巴郡的经济支柱。以上充分说明，巴郡分化以盐业产地为中心，形成强大的地方势力，在汉末时局动荡、群雄并起之时，形成川东五郡，进而奠定了日后川东的行政区划格局。

---

[1] 任乃强：《华阳国志校补图注》，上海古籍出版社，1987年，第26页
[2] 《后汉书·刘焉袁术吕布列传》。
[3] 任乃强：《华阳国志校补图注》，上海古籍出版社，1987年，第34页。
[4] 《史记·货殖列传》。
[5] 《史记·货殖列传》。

## 第二节　唐代盐业开发对城市的影响

唐代长江上游井盐生产取得了很大发展。随着国家统一局面的形成，政治局面长期稳定，社会秩序比较安定，唐朝政府采取了一系列有利于发展生产的措施，这些条件对于工商业的发展是十分有利的。战国以来，统治者重农抑商的政策极大限制了私人工商业的发展，隋唐以后，统治者的政策有了一些新的变化。唐政府长期允许私人采矿，包括织染、漆器、陶瓷、建筑、制盐、制茶等在内的工商业发展极大地促进了生活的繁荣。[①]

从盐业政策看，唐前期的盐业政策沿用隋制。隋文帝开皇三年（583），宣布解除盐禁，"通盐池、盐井与百姓共之"[②]。据曾仰丰先生、郭正忠先生研究[③]：自隋开皇三年（583）至唐开元九年（721），其间共一百三十七年［唐开元初年左拾遗刘彤上《论盐铁表》，第一次提出盐铁官营主张，开始获朝廷支持，实行过征税政策，但随即遭受阻力，至开元十年（722）十月废止］，均未征收盐税。安史之乱后，为筹集军费，集聚财赋，盐铁专卖制在战乱中应运而生，颜真卿在河北抗击安史叛军，统一收购景城（今沧州）之盐，销售以资军用。此时在河北为官的第五琦受到启发，不久，第五琦相继谒见玄宗和肃宗，被任命为江淮租庸使和山南五道度支使。乾元元年（758），第五琦被任命为盐铁使，正式颁布盐法，建立了以监院为基础的专卖体系，形成了食盐民制、官收、官运、官销的产销方式。随着第五琦的盐法改革，另一位唐代著名理财家刘晏建立了就场专卖制度，确立了民制、官收、官卖、商运、商销体系，使盐业专卖制趋于完善，使商人和政府的利益达到有机统一，成为唐代盐政史上贡献最大者。

---

[①] 张泽咸：《唐代工商业》，中国社会科学出版社，1995年，第10-11页。
[②] 《隋书·食货志》。
[③] 曾仰丰：《中国盐政史》，商务印书馆，1998年，第3-12页。
　　郭正忠：《中国盐业史·古代编》，人民出版社，1997年，第131-142页。

刘晏的盐法改革收效明显，"晏之始至也，盐利岁才四十万缗，至大历末，六百余万缗。天下之赋，盐利居半"[①]。但是，刘晏也无法从根本上解决盐业专卖制度中固有的矛盾，盐业机构内部官吏腐败，盐价过高，私盐增多，盐利减少。刘晏死后，商销法日益陷入困境。虽然有顺宗、宪宗之初盐铁使杜佑和李巽为加强中央集权调整盐价的改革，穆宗朝张平叔的官销之议，但随着唐朝统治的危机，江淮、两池相继被藩镇占领，就场专卖制逐步走向衰亡。

## 一、唐代长江上游盐业开发的地理分布

从盐业生产的布局看，唐代长江上游盐业开发空间范围有所扩大，而且，老产区井盐开采的数量也大为增长。李青淼认为，唐代盐井布局出现了革命性变化，井盐产区逐步从长江一级支流沿岸向二级或三级支流沿岸拓展，隋末唐初出现了井盐"爆炸式"大发展的空间特征。[②]

唐代井盐生产发展较快，但是数据记载不一。《太平寰宇记》卷七二称益州"家有盐泉之井"；《通典》卷十记载开元时期"蜀道陵、绵等十州，盐井总九十所"；《新唐书》记载今四川、重庆地区盐井共有六百四十口，其分布是："黔州有井四十一，成州、巂州井各一，果、阆、开、通井百二十三，山南西院领之。邛、眉、嘉有井十三，剑南西川院领之。梓、遂、绵、合、昌、渝、泸、资、荣、陵、简有井四百六十，剑南东川院领之，皆随月督课。"[③]对此，研究者观点各不相同，张泽咸认为是由于时间不同而造成的差异。[④]日本学者古贺登认为"新唐志的记载是完全不可信的"，"我可以断定当时不可能有六百四十个盐井"。[⑤]吴天颖认为"黔州有井四十一"是包括山南东道盐井在内的一种模糊记载，基本反映了川东地区盐井的数量。[⑥]吉成名教授则认为，640所的记载是可靠的，剑南道最多，山南道次之，陇右道和江南道较少，

---

① 《文献通考》卷一五《征榷考二》。
② 李青淼：《唐代盐业地理》，北京大学博士学位论文，2008年。
③ 《新唐书·食货志》。
④ 张泽咸：《唐代工商业》，中国社会科学出版社，1995年，第10-11页。
⑤ [日]古贺登：《续唐代井盐考——再论〈新唐书·食货志〉中有关井盐的记载》，《井盐史通讯》，1981（1）。
⑥ 吴天颖：《〈新唐书·食货志〉有关井盐记载释疑——兼与古贺登氏商榷》，《中国社会经济史研究》，1988（4），第12页。

如果把南诏地区、陇右道和江南道的盐井数算进去，则全国盐井数至少有 740 所。吉成名教授又对唐代井盐的分布状况进行了全面考证，分布如表 3-6 所示。①图 3-3 至图 3-6 为唐黔中道、剑南道、南诏、山南道盐产地分布图。

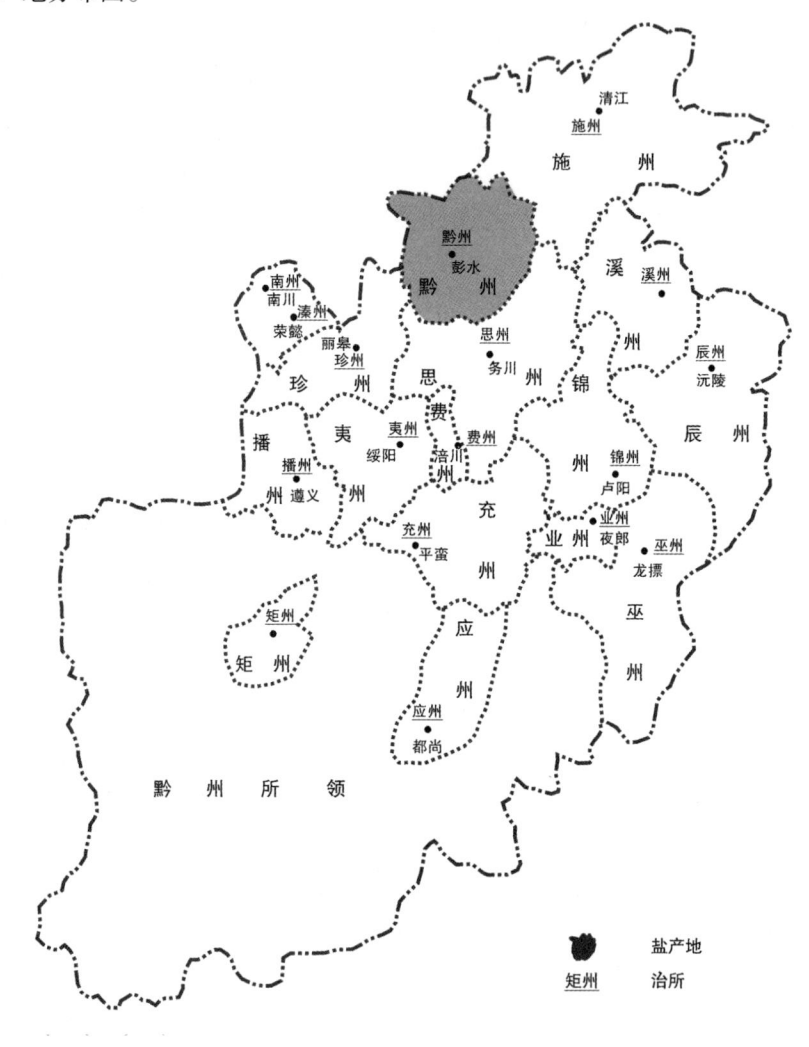

图 3-3 唐黔中道盐产地分布图

（根据谭其骧《中国历史地图集》改绘）

---

① 吉成名：《唐代井盐产地研究》，《四川理工学院学报》（社会科学版），2007（6），第 12-19 页。

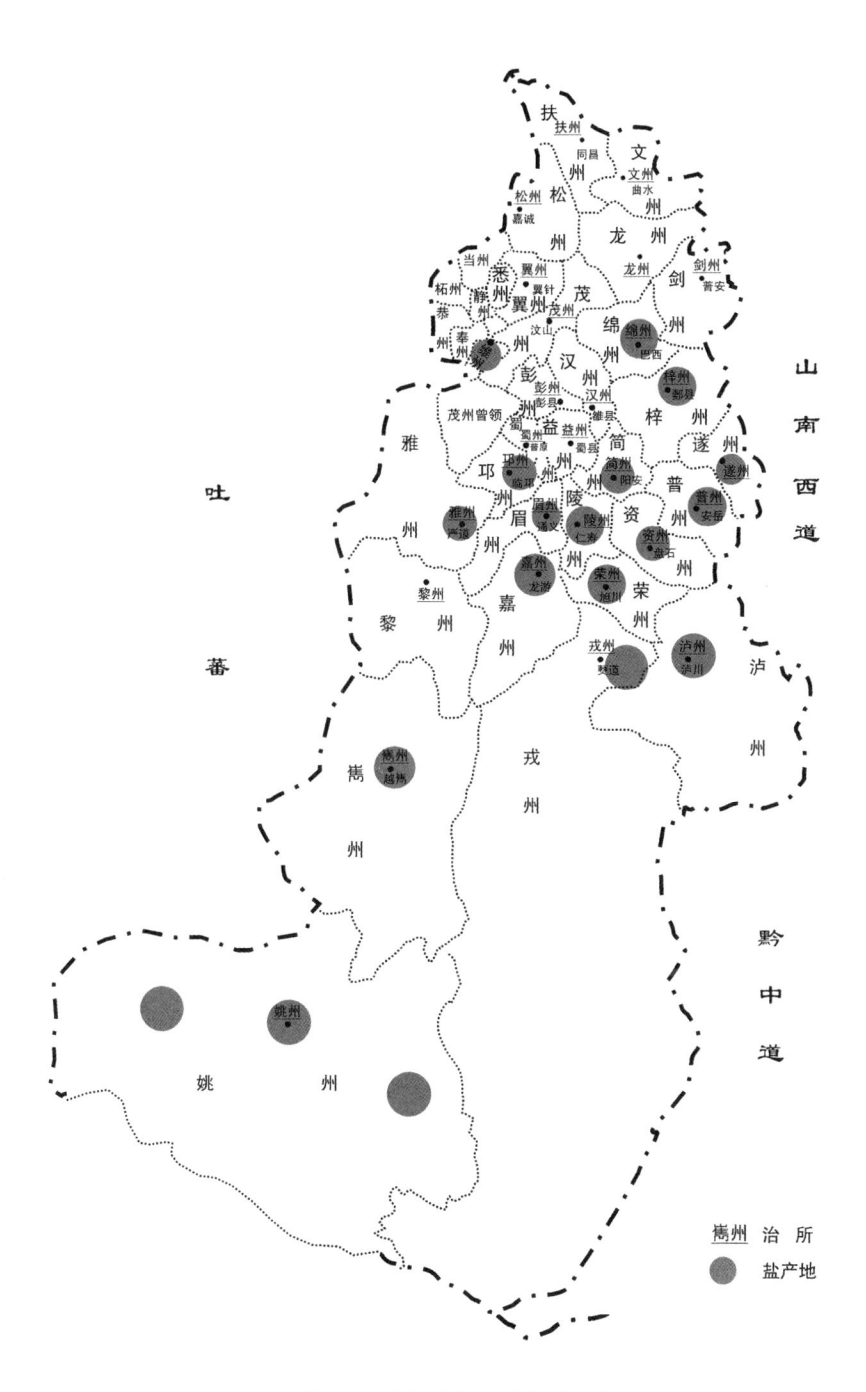

图 3-4 唐剑南道盐产地分布图

（根据谭其骧《中国历史地图集》改绘）

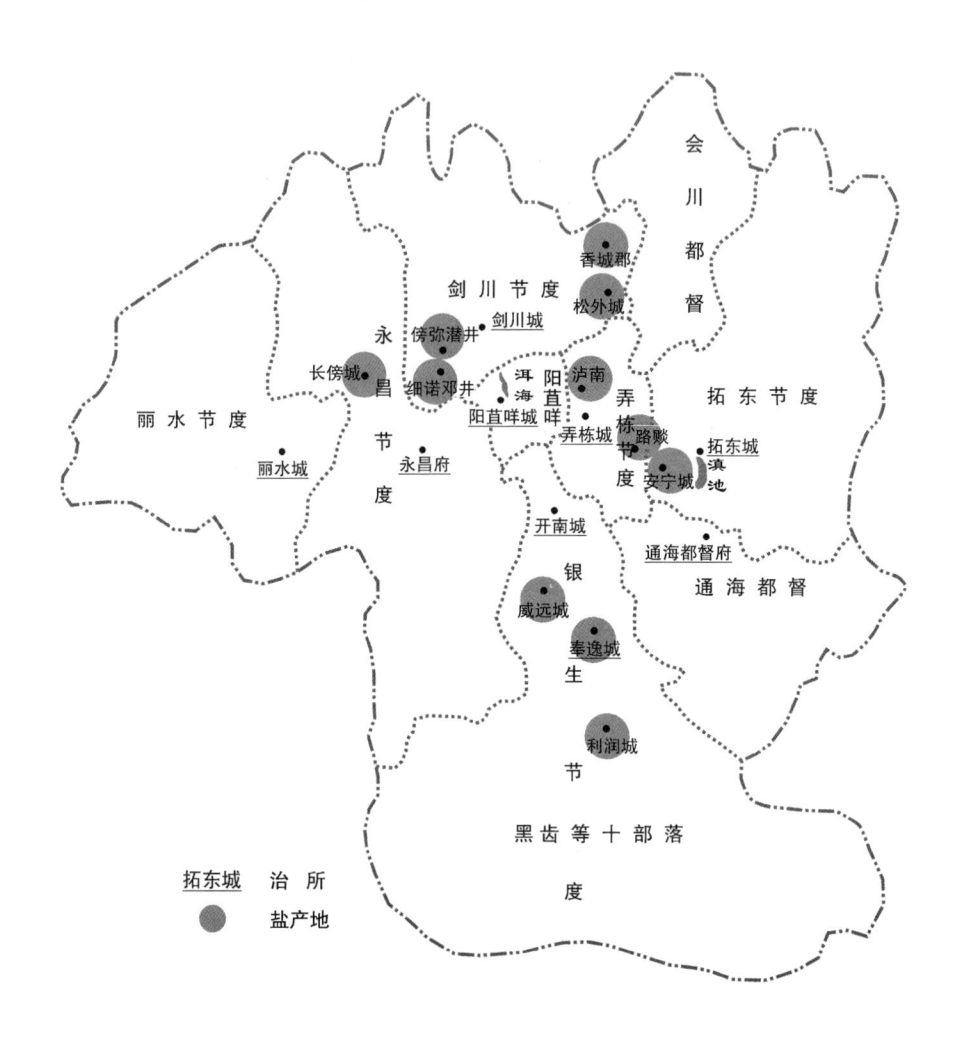

图 3-5 唐南诏盐产地分布图
（根据谭其骧《中国历史地图集》改绘）

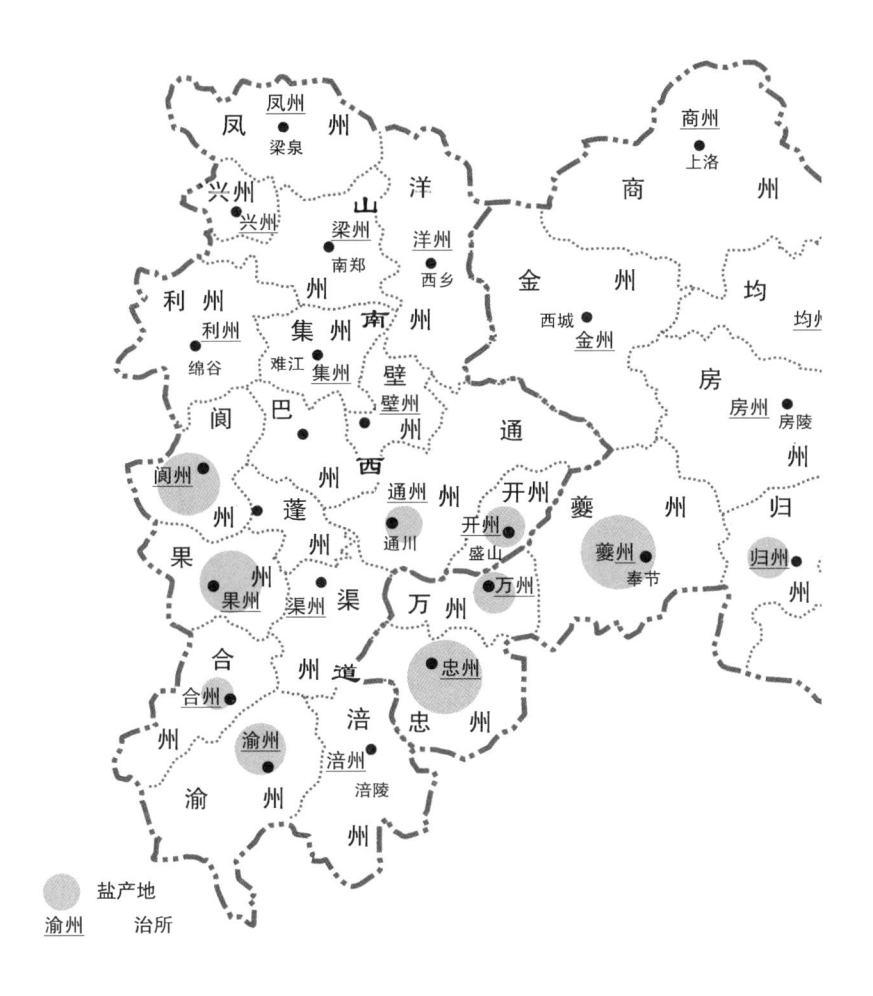

图 3-6　唐山南道盐产地分布图

（根据谭其骧《中国历史地图集》改绘）

表 3-6　唐代井盐产地分布

| 道 | 州 | 产盐县 | 治所 | 备注 |
| --- | --- | --- | --- | --- |
| 山南东道 | 归州 | 秭归县 | 今湖北秭归县归州镇 | 《新唐书》卷四〇《地理四》 |
| | | 巴东县 | 今湖北巴东县旧县坪 | 《新唐书》卷四〇《地理四》 |
| | 夔州 | 奉节县 | 今重庆奉节县白帝城 | 《新唐书》卷四〇《地理四》 |
| | | 云安县 | 今重庆云阳县云阳镇 | "设盐官。"《新唐书》卷四〇《地理四》 |
| | | 大昌县 | 今重庆巫山县大昌镇 | "设盐官。"《新唐书》卷四〇《地理四》 |
| | 忠州 | 临江县 | 今重庆忠县 | "设盐官。"《新唐书》卷四〇《地理四》 |
| | 万州 | 南浦县 | 今重庆万州区 | "有涂滄监、渔阳监，盐官二。"《新唐书》卷四〇《地理四》 |
| 山南西道 | 渝州 | 巴县 | 今重庆市区 | 《新唐书》卷四二《地理六》 |
| | | 璧山县 | 今重庆璧山区 | 《新唐书》卷四二《地理六》 |
| | 通州 | 宣汉县 | 今四川宣汉县东北 | 《新唐书》卷四〇《地理四》 |
| | 开州 | 万岁县 | 今重庆开州温泉镇北县坝 | 《新唐书》卷四〇《地理四》 |
| | 阆州 | 阆中县 | 今四川阆中市 | 《新唐书》卷四〇《地理四》 |
| | | 南部县 | 今四川南部县 | 《新唐书》卷四〇《地理四》 |

续 表

| 道 | 州 | 产盐县 | 治所 | 备注 |
|---|---|---|---|---|
| 山南西道 | 阆州 | 新井县 | 今四川南部县大桥镇 | "本汉充国县地,唐武德元年割南部、晋安二县置,县界颇有盐井,因斯立名。"《太平寰宇记》卷八六《剑南东道五》 |
| | | 新政县 | 今四川仪陇县新政镇 | 《新唐书》卷四〇《地理四》 |
| | 果州 | 西充县 | 今四川西充县 | 《新唐书》卷四〇《地理四》 |
| | | 南充县 | 今四川南充市北五里 | 《新唐书》卷四〇《地理四》 |
| | | 相如县 | 今四川蓬安县锦屏镇 | 《新唐书》卷四〇《地理四》 |
| 江南道 | 黔州 | 彭水县 | 今重庆彭水县郁山镇 | "左、右盐泉,今本道官收其课。"《元和郡县图志》卷三〇《江南道六》,《新唐书》卷四一《地理五》记载有盐 |
| 剑南道 | 眉州 | 彭山县 | 今四川眉山市彭山区 | 《新唐书》卷四二《地理六》 |
| | 嘉州 | 龙游县 | 在今四川乐山市 | "邛、眉、嘉有井十三,剑南西川院领之。"《新唐书》卷五四《食货四》 |
| | 邛州 | 蒲江县 | 今四川蒲江县北一里 | "盐井,距县二十里。"《元和郡县图志》卷三一《剑南道上》 |
| | | 火井县 | 今四川邛崃市火井镇 | 《元和郡县图志》卷三一《剑南道上》;《新唐书》卷四二《地理六》 |
| | 简州 | 阳安县 | 今四川简阳市西北绛溪河 | "阳明盐井,在县北十四里。又有牛鞞等四井,公私仰给。"《元和郡县图志》卷三一《剑南道上》 |

续　表

| 道 | 州 | 产盐县 | 治所 | 备注 |
|---|---|---|---|---|
| 剑南道 | 简州 | 平泉县 | 今四川简阳市草池镇西北 | "上军井、下军井，并盐井也，在县北二十里，公私资以取给。"《元和郡县图志》卷三一《剑南道上》 |
| | 资州 | 磐石县 | 今四川资中县北三里 | 《新唐书》卷四二《地理六》 |
| | | 资阳县 | 今四川资阳市 | 《新唐书》卷四二《地理六》 |
| | | 内江县 | 今四川内江市西二里 | 《新唐书》卷四二《地理六》 |
| | | 银山县 | 今四川资中县银山镇 | "盐井二十六所，在管下。"《元和郡县图志》卷三一《剑南道上》 |
| | | 龙水县 | 今四川资中县发轮镇南 | 《新唐书》卷四二《地理六》 |
| | 嶲州 | 昆明县 | 今四川盐源县城 | "本汉定莋县也，属越嶲郡。去县三百里，出盐铁，夷皆用之。汉将张嶷杀其豪率，遂获盐铁之利。……武德二年，于镇置昆明县，盖南接昆明之地，因以为名。"《元和郡县图志》卷三二《剑南道中》 |
| | 雅州 | 卢山县 | 今四川芦山县城 | 《新唐书》卷四二《地理六》 |
| | 维州 | 薛城县 | 今四川理县薛城镇西南 | "贞观二年置，又析置盐溪县，永徽元年省入定廉。有盐。"《新唐书》卷四二《地理六》 |
| | 保州 | 定廉县 | 今四川理县上孟乡 | "武德七年置，永徽元年省维州之盐溪县入焉。"《新唐书》卷四二《地理六》 |

续 表

| 道 | 州 | 产盐县 | 治所 | 备注 |
|---|---|---|---|---|
| 剑南道 | 戎州 | 义宾县 | 今四川宜宾县蕨溪镇 | "大秋溪,在县东北一十三里。有秋溪盐井,盖因此水为名也。"《元和郡县图志》卷三一《剑南道上》 |
| | | 开边县 | 今云南盐津县西北 | "盐泉镇,在县西南八十里。"《元和郡县图志》卷三一《剑南道上》 |
| | 梓州 | 郪县 | 今四川三台县郪江镇 | "县有盐井二十六所。"《元和郡县图志》卷三三《剑南道下》 |
| | | 通泉县 | 今四川射洪县洋溪镇 | "赤车盐井,在县西北十二里。又别有盐井一十三所。"《元和郡县图志》卷三三《剑南道下》 |
| | | 玄武县 | 今四川中江县城 | 《新唐书》卷四二《地理六》 |
| | | 盐亭县 | 今四川盐亭县城 | 《新唐书》卷四二《地理六》 |
| | | 飞乌县 | 今四川中江县仓山镇 | 《新唐书》卷四二《地理六》 |
| | | 永泰县 | 今四川三台县花园镇 | "大汁盐井,在县东四十二里。又有小汁盐井、歌井、针井。"《元和郡县图志》卷三三《剑南道下》 |
| | | 涪城县 | 今四川盐亭县永泰乡 | 《新唐书》卷四二《地理六》 |
| | 遂州 | 方义县 | 今四川遂宁市 | "县四面各有盐井,凡一十二所。"《元和郡县图志》卷三三《剑南道下》 |
| | | 蓬溪县 | 今四川蓬溪县城 | "县有盐井一十三所。"《元和郡县图志》卷三三《剑南道下》 |
| | | 长江县 | 今四川蓬溪县郪口乡 | 《新唐书》卷四二《地理六》 |
| | 绵州 | 巴西县 | 今四川绵阳市 | 《新唐书》卷四二《地理六》 |

续　表

| 道 | 州 | 产盐县 | 治所 | 备注 |
|---|---|---|---|---|
| 剑南道 | 绵州 | 昌明县 | 今四川江油市彰明镇 | 《新唐书》卷四二《地理六》 |
| | | 魏城县 | 今四川绵阳市魏城镇 | 《新唐书》卷四二《地理六》 |
| | | 罗江县 | 今四川德阳市罗江镇 | 《新唐书》卷四二《地理六》 |
| | | 盐泉县 | 在今四川绵阳市玉河镇 | 《新唐书》卷四二《地理六》 |
| | 合州 | 石镜县 | 今重庆合川 | 《新唐书》卷五四《食货四》 |
| | 普州 | 安岳县 | 今四川安岳县北铁门山 | 《元和郡县图志》卷三三《剑南道下》载安岳县有盐井十所、普康县有盐井三所、安居县有盐井四所、普慈县有盐井十四所 |
| | | 安居县 | 今四川遂宁市安居镇 | |
| | | 乐至县 | 今四川乐至县城 | |
| | | 普康县 | 今四川安岳县南七十里 | |
| | | 普慈县 | 今四川乐至县龙门场 | |
| | 陵州 | 仁寿县 | 今四川仁寿县东二里 | "又仁寿县界别有五井。二井见在""五井废：赖宾井、石羊井、赖因井、仁寿井、奴襄井。"《太平寰宇记》卷八五《剑南东道四》 |
| | | 贵平县 | 今四川简阳市贵坪 | 《新唐书》卷四二《地理六》 |
| | | 井研县 | 今四川井研县来凤乡 | "井研县二十一井。五井见在。""一十六井废：獠母井、还井、赖伦井、石烈井、茫井、宋井、桶井、柳泉井、赖郎井、遮井、新井、董川井、潘令井、小罗井、依郎井、带井。"《太平寰宇记》卷八五《剑南东道四》 |

第三章 长江上游古代盐业开发对城市的影响

续　表

| 道 | 州 | 产盐县 | 治所 | 备注 |
|---|---|---|---|---|
| 剑南道 | 陵州 | 籍县 | 今四川双流区籍田镇 | 《新唐书》卷四二《地理六》 |
| | | 始建县 | 今四川仁寿县始建乡 | "始建县七井。"《太平寰宇记》卷八五《剑南东道四》 |
| | 荣州 | 应灵县 | 今四川井研县西南 | 《元和郡县图志》卷三三《剑南道下》载和义县有盐井五所、威远县有盐井七所、应灵县有盐井四所、公井县有盐井十所。《新唐书》卷四二《地理六》载应灵、公井、资官、威远四县有盐。据任乃强先生考证，和义县在今仙滩和沿滩一带① |
| | | 公井县 | 今四川自贡市东北 | |
| | | 资官县 | 今四川荣县西北 | |
| | | 威远县 | 今四川威远县城 | |
| | | 旭川县 | 今四川荣县 | |
| | | 和义县 | 今四川威远县东北 | |
| | 泸州 | 富义县 | 今四川富顺县 | "富义盐井，在县西南五十步。月出盐三千六百六十石，剑南盐井，唯此最大。其余亦有井七所。"《元和郡县图志》卷三三《剑南道下》 |
| | | 江安县 | 今四川泸州市纳溪区新太乡 | "可盛盐井，在县西北一十一里。"《元和郡县图志》卷三三《剑南道下》 |
| | 昌州 | | 今重庆荣昌区西北 | 《新唐书》卷五四《食货四》 |
| | 泸州都督府淯州 | 新定、淯川、固城、居守 | 今四川长宁县双河镇 | 当时淯井的具体范围不详 |
| | 雅州都督府盐井州 | 灵关县 | 今四川宝兴县 | 根据地名推测"有盐" |

① 任乃强、任新建：《四川州县建置沿革图说》，巴蜀书社，2002年，第240-241页。

续 表

| 道 | 州 | 产盐县 | 治所 | 备注 |
|---|---|---|---|---|
| 剑南道 | 戎州都督府尹州 | 盐泉县 | 今云南禄丰县黑井镇 | 《旧唐书》卷四一《地理四》载，戎州都督府统辖戎、郎、尹、姚等十七州。尹州："武德四年置。领县五，与州同置。马邑，天池，盐泉，甘泉，涌泉。" |
| 南诏国 | 银生节度 | 威远城 | 今云南景谷县 | 据《蛮书》卷七《云南管内物产》："其盐出处甚多，煎煮则少。安宁城中皆石盐井，深八十尺。城外又有四井，劝百姓自煎。……升麻通海已来，诸爨蛮皆食安宁井盐。唯有览赕城内郎井盐，洁白味美，惟南诏一家所食，取足外辄移灶，缄闭其井。泸南有美井盐，河赕白崖云南已来供食。昆明城有大盐池，比陷吐蕃，蕃中不解煮法，以咸池水沃柴上，以火焚柴成炭，即于炭上掠取盐也。贞元十年春，南诏收昆明城，今盐池属南诏，蛮官煮之如汉法也。东蛮、磨些蛮诸蕃部落共食龙怯河，水中有盐井两所。敛寻东南有傍弥潜井、沙追井，西北有若耶井、讳溺井，剑川有细诺邓井，丽水城有罗苴井，长傍诸山皆有盐井。" |
|  |  | 奉逸城 | 今云南普洱市磨黑镇 |  |
|  |  | 利润城 | 今云南江城县整董镇 |  |
|  | 拓东节度 | 安宁城 | 今云南安宁市 |  |
|  | 弄栋节度 | 览赕城 | 今云南禄丰县琅井村 |  |
|  |  | 泸南 | 今云南大姚县七街 |  |
|  | 剑川节度 | 昆明城 | 今四川盐源县 |  |
|  |  | 龙怯河 | 今四川盐边县 |  |
|  |  | 剑川 | 今云南剑川县下登村 |  |
|  |  | 敛寻 | 今云南维西县 |  |
|  | 丽水节度 | 丽水城 | 今缅甸克钦邦达罗基 |  |
|  | 永昌节度 | 长傍 | 今缅甸克钦邦拖角附近 |  |

注：1. 凡没有引文条下仅记载"有盐"。

2. 南诏国因版图变化，部分产盐县与剑南道产盐县或有重合。

## 二、唐代长江上游盐业开发对城市的影响

### （一）唐代产盐州县的新格局

唐代盐业发展迅速，朝廷在许多盐业产地设县，后来这些县随着盐业开发的变迁，或者并入他县，或者废置。李青淼对唐代三川地区的产盐县做了详细统计（见表3-7）。①唐代新设产盐县约20个，还有的是继承隋代的产盐县。

表3-7 唐代产盐县列表

| 州 | 县 | 建制过程 |
| --- | --- | --- |
| 渝州 | 壁山 | 至德二载（584），析巴、江津、万寿置 |
| 通州 | 宣汉 | 隋旧。武德元年（618），置南并州，又置东关县隶之。贞观元年（627），废南并州，省东关入宣汉。自和昌城移治新安，属通州 |
| 开州 | 万岁 | 后周之万县，隋加"世"字。贞观二十三年（649），徙新治，改万世为万岁县 |
| 阆州 | 新政 | 武德四年（621）分南部、相如二县置 |
| 阆州 | 新井 | 武德元年（618）分南部、晋安二县置 |
| 果州 | 西充 | 武德四年（621）分南充治 |
| 邛州 | 火井 | 汉临邛县地。周置火井镇，隋改镇为县也 |
| 雅州 | 卢山 | 汉严道地。隋置卢山镇，又改为县 |
| 嶲州 | 昆明 | 汉定笮县，属越嶲郡。后周置定笮镇。武德二年（619），镇为昆明县 |
| 戎州 | 义宾 | 本汉南安县地，属犍为郡。隋改为郲䣕县。天宝元年（742），改为义宾 |
| 戎州 | 开边 | 汉僰道地，隋置开边县也 |
| 维州 | 薛城 | 隋初，置薛城戍，武德七年（624）初置维州及薛城县 |

---

① 李青淼：《唐代盐业地理》，北京大学博士学位论文，2008年，第64-66页。

续　表

| 州 | 县 | 建制过程 |
|---|---|---|
| 维州 | 定廉 | 隋置定廉镇，武德七年（624）置维州及定廉县 |
| 绵州 | 魏城 | 隋置 |
| | 罗江 | 汉涪县地，晋于梓潼水尾万安故城置万安县。后魏置万安郡，隋废。天宝元年（742），改万安为罗江 |
| | 盐泉 | 武德三年（620）分魏城置 |
| 梓州 | 通泉 | 汉广汉县地，隋县 |
| | 飞乌 | 汉郪县地，隋置飞乌镇，又改为县 |
| | 永泰 | 武德四年（621），分盐亭、武安二县置 |
| 遂州 | 蓬溪 | 永淳元年（682），分方义县置唐兴县。长寿二年（693），改为武丰。神龙初，复。景龙二年（708），分唐兴置唐安县。先天二年（713），废唐安县，移唐安废县置。天宝元年（742），改唐兴为蓬溪也 |
| 普州 | 乐至 | 武德三年（620）置 |
| 资州 | 龙水 | 资中地，义宁二年（618）置 |
| | 银山 | 汉资中地，义宁二年（618）置 |
| 陵州 | 籍 | 梁席郡地，一名汉阳戍。永徽四年（653），分贵平置 |
| 荣州 | 旭川 | 贞观元年（627），分大牢县置 |
| | 公井 | 汉江阳县地，属犍为郡。后周置公井镇。武德元年（618），镇置荣州，改为公井县。贞观六年（632），治移于大牢也 |
| | 威远 | 汉安县地，属犍为郡。隋于旧威远戍置县 |
| | 和义 | 汉安县地，隋置和义县 |

　　新设县涉及最多的州是阆州、果州、陵州、普州、梓州、绵州、资州、荣州。资州和荣州作为区域盐业中心的影响一直延续至今。绵州、

102

果州盐业兴盛产生的影响为后来的区域中心地位奠定了一定基础。陵州、梓州等在历史时期的发展十分重要，尤其是梓州，以三台为中心，周边设县达7个之多。《太平寰宇记》卷八二《剑南东道一》"富国监"条记载："富国监者，本梓州郪县富国镇新井煎盐之场也，皇朝置监以董其事，兼领通泉、飞乌等盐井地，去梓州九十里。"很明显，这是指以盐泉统领周边县域。

唐代云南盐井的发展逐渐加快，云南盐矿的开采条件较为复杂，多为百姓自发采集，规模化不够。樊绰对此有评述："其盐出处甚多，煎煮则少。安宁城中皆石盐井，深八十尺。城外又有四井，劝百姓自煎。"[1] 748—1254年，云南为南诏和大理国割据，盐法上不同于中原，人民自煎，不上盐税，未设盐官，盐井质量好的，国王据以专用，百姓新开盐井，只需上报官府即可。随着经济发展，盐的作用日益凸显，唐天宝九年（750），朝廷"以兵定南诏境，取安宁城及井"。天宝十三年（754），李宓战败，安宁又没于南诏，可见对盐的争夺日益明显。黄培林、钟长永研究认为，唐代云南盐业发展特点是盐井的新开和盐井名称的确立，从两汉时期的两三处记载到唐代明确记载盐井十余处。[2]

唐代除了盐业城市数量增多以外，许多盐业中心的地位还可以从战争、地名等方面体现出来。盐源县因盐而引发战争，《三国志·蜀书·张嶷传》中，已有蜀将张嶷取盐池，"遂获盐铁，器用周赡"的记载。《蛮书》载："昆明城有大盐池，比陷吐蕃。蕃中不解煮法，以咸池水沃柴上，以火焚柴成炭，即于炭上掠取盐也。贞元十年春，南诏收昆明城，今盐池属南诏，蛮官煮之如汉法也。"在藏族史诗《格萨尔王传》中有《保卫盐海》的篇章，记述了盐源附近的盐之战。赵心愚认为：唐代对昆明及盐池的争夺大致为两个阶段，在第一阶段，吐蕃与唐王朝为交战的双方，第二阶段交战的双方则是吐蕃与南诏。唐、吐蕃与南诏三大势力在这里反复争夺昆明及盐池，可见这里盐业及其城市的重要。[3] 表3-8罗列了云南盐产地与盐井。

---

[1] 樊绰：《蛮书》卷七《云南管内物产》。
[2] 黄培林、钟长永：《滇盐史论》，四川人民出版社，1997年，第24页。
[3] 赵心愚：《唐代磨些部落与〈格萨尔王传·保卫盐海〉中的"姜国"》，《西南民族学院学报》（哲学社会科学版），2002（4），第1-6页。

表 3-8 云南盐产地与盐井

| 原地名 | 现地区 | 井名 |
| --- | --- | --- |
| 安宁五盐井 | 安宁市 | 安宁井 |
| 泸南井 | 大姚县 | 白盐井 |
| 姚州盐泉县 | 禄丰县 | 黑盐井 |
| 郎㮇井 | 禄丰县 | 琅盐井 |
| 傍弥潜、沙追、细诺邓 | 剑川县 | 弥沙井 |
| 若耶、讳溺 | 兰坪县 | 丽江老姆井 |
| 威远城 | 景谷县 | 抱母、香盐井 |
| 柳追和城 | 镇源县 | 按板井 |
| 奉逸城 | 普洱、易武 | 磨黑、石膏井 |
| 利润城 | 倚邦、勐腊 | 磨歇等井 |

盐业城市中还存在地名和地址变迁情况。荣州资官县记载有盐，但是，资官的位置一直不甚明确。任乃强先生考证，资官县与冶官、咨官一系相承九百余年，汉代在铁山地区（荣、威、资、仁、井、犍之间）设有冶官，晋设有冶官县，齐、梁间，僚人侵扰，矿区西迁，到隋以前，迁至今井研县和荣县之间的越溪河以西。后来铁山矿区南面盐矿开采，于是在此建立新县，后人把冶官县讹成咨官县。隋代，由于盐业的兴盛，咨官县一跃成为大县。唐朝由于水患，县址迁移至今荣县镇子场，曾改名为资国县，后改为资官县。[①]

在维州，汉晋时期就开始产盐，唐代有薛城县、盐溪县、定廉县三县产盐。《新唐书》卷四二《地理志六》"维州薛城"条云："有盐。"《元和郡县图志》卷三二《剑南道中》"维州盐溪县"条云："贞观三年置，有盐溪村，因为名。"《旧唐书》卷四一《地理志四》"保州定廉"县条云："武德七年，招白苟羌，置维州及定廉县，以界水名。永徽元年，废盐城并入。开元二十八年，改属奉州……"李青淼考证认为，

---
① 任乃强、任新建：《四川州县建置沿革图说》，巴蜀书社，2002 年，第 220-221 页。

维州产盐的三个县，实乃产于盐井溪一地。盐溪村贞观二年（628）置薛城县时属薛城，贞观三年（629）薛城析置盐溪县时又属盐溪，永徽元年（650）盐溪县并入定廉县时属定廉，元和之前又从定廉析置盐溪县，村复属盐溪县，唐末盐溪县并入薛城县，村终属薛城（见图3-7）[①]。但无论如何，三个县的废置变化都是围绕盐业中心进行的。

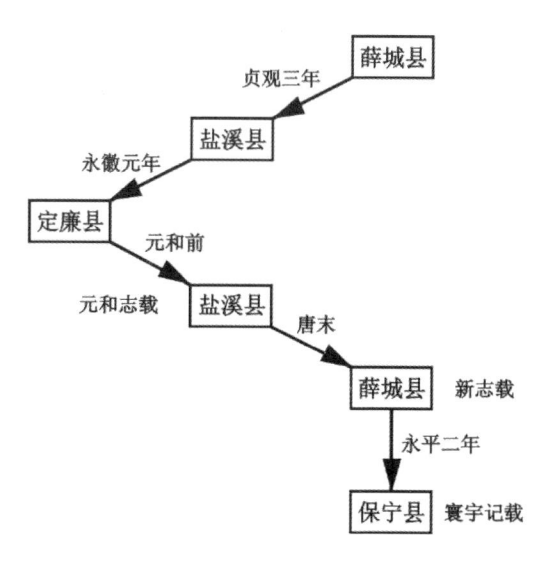

图 3-7 唐代盐溪村隶属关系变化一览图

（李青淼绘）

盐业产地县名的变化中，昆明和涪陵值得关注。昆明现为云南中心城市，但是，早期昆明并不在此，任乃强一直认为昆明是早期昆明部因盐业开发进入云南而产生的。唐代盐源设昆明县，是重要的盐产中心。元朝至元十三年（1276），在滇池旁设昆明县，为中庆路治所，明以后成为云南省省会。昆明附近的"连然县"应该是"盐泉"的音转。三峡地区的地名"临江"也耐人寻味。从常理讲，长江边的所有城市都可取名"临江"，所以这里的"临江"实为"盐江"音转，这是对盐业产地的最好说明。直到唐初，临江才改名忠县。附近的"朐忍"也与盐业开采有关，可从盐业地名推断出。[②]可见，文化的迁移与盐业经济关系密切。

---

[①] 李青淼：《唐代盐业地理》，北京大学博士学位论文，2008年，第35-36页。
[②] 任乃强：《说盐》，载《华阳国志校补图注》，上海古籍出版社，1987年，第52页。

乌江边的涪陵地名变化也如此。汉代在今彭水县郁山镇设立涪陵县，三国刘备设涪陵郡，治所仍在彭水县，永和中移至现在长江边的重庆市涪陵区。到唐代才形成沿乌江分布的三个城市：彭水、武隆、涪陵。这种地名迁移现象也许与盐业兴盛后的经济外化有关，最初的盐产地在今郁山镇的伏牛山下，随着盐的运输沿郁江进入乌江，涪陵之名又指称今彭水县，从乌江进入长江，涪陵地名又转而指称今天乌江和长江汇合处的涪陵。

### （二）唐代盐业管理机构与盐区行政设置

唐代后期，在盐业管理方面实行度支和诸道盐铁转运使分掌的制度，解决了安史之乱后藩镇割据状态下一时难以东西兼顾的状况。"永泰二年，分天下财赋、铸钱、常平、转运、盐铁，置二使，东都畿内、河南、淮南、江东西、湖南、荆南、山南东道，以转运使刘晏领之；京畿、关内、河东、剑南、山南西道，以京兆尹、判度支第五琦领之。"[①]刘晏的盐监制度建立在第五琦的监院基础之上。乾元元年（758），第五琦便开始"就山海井灶，收榷其盐，立监院官吏。其旧业户浮人欲以盐为业者，免其杂役，隶盐铁使。常户自租庸外无横赋，人不益税，而国用以饶"[②]。监的职能主要是管理生产，征榷盐利。

刘晏在全国设十监四场，组成专卖市场的核心。长江上游只在三峡设大昌监（今巫山大昌镇）。至顺宗、宪宗时期，三峡地区的盐政机构扩大，同时隶属关系发生了变化，"（元和六年）其年诏曰：'……度支山南西道分巡院官充三川两税使。峡内煎盐五监先属盐铁使，今宜割属度支，便委山南西道两税使兼知榷卖。'峡内监属度支，自此始也"[③]。峡内五监见表3-9[④]：

表3-9　峡内五监表

| 盐　　监 | 大昌监 | 云安监 | 永安监 | 渔阳监 | 涂监 |
| --- | --- | --- | --- | --- | --- |
| 所在州县 | 夔州大昌 | 夔州云安 | 夔州奉节 | 万州南浦 | 忠州临江 |

---

[①]《新唐书·食货志》。
[②]《旧唐书·食货志》。
[③]《旧唐书·食货志》。
[④]《新唐书·食货志》，《唐会要》卷八七《转运盐铁总叙》。

唐末五代时期，川蜀井监的设置范围和数量进一步扩大。孟知祥在任剑南西川节度使时，屡与剑南东川节度使董璋争盐利，在东西川交界处汉州设立三场重征盐税，以杜绝东川盐西渐，影响西川榷税课利。孟知祥攻占全蜀后，立即"请割云安等十三盐监隶西川，以盐直赡宁江屯兵"①。可见，至少有十三监的设置，只是十三监的具体详情，未见史料记载。另外，盐监设置地区经济十分兴盛，豪商巨贾随盐业发展而产生。"峡中云安监盐贾……经营贩鬻，动获厚利，不十余年间，积财巨万，竟为三蜀大贾。"②

在设立监、场的同时，刘晏还设立巡院制度。盐监主要负责生产地生产过程和盐利征榷，场的设置是利用重要的地理位置和物流中心进行征榷，以销售为主。巡院的职能更加广泛，负责盐政缉私、储运转运和销售，三者之间分工合作，构成了较好的协调效果。唐代后期在井盐产区设置的巡院有：山南西道分巡院、阆中院、剑南东川院、剑南西川院。③

峡内五监隶属关系反映了唐代政治经济管理空间结构的变迁。由于食盐的重要性以及盐产区市场争夺，唐代开始销区划分，《资治通鉴》卷二二六建中元年（780）称："晏专用榷盐法充军国之用，时自许、汝、郑、邓之西，皆食河东池盐，度支主之；汴、滑、唐、蔡之东，皆食海盐，晏主之。"井盐销区由于产量有限，仅限于山南西道、剑南东道和剑南西道三道内销售。元和六年（811），因为井盐供不应求，将山南西道北部兴元府、洋、兴、凤、文、（行）成六州划入两池盐销区，峡内五监从先属盐铁使到后属度支，即从东部的海盐销区又划入井盐销区。李青淼分析了井盐产区的产量和食盐消费量以及全国盐业市场竞争事态，认为唐王朝上述之举是为了解决川盐不足（见表3-10）④。

---

① 《资治通鉴》卷二七七"后唐明宗长兴元年"。
② 《太平广记》卷四〇一"龚播条"（出《河东记》）。
③ 郭正忠：《中国盐业史·古代编》，人民出版社，1997年，第139-145页。
④ 李青淼：《唐代盐业地理》，北京大学博士学位论文，2008年，第35-36页。

表 3-10　井盐产区与销区的变化

| 行盐地界扩张状态 | 井盐与池盐 | （调整前）六州属井盐销区户均占有量（石/户） | （调整后）六州属两池盐销区户均占有量（石/户） |
|---|---|---|---|
| 两池盐、井盐极度扩张状态 | 三川井盐 | 0.30 | 0.32 |
|  | 两池盐 | 0.81 | 0.74 |
| 海盐极度扩张状态 | 三川井盐 | 0.15 | 0.16 |
|  | 两池盐 | 0.62 | 0.56 |
| 行盐地界扩张状态 | 井盐与海盐 | （调整前）峡内盐属海盐销区户均占有量（石/户） | （调整后）峡内盐属井盐销区户均占有量（石/户） |
| 两池盐、井盐极度扩张状态 | 三川井盐 | 0.32 | 0.35 |
|  | 海盐 | 0.81 | 0.81 |
| 海盐极度扩张状态 | 三川井盐 | 0.15 | 0.20 |
|  | 海盐 | 0.86 | 0.85 |

行政区划与盐业销区关系紧密，唐代盐业销区的划分反映了各地人口与经济需求的状况，峡内五监的变动与北部六州的盐区变动预示着宋代四路政区的形成。

# 第三节　宋代盐业开发对城市的影响

郭正忠先生认为，两宋的疆域和兵力，不可与汉唐同日而语，然而，其社会生产之发展、科学技术之进步、社会经济结构之变衍，却远远超过汉唐。就盐业史而言，宋代是一个精彩纷呈的时代。甚至令后世瞩目的盐史现象，都可以在宋代找到它的原始踪迹。宋代盐业生产体制、管理体制和运销体制主要有如下变化。①

从制盐的生产体制看，宋代制盐资料的归属大致可以分为三种形态：国家官有制、盐民私有制和官民综合所有制。制盐资料的国家官有制，多见于陕西路解池、川陕四路较大的盐井以及淮浙闽广等滨海盐场。

宋代的食盐生产体制至少有五种：盐民自煎制、租佃煎盐制、雇佣煎晒制、劳役制、催煎制等。盐民自煎制，广泛存在于那些中下等盐户间，如川陕地区的小井户。租佃煎盐制，主要见于滨海和内地自行经营的上下等盐户之间，也存在于川陕井户之中。民间制盐业中的雇佣制，多见于川陕私营盐井。比如北宋中叶川陕卓筒井户，"豪者，一家至有一二十井，其次亦不减七八"。

川陕四路盐井户，一般分为"三等"，即上等井户、中等井户和下等井户，也称为上等户、中等户和下等户，或者如乡村主户那样，干脆简称为上户、中户、下户。北宋时陵州一带富有的上等井户，"一家至有一二十井"，颇多"侈靡之费"，略次者"亦不减七八井"。南宋时简州（今四川简阳一带）上等井户"动煎数十井"，每年盐利之"富厚"在万贯左右，"下等之家，不过一二十井"。

宋代朝廷的盐务管理体系，大致经历了前后两个发展阶段。第一阶段是北宋前期。其盐务大权集中于三司，三司下设盐铁、度支和户部三部。第二阶段是北宋中期以后，即熙丰改制之后。朝廷盐权转归于户部左曹，并直接派员到各路，设置外台专司。由漕司兼理本路盐务的情况多存在于川陕井盐、河东土盐的官卖体制中。河东路并州和川陕地区的梓州还设置过"榷盐院"。川陕井盐改行引法之后，另设"合同场"，监督井户与引商的"盐市"贸易。

宋代食盐的流通方式很多，主要有：官收官运官卖式的流通结构，当时简称为"官办官卖"；商收民运商销式的流通结构，称"税盐"制或"盐税"制，也可以简称为商盐自销制，这种结构在自煎制盛行的河北、京东等路，川陕四路一带较为多见；官收之盐而实行商运商销的，以钞引盐或交引盐较为典型；官收贮盐并官运一段路程而后由民户代销

---

① 郭正忠：《宋代盐业经济史》，人民出版社，1990年。

的，即官收官运民销式的结构；原型的商收民运商销式结构，有时官府参与，设官管理，失去自由贸易的性质，改造成另一种民盐官督商销式的结构，南宋川陕的引盐合同场制，即属此类；商收民运或官收民运盐，也有不准商销而一律回收官卖的，即民运官销法，或商盐官销法、钞盐官销法等。

在盐业的运销区划上，全国划分为四个较大的食盐销区，即解盐（颗盐）销区、海盐（末盐）销区、井盐销区、土盐销区。井盐销区基本上限于四川一带，只在特殊时期越出蜀界。销区尽管有限，但是，四川井盐在宋代的发展却具有划时代的历史意义。

## 一、宋代长江上游盐业开发的地理分布

### （一）宋代四川盐业开发的技术发展和盐政改革

宋代四川井盐业得到空前发展，一是开采技术的飞跃，二是盐政的改革与完善。宋代生产技术的划时代进步是四川井盐史上的里程碑。盐井深度加大，盐井的开发范围扩大，盐井数量和井盐产量均有较大幅度增长。宋代以前盐井的开凿都为大口井，挖得越深，开口必须越大。唐代陵井口径"纵广三十丈"[1]，"旧深五十余丈，凿石而入。其井上土下石，石之上凡二十余丈"[2]。凿井工作量之大可想而知。这种靠扩大口径来加大深度的方法实不可取。北宋仁宗庆历、皇祐年间，"卓筒井"应运而生，"自庆历、皇祐以来，蜀始创筒井，用圜刃凿如碗大，深者数十丈，以巨竹去节，牝牡相衔为井，以隔横入淡水，则咸泉自上。又以竹之差小者出入井中为桶，无底而窍其上，悬熟皮数寸，出入水中，气自呼吸而启闭之。一筒致水数斗。凡筒井皆用机械。利之所在，人无不知"[3]。"自庆历已来，始因土人凿地植竹，为之卓筒井，以取咸泉，煮炼盐色。后来其民尽能此法，为者甚众。"[4] 卓筒井的创立，使四川井盐生产从天然盐泉利用到浅层盐矿开采，最终至深层盐矿的开发过程得以完成，为川东、川西、川中井盐的全面开发奠定了技术基础，使盐井的数量和食盐产量大幅度增长。

---

[1] 《元和郡县志》卷三三。
[2] 文莹：《玉壶清话》卷三。
[3] 苏轼：《东坡志林》卷四。
[4] 文同：《丹渊集》卷三四《奏为乞差京朝官知井研县事》。

从盐政看，绍兴二年（1132），赵开在四川改革盐政，创置"合同场盐市"，要点如下：[1]

第一，令商人入钱请引，并在诸州县镇皆置合同场，作为官府控制下的买卖"盐市"。

第二，将在籍井户分隶于合同场——大约5~8井隶于一个合同场，令其"如额煮盐赴官场"，"输土产税"。

第三，井户与商人在合同场盐市成交，须按官府制定或调整的价格，"远近皆平，其立价均一"。

第四，合同场设官查核井户盐担是否符合标准（每担百斤），封担、印记，同时验引，向商人收取商税，发引放行。

第五，盐引价钱，起初每斤25文；"所过税钱七分，住税一钱有半"；若使用纸币钱引折纳，"别输提勘钱"，"其后，又增贴纳等钱"，井户的"土产及增添"钱，每斤约为九钱四分。合同场引法的销售特点，在于盐户同盐商之间，横亘了一套官设的机构，并由该机构从购转差价中征取盐利；而商人经场运销时，还另外购买引纳税。

同时，宋代将产、运、销几个环节全部包揽的"扑买"在川陕井盐产区也较为普遍。按北宋前期蜀盐"煮井"法："大为监，小为井。监则置官，井则募土民或役衙前主之"，"井则土民干鬻，如其数输课"，或者，"令干鬻其羡利者，但输十之九"。北宋初的蜀井扑买多限于小型大口井。至北宋中期，卓筒井"容其扑买"，这类经营活动空前繁荣起来。至熙宁九年（1076），经历了反复争议之后，一度没收和填闭的卓筒井，又准许"句当人情愿承买"。甚至，连著名的陵州井，也破例加入"扑买"行列，交给私人经营。陵井"扑买"后的岁课收入，约达"五六万贯之钱"。

### （二）宋代四川盐业的产量

在技术和盐政的保障下，宋代盐井数量和产量快速增加。宋初，"益州路一监九十八井，岁煮八万四千五百二十二石；梓州路二监三百八十五井，十四万一千七百八十石；夔州路三监二十井，八万四千八百八十石；利州路一百二十九井，一万二千二百石"；又"仁宗时，成都、梓、夔三路六监与宋初同，而成都增井三十九，岁课减五万六

---

[1] 郭正忠：《中国盐业史·古代编》，人民出版社，1997年，第276-278页。

千五百九十七石；梓州路增井二十八，岁课减十一万一十九石；利州路井增十四，岁课减四百九十二石三斗有奇；夔州路井增十五，岁课减三千一百八十四石"。①到南宋绍兴二年，四路（三十州）共有盐井四千九百余口，岁产盐六千余万斤。②可见，宋初盐井数量共632口，年产盐323 382石，仁宗时期比宋初增加了96口，共728口，至绍兴二年（1132），盐井数量增加了约7倍，产量增加了约1倍。据郭正忠先生整理，宋代井盐产区的数量和产量如表3-11、表3-12所示。③宋代盐产地分布图如3-8所示。

表3-11 宋代川峡盐井数量（包括峡、归州）

| 时期 | 梓州路（潼川府路） | 益州路（成都府路） | 夔州路 | 利州路 | 荆湖路峡、归州 | 总计 |
| --- | --- | --- | --- | --- | --- | --- |
| 北宋初 | 381 | 74 | 20 | 129 | | 604 |
| | 385 | 98 | 20 | 129 | | 632 |
| 仁宗时 | 413 | 137 | 35 | 143 | 2 | 730 |
| 治平熙宁间 | | | | | | 822 |
| 熙宁年间 | 425（+43） | 42（+34） | 14（+1） | 127 | | 608（+78） |
| 元丰七年 | （梓益二路600井） | | | | | |
| 元祐四年 | | 160余 | | | | |
| 绍兴初 | | | | | | 4 900 |
| 绍兴十七年 | | | 60 | | | |
| 淳熙六年 | | | | | | 2 375 |

（据郭正忠《宋代盐业经济史》）

---

① 《宋史·食货志》。
② 《文献通考》卷一六《征榷三》。
③ 郭正忠：《宋代盐业经济史》，人民出版社，1990年，第643-646页。

表 3-12　宋代井盐年产表（单位：斤）

| 时期 | 梓州路（潼川府路） | 益州路（成都府路） | 夔州路 | 利州路 | 荆湖路峡、归州 | 总计 |
|---|---|---|---|---|---|---|
| 北宋初 | 7 089 000 | 4 226 100 | 4 244 000<br>（4 294 000） | 610000 | 141 000 | 16 169 100<br>（16 219 100） |
| 仁宗时 | 1 588 050 | 1 396 250 | 4 084 800 | 585385 | 141 000 | 7 795 485 |
| 熙宁末 | 6 288 138+ | 3 465 398+ | 2 498 147+ | | | 12 251 683+（利州路、峡归二州除外） |
| 元丰初 | | 3 489 362 | 1 781 781 | | | |
| 元丰七年 | | | | | | （益夔二路约 63 720 000 以下） |
| 绍兴初 | | | | | | 64 000 000+ |
| 绍兴十七年 | | | 3 805 000 | | | |
| 绍兴二十二年 | | | 3 375 000 | | | |

（据郭正忠《宋代盐业经济史》）

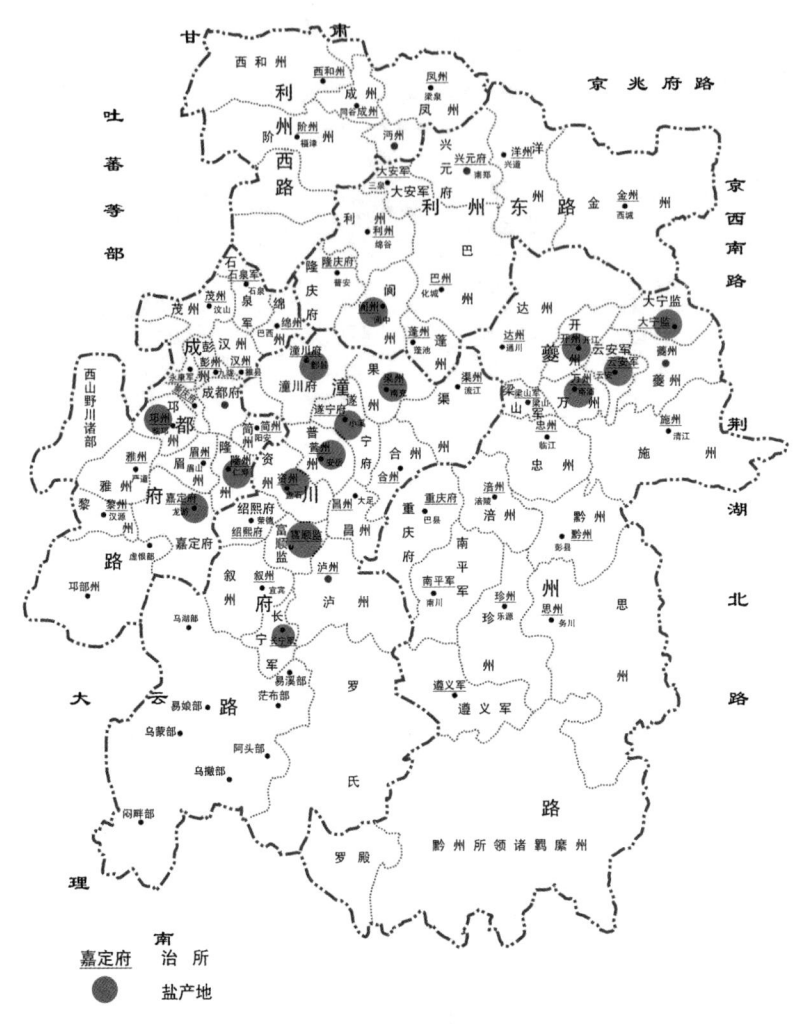

图 3-8　宋代盐产地分布图

（根据谭其骧《中国历史地图集》改绘）

从盐井数量和产量可看出，梓州路位居第一，夔州路位居第二；从技术发展看，盐井开发的深度使得梓州路的深层盐矿得到开采；从管理层面看，夔州路地处边界，开采的强度得以加强。所以，原来经济占主要地位的成都府路盐产量反而位于第三位。在宋初和神宗元丰年间的盐产量中，梓州路的盐产量占川峡四路的 43.7% 和 51.6%。宋初夔州路的食盐产量占全川的 26.2%，并且，人均食盐生产量比其他地方高，具有较重要的地位。

随着卓筒井技术的发明，宋代夔州路除了旧有盐井，还开凿了许多小井。熙宁年间，蜀中私盐猖獗，禁不能止，官府准备封填小井，运解盐入川，神宗问于沈括，沈括对曰："忠、万、戎、泸间夷界小井尤多，止之实难，若列候加警，恐所得不酬所费。"①《宋史》中记载仁宗时期夔州盐井仅有20口，笔者怀疑有误，因夔州路是四川井盐开采最早的地区，《水经注》记载云阳有盐井100所，《新唐书》载黔州有41井，而且从盐的产量看，夔州路居于川峡四路的第2位，利州路的产量仅为夔州路的1/8，盐井数量竟有129井，显然不合逻辑。从管理体制看，监是宋代相当于州或县级的地方行政权和行政区划，设立于工矿业发达的地区。宋代在四川建立的盐井监有6个，分别是益州路的陵井监，梓州路的富顺监、浛井监，夔州路的云安监、大宁监、永昌监。设监地区的盐井不仅盐产丰富而且皆由"官掌"，可见其重要地位。

## （三）宋代四川井盐产地的分布（表3-13）

表3-13 宋代四川盐产地统计表

| 盐产地 | | 资料来源 |
|---|---|---|
| 成都府路 | 简州 | 凡蜀之井，其名存实亡者。淳熙六年，有旨简之郡产盐，惟最虚额尤多。每岁计斛，除折估钱，五万四千九百五十余道。（《舆地纪胜·成都府路·简州·风俗形胜》）|
| | 邛州 | 州有二井，宋旧名曰金凤、茅池。（《元史·食货志》）|
| | 临邛县 | 火井，在县古城八里。《十道要记》云："火井有水，郡人以竹筒盛之，将以照路。"盖似今人秉烛，即水中自有焰耳。（《太平寰宇记·剑南西道四·邛州》）|
| | 火井县 | 静边井，在县西五里，出盐。（《太平寰宇记·剑南西道四·邛州》）<br>有孤石山火井。（《元丰九域志·成都府路》）|

---

① 《宋史·食货志》。

续　表

| 盐产地 | | 资料来源 |
|---|---|---|
| 成都府路 | 蒲江县 | 盐井一寨，盐井一监，有金釜山、蒲江。(《元丰九域志·成都府路》)<br>金釜山。金凿井。金釜等八井，见岁出课盐六万三千斤。(《太平寰宇记·剑南西道四·邛州》)<br>上。有盐井监、盐井寨。(《宋史·地理志》) |
| | 陵州 | 陵井监。井一。盐，监东三百步。(《元丰九域志·成都府路》)<br>其井煎水为盐，历代因之。伪蜀井塞。国朝乾德三年平蜀，陵州通判贾琏重开旧井，一昼一夜汲水七十五函，每函煎盐四十斤，日获三千斤。至雍熙元年春东日，收三千八百一十七斤，秋夏日收三千四百四十七斤，盖水源之有长短也。陵井监并诸县记十井，日收盐四千三百二十三斤。(《太平寰宇记·剑南西道四·陵井盐》《舆地纪胜·成都府路·隆州·古迹》)<br>家有盐泉之井。前距汉嘉，后距广都，分栋、牛鞞在其东，鼎鼻、崌崃在其西。熬波出素利及全蜀。……(隆州城)南临盐井。……郡之盐利冒于两蜀。(《舆地纪胜·成都府路·隆州·风俗形胜》) |
| | 仁寿县 | 陵井。《寰宇记》云：陵井本狼毒井。……聂甘井。《寰宇记》：古盐井也，旁有神庙，今谓之聂社。(《舆地纪胜·成都府路·隆州·景物下》)<br>仁寿县界，别有五井，二井见在。营井，在县南二十五里。国朝乾德三年重开，日收盐四十斤。蒲井，在县南四十里。国朝太平兴国三年重开，日收盐三十八斤五两。(《太平寰宇记·剑南东道四·陵井监》) |
| | 蓟县(今仁寿境内) | 《益州记》云：县之东西南隅三山相对，去盐井一里，共号三隅山。(《舆地纪胜·成都府路·隆州·景物下》) |
| | 贵平县 | 贵平县一井：上平井，在州东北九十三里，唐时日收盐一石七斗五升，与百姓分利，伪蜀废；至国朝乾元三年重开，日收盐一百七十斤。《太平寰宇记·剑南西道四·陵井盐》<br>平井。《益州记》云：官有两灶二十八镇，一日一夜收盐四石，如霜雪也。(《太平寰宇记·剑南西道四·陵州》)<br>《寰宇记》载：贵平县十井，日收盐四千三百斤。(《舆地纪胜·成都府路·隆州·古迹》) |

第三章 长江上游古代盐业开发对城市的影响

续　表

| | 盐产地 | 资料来源 |
|---|---|---|
| 成都府路 | 卢山县 | 盐井。在卢山者凡□，在车禄者凡十有八。(《舆地纪胜·成都府路·雅州·景物上》) |
| 梓州路 | 昌元县(今重庆荣昌区) | 井九山，在县南一百五十里。侧有盐井，土人呼为"井九山"。(《太平寰宇记·剑南东道七·昌州》) |
| | 邻山县 | 卧牛一盐井。(《元丰九域志·梓州路》) |
| | 盘石县 | 一十八盐井。(《元丰九域志·梓州路》《宋史·地理志》) |
| | 富顺监 | 盐井大小六井，岁出盐货三十余万贯。(《太平寰宇记·剑南东道七·富顺监》)<br>井一。盐井。监西□十里。(《元丰九域志·梓州路》)<br>地多咸鹾，故饶沃衍润过于他部。……掘地及泉，咸源遂涌，熬波出素，邦赋弥崇，人以是聚，国以是富。县有盐井，人获厚利，故曰富世。剑南盐井，惟此最大。百姓得其富饶。出盐最多，商旅辐凑。(《舆地纪胜·潼川府路·富顺监·风俗形胜》)<br>三荣富顺近盐，号其地为贪泉。(同上《风俗形胜》)<br>《九域志》云：支江利济池，传云郭下井用此水淋灰。即盐干白而咸。《图经》云：在监之西北与郭下井相近。(同上《景物下》)<br>掌煎盐。盐井一。(《宋史·地理志》) |
| | 荣州(今荣县) | 有盐井五十七。(《太平寰宇记·剑南东道四》)<br>蜀食井盐，如仙井、大宁犹是大穴，若荣州则井绝小，仅容一竹筒，真海眼也。(《老学庵笔记》卷五)<br>荣州多盐井，秋冬收薪茅最急。(《舆地纪胜·潼川府路·荣州·诗》) |
| | 资官县(今荣县境) | 有盐井。(《宋史·地理志》) |
| | 应灵县(今荣县境) | 荣德之盐，色微赤。资官之盐，色纯黑。又非舟楫所载，惟应灵之盐纯白，而商贾最众，以其水通流，朝夕搬运，不爱宝以资用度，国家之利也。(《舆地纪胜·潼川府路·荣州·景物下》)<br>有盐井。(《宋史·地理志》) |

117

续　表

| 盐产地 | | 资料来源 |
|---|---|---|
| 梓州路 | 公井县(今荣县境) | 熙宁四年,省公井县为镇入焉。有盐监一,端平三年废。(《宋史·地理志》) |
| | 井研县 | 井研县二十一井,五井见在。研井,在州(陵州)南一百三十三里,皇朝乾德三年重开,日收盐四十九斤。陵井,在州南一百九里,国朝乾德三年重开,日收盐三十斤一十两,稜井,在周南一百里,伪蜀栈塞,至皇朝太平兴国三年重开,日收盐三十斤一十两。律井,在州南九十里,伪蜀已前废塞,国朝太平兴国三年重开,日收盐五十五斤。田井,在州南一百五十一里,伪蜀已前废塞,至国朝太平兴国三年重开,日收盐三十六斤。一十六井废:獠母井、还井、赖伦井、石烈井、茫井、宋井、桶井、柳泉井、赖郎井、遮井、新井、董川井、潘令井、小罗井、依郎井、带井。(《太平寰宇记·剑南东道四·陵井监》) |
| | 始建县(今井研县境) | 始建县七井,一井见在。罗泉井,旧废,至国朝乾德三年重开,日收盐三十五斤。六井废:塔泥井、石缝井、赖胡儒井、赤石井、赖子井、赖溲井。(《太平寰宇记·剑南东道四·陵井监》) |
| | 内江县 | 六十六盐井。(《元丰九域志·梓州路》《宋史·地理志》) |
| | 郪县 | 三十四盐井。(《元丰九域志·梓州路》)<br>县有盐井四十三眼,二十二眼见煎,余废。(《太平寰宇记·剑南东道一·梓州》)<br>富国监者,本梓州郪县富国镇新井煎盐之场也,皇朝置盐,以董其事,兼领通泉、飞乌等盐井地,去梓州九十里。(《太平寰宇记·剑南东道一·富国监》) |
| | 涪城县 | 管盐井五十五所,一十眼煎,四十五眼塞。(《太平寰宇记·剑南东道一·梓州》)<br>二十七盐井。(《元丰九域志·梓州路》《宋史·地理志》) |

续　表

| 盐产地 | | 资料来源 |
|---|---|---|
| 梓州路 | 飞乌县（见唐） | 管盐井七，十三井见煎，四井塞。（《太平寰宇记·剑南东道一·梓州》）<br>五盐井。（《元丰九域志·梓州路》）<br>有五盐井。（《宋史·地理志》） |
| | 玄武县 | 《九州要记》："盐井二，近江水淡，煎盐不成。"（《太平寰宇记·剑南东道一·梓州》） |
| | 中江县 | 一盐井。（《元丰九域志·梓州路》）<br>有盐井。（《宋史·地理志》） |
| | 潼川府 | 有盐井铜山之富。（《舆地纪胜·潼川府路·潼川府·风俗形胜》） |
| | 射洪县 | 一盐井。（《元丰九域志·梓州路》）<br>有盐井。（《宋史·地理志》） |
| | 通泉县（今射洪县境） | 管盐井七十四所。（《太平寰宇记·梓州》） |
| | 盐亭县 | 管盐井三，一井见煎。（《太平寰宇记·剑南东道一·梓州》）<br>六盐井。（《元丰九域志·梓州路》）<br>有六盐井。（《宋史·地理志》） |
| | 永泰县（今盐亭县境） | 管盐井五。（《太平寰宇记·剑南东道一·梓州》）<br>龙会井，在永泰县北四十里盐井。（《舆地纪胜·潼川府路·潼川府·景物下》） |
| | 东关县（今盐亭县境） | 管盐井四，三井有盐煎，一井废。（《太平寰宇记·剑南东道一·梓州》）<br>四盐井。（《元丰九域志·梓州路》《宋史·地理志》） |
| | 南溪县 | 登井一盐井。（《元丰九域志·梓州路》）<br>有盐井。（《宋史·地理志》） |

续　表

| 盐产地 | | 资料来源 |
|---|---|---|
| 梓州路 | 淯井监（今长宁县） | 泸州监二淯井、南井。（《元丰九域志·梓州路》）<br>淯井监隶泸州江安县。祥符三年，减泸州淯井监课三之一。（《舆地纪胜·潼川府路·长宁军·军沿革》）<br>长宁故淯井地。初，人未知有井，俄有二人因牧而辨其咸，告之有司。乃置监煮盐，其井不凿自成。西境马湖南控乌蛮，东介安溪，北接绵水，羁縻十州，献其盐池。官后为淯井，监深入夷腹百二十里。（《舆地纪胜·潼川府路·长宁军·风俗形胜》）<br>井在盐城北，井之咸脉有二，一自对溪报恩山趾，渡溪而入，尝夜有光如虹，乱流而济直，至井所，一自宝屏，随山而入，谓之雌雄水。淯井监盐泉有雌雄水，监中雌雄龙君取雌雄水之义。（《舆地纪胜·潼川府路·长宁军·景物上》） |
| | 长宁军 | （正观八年）以石门朱提盐泉镇，置抚夷县及开边县。隶戎州，戎州即今之叙州也。叙州之侧近蛮之地，别无盐泉，则盐泉之邑，意者即今长宁之境。（《舆地纪胜·潼川府路·长宁军·军沿革》） |
| | 泸州 | 南井盐，岁计四十一万斤。陀鲁井，岁计二万八千斤。（《舆地纪胜·潼川府路·泸州·景物上》） |
| 利州路 | 蓬池县（今仪陇县） | 在县西南三十里。水涸之时，以火投其中，焰从地中出，可以御寒，移时方灭。若掘深一二丈，颇有水出。（《太平寰宇记·山南西道七·蓬州》） |
| | 长江县（今蓬溪县） | 火井在长江县客馆镇之北二里伏龙山下，地洼若池。以火引之，则有声隐隐然发于地中，少顷炽炎。夏月积雨停水，则焰生水上，水为之沸，而寒如故。冬月水涸，则土上有焰，观者至，焚其衣裾。（《舆地纪胜·潼川府路·遂宁府·景物上》） |
| 夔州路 | 涪陵县 | 白马一盐场。（《元丰九域志·夔州路》） |
| | 万岁县 | 盐泉，在县东北二十里平地。（《太平寰宇记·山南西道五·开州》） |

续 表

| 盐产地 | | 资料来源 |
|---|---|---|
| 夔州路 | 武龙县 | 咸泉在武龙县,距白马津东三十余里。江岸有咸泉。初康定间有程运,使舟次鹊岸,闻有硫磺气,袭人太甚,谓此必有咸泉。驻舟召工,开之,果得咸脉。是时,两边山川相接,薪蒸赡足,民未之烹煎之法。乃于忠州迁井灶户十余家,教以煮盐之法。未已,有四百余灶。(《舆地纪胜·夔州路·涪州·景物上》) |
| 夔州路 | 奉节县 | 《荆州图副》云:"八阵图下东西三里有一碛,东西一百步,南北广四十步。碛上有监泉井五口,以木为桶,昔常取监,即时沙壅,冬出夏没。"(《太平寰宇记·山南东道七·夔州》) |
| 夔州路 | 大昌县 | 大宁监,本夔州大昌县前镇煎监之所也,在县西六十九里溪南山领峭壁之中,有盐泉涌出,土人以竹引泉,置镬煮盐。皇朝开宝六年置监,以收课利。(《太平寰宇记·山南东道七·大宁监》)<br>开宝六年,以夔州大昌县盐泉所置监。(大昌)有巫溪盐泉。(《元丰九域志·夔州路》)<br>开宝六年有旨于县境近盐井泉十七里置大宁监。(《舆地纪胜·夔州路·大宁监·监沿革》)<br>吴蜀之货咸萃于此。一泉之利足以奔走四方。(《舆地纪胜·夔州路·大宁监·风俗形胜》)<br>井旧隶监,淳熙甲辰,部使者杨公辅更法归之,漕司监不复与。熙宁中,岁额四百余万斤。绍兴中,以二百四十万斤为额,闰年加十万斤,为二百五十万斤。(《舆地纪胜·夔州路·大宁监·风俗形胜》)<br>故老相传云宝山咸泉,其地初属袁氏。一日出猎,见白鹿往来于上下,猎者逐之,鹿入洞不复见。因酌泉知味,意白鹿者,山灵发祥以示人也。(《舆地纪胜·夔州路·大宁监·景物上》) |
| 夔州路 | 云安县(今云阳县) | 章井一盐场,团云一盐井。(《元丰九域志·夔州路》)<br>云安监四团九井,岁产盐二十九万二千二百一十斤。云安县二井,岁产五万三千七百九十斤。(《舆地纪胜·夔州路·云安军·景物上》)<br>玉井盐场,团云盐井。(《宋史·地理志》) |

续　表

| 盐产地 | | 资料来源 |
|---|---|---|
| 夔州路 | 南浦县(今重庆万州境) | 渔阳井盐官一员，并岁收盐十四万六千三百余斤。(《续文献通考》二十三《征榷考》) |
| | 忠州 | 天圣三年八月戊午，免忠州盐井所增盐及夔州奉节、巫山营田钱，万州谷税钱。初，夔州路提点刑狱盛京言："忠州盐井三场，岁出三十六万一千四百余斤，近岁转运司复增九万三千余斤，主者多至破产，被系而不能输。(《续资治通鉴长编》卷一百三) |
| | 达州 | 宣汉井场，地名长腰咸，源出大江龙骨石窟中涌出，滩名羊门，两面山崖峭峻，咸源出于山下，遂煎成盐。(《太平寰宇记·山南西道五·达州》) |
| | | 明通院，治宣汉盐井场。(《元丰九域志·附录·新定九域志》) |
| | 临江县 | 涂井、盐井二镇。(《元丰九域志·夔州路》) |
| | 彭水县 | 有盐井一，在县东九十里，今煎。伏牛山，在县东一百里，山左右有盐泉，州人现置灶煮，以充军用。(《太平寰宇记·江南西道十八·黔州》) |

## 二、唐宋长江上游行政区划和城镇布局的盐业视窗

### （一）从剑南东川到梓州路

山川形便与犬牙交错是中国行政区划的两大重要原则，前者是为了经济发展的需要，后者是为了政治管理的需要。唐代巴蜀地区分为剑南道、山南道就是典型的依据山川形便原则。在晚唐，随着政治局势越来越严峻，剑南道分为剑南东道与剑南西道，以前在行政区位上并不占重要地位的梓州地区一跃成为重要的道治中心，并在宋代成为梓州路，成为四川格局的重要行政和经济支撑。

对于唐代剑南东西川的分化，一般认为是中央王朝为了稳定巴蜀，以西川的经济优势遏制东川，以东川的战略优势挟制西川，同时，两川

节度使的设置对于防止剑南藩镇的叛乱割据，抵御吐蕃、南诏的寇扰，加强唐朝在四川的边务至关重要。[1]也有学者认为与玄宗、肃宗父子之间的权力争夺及肃宗对剑南道的个人感情有关。[2]因为玄宗在入蜀期间对剑南的人事做了安排，并且他也曾表露出"与我剑南一道自奉"的意图。玄宗回京后不久，"分剑南为东、西川节度，东川领梓、遂等十二州"，除梓、遂两州外，其他十州为绵、剑、龙、阆、普、陵、泸、荣、资、简。[3]马剑博士通过对唐朝政治局势的全面分析，认为其政治地域结构的调整与演变，经过分合与管辖范围调整，终于形成犬牙之势。[4]表3-14为剑南东川属州变迁简表。

表3-14  剑南东川属州变迁简表

| 时间 | 属州 |
| --- | --- |
| 至德二年（584） | 梓、遂、绵、剑、龙、阆、普、陵、泸、荣、资、简 |
| 乾元二年（759） | 梓、遂、绵、剑、龙、阆、普、陵、泸、荣、资、简、昌、渝、合 |
| 大历二年（767）七月 | 梓、遂、绵、剑、龙、普、渝、合 |
| 元和元年（806） | 梓、遂、绵、剑、龙、普、渝、合、陵、泸、荣、资、简、昌 |
| 元和四年（809） | 梓、遂、绵、剑、龙、普、陵、泸、荣、昌、渝、合 |

在剑南东川形成过程中，盐业经济发展与之有一定联系。历史时期中政区的设置除了政治军事目的外，必有一定的经济作为支撑，否则难

[1] 田泽滨、杨宗兴：《唐代东川节度使的设置及其辖区经济的增长》，载《古代长江上游的经济开发》，西南师范大学出版社，1989年。
[2] 吕亮弯：《唐代剑南西川分立原因探析》，《四川理工学院学报》（社会科学版），2006（3）。
[3] 《资治通鉴》卷二二二"唐肃宗至德二载"。
[4] 马剑：《唐宋之际剑南东川（梓州路）地域结构的演变》，"禹贡博士生论坛"（复旦大学），未刊稿。在本书写作过程中，笔者一直关注盐业对唐宋政区的影响，其间，收到马剑博士寄来的论文，本部分观点主要引自他的文章，特此说明。

以维持政局和社会的安宁。在唐代早期，东川经济远远落后于西川，东川政治中心梓州（今三台）"壤地瘠薄，民物之产曾不及西川一大县"[①]；西川人甚至还称："梓州者，乃我东门之草市也，岂得与我为耦哉？"[②]尽管是戏言，但是经济的差异是客观存在的。东川地处山地丘陵地区，农业的自然条件无法与西川相比，如普州"土瘠民贫"[③]，资州"地狭民贫，无土以耕"[④]，生产方式也较为落后，泸州"地无桑麻，每岁畲田，刀耕火种"[⑤]，富顺监"山高地仄江水恶，刀耕火种黎民疲"[⑥]。

安史之乱后，唐王朝加强了对盐业资源的控制，事实上，唐代盐业专卖制度等一系列重大改革都是这一时期的产物，中央政府与藩镇对盐利的争夺，甚至成为维系王朝命运的重要支撑。据《元和郡县志·剑南道》统计的结果，东川十二州有盐井192所，西川只有49所，唐前期，剑南道有盐井90所，唐末东川就有460所。[⑦]李青淼认为，由于安史之乱以后藩镇林立，某些区域的盐产被地方藩镇掌控，不受中央制约，这影响到朝廷的盐法推行和盐利收入。晚唐之世，各地盐产纷纷落入藩镇之手，大唐王朝逐渐走向灭亡的境地。除此以外，在唐代西部与吐蕃和南诏接壤的地区，由于军事上互有进退，中原王朝对边境的盐产控制并不稳定。[⑧]在井盐产区，盐源的资源已经落入吐蕃与南诏之手，唐王朝几乎无法控制。

安史之乱后，对盐利的争夺影响到军事政权的力量。文德元年（888），成汭获得夔、忠、万诸州，"云安榷盐，本隶盐铁，汭擅取之，故能畜兵五万"。可见，盐利的丰厚足以畜兵五万，成汭所占据的，不仅仅是云安盐，还包括了峡内诸监盐产在内。后来剑南、黔中盐利被王建拥有，成为唐末五代其割据政权的经济支撑。后蜀时期，孟知祥与占据东川的董璋争夺盐利，设卡重征东川盐入西川，每年获利七万缗。[⑨]盐业对晚唐政局的重要性可见一斑。

---

① 《舆地纪胜》卷一五四。
② 《北梦琐言·逸文》卷三。
③ 《方舆胜览》卷六三"普州"。
④ 《舆地纪胜》卷一五七"资州"。
⑤ 《舆地纪胜》卷一五三"泸州"。
⑥ 《舆地纪胜》卷一六七"富顺监"。
⑦ 吴天颖：《〈新唐书·食货志〉有关井盐记载释疑——兼与古贺登氏商榷》，《中国社会经济史研究》，1988（4），第12页。
⑧ 李青淼：《唐代盐业地理》，北京大学博士学位论文，2008年，第76页。
⑨ 《十国春秋》卷四八《后蜀一》。

北宋乾德三年（965），宋平蜀，得州四十六，随即以全部后蜀之疆域设置西川路，治于成都。开宝六年（973），"以遂、合、渝、泸、昌、开、达、渠、巴、蓬、资、戎、涪、忠、万、夔、施十七州及广安、梁山、云安三军"别置峡西路，以知云安监、太子中允张颙充使[①]，则其治所或即设于云安监。西川路则当领有成都（益州）、兴元（梁州）二府，彭、眉、嘉、邛、蜀、绵、汉、简、梓、黎、雅、陵、维、茂、荣、果、阆、龙、普、利、兴、文、剑、壁、集、洋州及永安、怀安二军。此次分置之峡西路所领州军基本都集中于今四川东部、南部及重庆的平行山地地区，且多为产盐之地，"先是，川、峡分路置转运使，峡盐悉趋荆南，西川民乏食，太祖遣使劾两路转运使罪，及上即位，皆释之。于是命西川转运使申文纬遥兼峡路，峡路转运副使韩可玭兼西川路，使盐策流通也"[②]。所以，马剑博士认为，峡西路的设置或即为了方便管理这些自然地貌相似且盐产丰富的地区。[③]咸平三年（1000），西川王均发动兵变，随即被平定。次年，宋廷以"西蜀辽隔，事有缓急，难于应援"为由，分川峡转运使为益、梓、利、夔四路，以梓州为中心的梓州路辖梓、遂、果、资、普、荣、昌、渠、合、戎、泸、怀安、广安、富顺，凡十四州、军、监，这一划分被认为最大限度地削弱了四川地区割据的地理基础，体现了赵宋朝廷使四路相互牵制的意图。[④]

马剑博士认为，从经济结构看，唐代剑南东川和宋代梓州路的辖区形状由狭长而趋于扁平，唐代之东川包围了西川的东、北两面，将其与其他道完全分隔；而至宋代，北部涪江及其支流上游的龙、剑、绵州分别划隶益、利两路，而其东部则增加了果、渠二州和广安军，扩展到了嘉陵江中游和渠江下游。这一变化的着眼点即在于对盐的控制和管理。如前已述，龙、剑两州并无盐产，与之相邻的绵州自然条件好，农业生产是其优势，盐产并不丰富；而所增的果州、渠州、广安军则都是川中盐产丰富之地。这样，梓州路在盐业上的优势更加明显。在平和无事之时，梓州路之盐自可运入成都府路贩卖；但若富裕的西川企图割据，它

---

① 《续资治通鉴长编》卷一四"开宝六年正月甲子"。
② 《续资治通鉴长编》卷一七"太平兴国元年十二月"。
③ 马剑：《唐宋之际剑南东川（梓州路）地域结构的演变》，"禹贡博士生论坛"（复旦大学），未刊稿。
④ 余蔚、任海平：《北宋川峡四路的政治特殊性分析》，《历史地理》（第十七辑），上海人民出版社，2001年，第153-166页。

必将因食盐问题而受到相当程度的掣肘。如果说利、夔两路控制了出入川峡的要道，占据地理优势，为非常形势下朝廷大军的进入提供了通道，那么，梓州路则因其盐产资源上的优势，且紧邻西川，运输便利，从而牵制着西川的经济秩序。①

### （二）盐业经济与宋代镇市

秦汉时期，川东地区重庆以东、以南的县一级行政区划已经基本定型，与现代布局吻合。随着社会经济的发展，与县城和乡村之间有密切联系的草市镇开始出现并发展。据傅宗文研究，宋代以前属于草市镇的发展前期，可分为两个阶段："草市"一词，始见于南北朝，自南北朝至初唐，是草市的萌芽期，形成于交通方便、商品交换频繁的城市周围或乡间；中唐至五代，是草市的发展期，晚唐出现的军镇向镇市的转化，是商品经济啃啮封建堡垒的崭新事物。②宋代由于商品经济的快速发展，镇市大量增加。"地要不成州，而当津会者，则为军，以县监军使；民聚不成县，而有税课者，则为镇，或以官监之。"③监镇的作用一在于行政，二在于征税。宋代的镇在经济发展、商品交换和商税征收中占有十分重要的地位。

盐业经济与镇市的关系极为密切。盐是人们最基本、最普遍的生活必需品，贸易活动十分频繁。神宗熙宁九年（1076），文同曾描述过利州路洋州盐业交易的情景，"陕西诸州客旅，无问老少，往来道路，交错如织，担负盐货上山，并在州县村乡镇市，坐家变易"④。盐的生产地，人口聚集，容易形成镇市。文同记载井研县的卓筒井时，称井户少的七八井，多的一二十井，每户有工匠二三十人或四五十人，且多为外地浮浪，应募佣力，不干便"算索工直，偃蹇求去，聚墟落，入镇市"⑤。夔州路在川峡四路盐业与镇市的相关性中更加突出。夔州路土地贫瘠，人烟稀少。据韩茂莉先生研究，南宋嘉定十六年（1223）川峡四路的人口平均密度分别为：成都府路 90 人/km²，潼川府路 34.4 人/km²，利州路

---

① 马剑：《唐宋之际剑南东川（梓州路）地域结构的演变》，"禹贡博士生论坛"（复旦大学），未刊稿。
② 傅宗文：《宋代草市镇研究》，福建人民出版社，1989 年，第 3-21 页。
③ 高承：《事物纪原》卷一。
④ 《宋会要·食货》二四之一〇。
⑤ 文同：《丹渊集》卷三四《奏为乞差京朝官知井研县事》。

126

22.7 人/km², 夔州路 13.2 人/km²。夔州路的农业生产方式十分落后, 除涪州、梁山军、渝州一带稍有稻作外,其余如施州、黔州、夔州、峡州甚至涪州的部分地区多以刀耕火种为主要耕作方式。①漆侠先生指出,在蜀川诸路的区域性市场上,因农业手工业发展不平衡而表现出镇的分布的不平衡性。成都府有镇163个,梓州路351个,利州路120个,夔州路79个,这些镇大都是在以茶产为贸易中心和盐井集中的地方形成的,因此一般地说,镇主要集中在生产较为发达的地区。②也许,漆侠先生没想到盐业在镇设置上的影响如此之大,所以感叹"梓州路的镇占全国1871个中的百分之十九,是什么原因造成,值得研究"。农业生产十分落后的夔州路也有79个镇。事实上,根据《元丰九域志》和《宋会要》中的统计,盐产地所设的镇很多,反映出产业和商业的繁荣,以夔州路为例,盐业的地位十分重要,分别设有6个盐镇、2个盐监。

黔州:彭水县(玉山镇、盐井镇);忠州:临江县(涂井镇、盐井镇);开州:清水县(温汤镇);涪州:武龙县(白马津);云阳和巫溪分别置云安监和大宁监,据《宋史·地理志》,开宝六年(973),云安监曾升置安义县,八年(975),还隶云安县。

盐业对城镇有较强的经济支撑作用,从熙宁十年(1077)各州的商税统计数据可略见一斑(见表3-15)。云安最高,大宁的商税次于夔州平均数,与重庆府平均数基本持平。不产盐的四个州、军(施州、达州、梁山军、南平军)商税是最低的。产盐各镇的商税和盐井的数量、规模缺乏全面的记载,只有黔州较为详细:"熙宁十年在城一万一百八十五贯三百七十文,黔江县九百七十七贯六百三十文,盐井镇一千三百八贯七十三文,玉山镇二百六十贯三百七十八文,信宁场一百九十二贯九百七十文。"③可见,盐井镇的税远远高于黔江一个县的税额。另外,涪州"白马津税额四千一百五十一贯九百三十七文",开州"盐场一千五百三十四贯五百九十四文",④约占涪州、开州县平均税额的36%、21%。

---

① 韩茂莉:《宋代川峡地区农业生产述论》,载《北京大学百年国学文粹·史学卷》,1998年。
② 漆侠:《宋代经济史》(下册),上海人民出版社,1988年,第944页。
③ 《宋会要·食货》一六之一九。
④ 《宋会要·食货》一六之一九。

表 3-15 熙宁十年（1077）夔州路各州税务比较表[①]

| 州 | 县 | 熙宁十年税额／贯 | 平均每县税额／贯 |
| --- | --- | --- | --- |
| 夔州 | 奉节、巫山 | 35 442 | 17 721 |
| 黔州 | 彭水、黔江 | 12 922 | 6 461 |
| 达州 | 通川等五县 | 21 385 | 4 277 |
| 施州 | 建始、清江 | 6 292 | 3 146 |
| 忠州 | 临江、南宾、丰都 | 18 982 | 6 327 |
| 万州 | 南浦、武宁 | 17 075 | 8 538 |
| 开州 | 开江 | 7 368 | 7 368 |
| 涪州 | 武龙、涪陵、乐温 | 34 885 | 11 662 |
| 重庆府 | 璧山、巴县、江津 | 39 161 | 13 053 |
| 云安军 | 云安 | 18 537 | 18 537 |
| 梁山军 | 梁山 | 2 517 | 2 517 |
| 南平军 | 隆化、南川 | 3 447 | 1 723 |
| 大宁监 | 大昌 | 12 939 | 12 939 |

盐业经济也使城市面貌发生改变，陆游在《入蜀记》中就注意到这一现象。自东而西，先经巴东县，再历巫山，"（巴东县）井邑极于萧条，邑中才百余户，自令廨而下，皆茅茨，了无片瓦"，而"（巫山县）在峡中，亦壮县也，市井胜归峡二郡"。[②]范成大从西往东顺流经过三峡，描写万州和归州的情景是："至万州，宿在江滨，邑里最为萧条""峡路州郡固皆荒凉，未有若归之甚者，满目皆茅茨"。[③]与万州邻近的云安，在杜甫笔下则是"峡里云安县，江楼翼瓦齐，两边山木合，终日子规啼"[④]。事实上，峡中各县城自然环境、农业物产差别不大，云

① 资料来源：《宋会要·食货》一六之一九。
② 陆游：《入蜀记》卷六。
③ 范成大：《吴船录》卷下。
④ 杜甫：《子规》，《全唐诗》卷二二九。

128

阳、巫山的繁荣得益于盐业的发展。陆游游历巫山时，便详细记载了县里保存的汉代煮盐的铁盆："县廨有故铁盆，底锐，似半瓮状，极坚厚，铭在其中，盖汉永平中物也。"[1]

由于盐业的经济支撑作用，三峡地区在宋代所形成的县—镇格局一直延续到现在，例如忠县—瞽井镇、云阳县—云安镇、开县—温汤镇、巫溪—宁厂镇、彭水县—郁山镇、武龙县—白马镇。尤其是巫溪县—宁厂镇最有代表性，从最早的天然盐泉开发，到西汉设置全国最早的盐官，西晋设北井县，为"建平郡一郡所资"，至唐代宁河盐运栈道的开凿，宋代设大宁监，此地一直十分繁华，"盐官孔嗣宗春日与客泛舟饮于绿荫下，商民鼓吹随之，其乐不减于蚕市矣"。[2]明代宁厂镇盐井曾经是四川全省最好的盐井，"各省流民一二万，在彼砍柴以供大宁盐井之用"[3]。清代，宁厂镇盐井受洪水影响，卤水浓度降低，但道光年间灶户、佣作、商贩等依然很多，"众亦以万计"[4]。20世纪40年代，林超先生对四川盐业进行考察时，大宁盐场还有劳工7 904人，[5]但80年代末，由于经济、社会等原因，大宁盐场宣布停产。1999年，笔者随中美四川联合考古队前去考察时，除了行动不便的老人在屋檐下休息，整个宁厂古镇一片空寂，几乎所有的居民都移居外地，因为支撑宁厂千百年唯一的财富——盐停产了。

# 第四节　明清时期长江上游盐区与城镇

## 一、明清时期四川盐业开发与盐业城镇的地理分布

由于战争的破坏，元代井盐生产明显衰退，"盐井废坏，四川军民多食解盐"，至元二年（1265），"立兴元四川盐运司，修理盐井"[6]，

---

[1] 陆游：《入蜀记》卷六。
[2] 《蜀中广记》卷二三。
[3] 顾炎武：《天下郡国利病书·四川》。
[4] 严如煜：《论川盐》，引自《皇朝经世文编》卷五〇《户政》。
[5] 林超：《四川盐业地理》，载《林超地理学论文选》，北京大学出版社，1993年。
[6] 《元史·食货志》。

到元代中期,四川"为井凡九十有五,在成都、夔府、重庆、叙南、嘉定、顺庆、潼川、绍庆等路万山之间"①。元末,四川盐井经逐步恢复,达到 1 456 井。但元代的井盐生产一直未能达到宋代的水平。

明代是四川井盐发展史上的一个关键时期,从政策看,朝廷推行开中制度,召集商人输粟于边,以济军粮。该制度施行于洪武三年(1370),四川始于洪武六年(1373)。开中制度对保卫边储具有积极意义,同时也刺激了盐业生产。同时,为了商人的利益和国家的需要,"资本钞""兑支法""折银制"等措施相继出现,促进了盐业的进一步发展。这一点从盐井的数量和产量变化即可看出。

明初,"四川盐井计一千四百五十六,已开煎三百八十,其未开者一千七十六处,产盐七百五十六万四百余斤"②,至洪武二十五年(1392),产盐地有五十七处,岁额盐九百零三万五千余斤,③盐井产量增长幅度较大。张学君、冉光荣根据《大明一统志》《读史方舆纪要》《天下郡国利病书》《(正德)四川志》《(嘉靖)四川志》初步统计,明代四川各地盐井数量如表 3-16 所示:④

表 3-16 明代四川井盐数量统计表

| 产地 | 盐井数量 | 产地 | 盐井数量 |
| --- | --- | --- | --- |
| 荣县 | 井 17,中井 6,下井 11 | 资县 | 井 80,上井 2,下井 78 |
| 潼川州 | 井 228,上井 3,中井 9,下井 216 | 内江县 | 井 13,上井 5,下井 7 |
| 射洪县 | 井 2 319 | 仁寿县 | 井 4 |
| 大宁县 | 井 2,灶 101 | 绵州 | 井 21,中井 11,下井 10 |
| 云阳 | 井 10 | 忠州 | 井 35,上井 3,中井 8,下井 24 |
| 开县 | 杉木、柏木、龙马 3 井 | 井研县 | 井 237,上井 4,中井 7,下井 226 |

---

① 《元史·食货志》。
② 《洪武实录》卷七二。
③ 《洪武实录》卷一八〇。
④ 张学君、冉光荣:《明清四川井盐史稿》,四川人民出版社,1984 年,第 5-6 页。

续 表

| 产地 | 盐井数量 | 产地 | 盐井数量 |
|---|---|---|---|
| 盐井卫 | 黑北2井，灶58 | 彭水县 | 井4，上井1，中井1，下井2 |
| 嘉定府 | 井610，上井28，中井42，下井540 | 简州 | 井9 |
| 犍为县 | 井672，上井46，中井101，下井525 | 南部县 | 成化间有5井，后有59井 |
| 盐亭县 | 井17 | 南充县 | 井15 |
| 中江县 | 井228 | 西充县 | 井36 |
| 遂宁县 | 井52 | 叙州府 | "盐井涡在府北四里，其水咸卤，可以煎盐" |
| 蓬溪县 | 井796 | 富顺县 | 井281 |
| 安岳县 | 井24 | 万县 | 井6 |
| 资阳县 | 井4 | 太平县 | 井16 |
| 彭山县 | 井9 | 雅安州 | 有盐崖 |

虽然，由于资料原因，不可能对所有盐井数量作精确统计，但是，从四川盐课提举司所辖的十五个盐课司统计的食盐产量变化（见表3-17）可看出盐产地的生产布局概况。[1]

表3-17 明代四川十五盐井课司食盐产量（单位：斤）

| 盐产区及盐课司所在 | 洪武年间 | 弘治年间 | 正德年间 |
|---|---|---|---|
| 上流九井（简州） | 1 919 570 | 2 794 045 | 2 389 037 |
| 永通七井（犍为） | 844 770 | 2 618 841 | 1 965 150 |
| 郁山井（武隆） | 226 800 | 732 280 | 623 807 |
| 涂井（忠州） | 164 200 | 287 815 | 287 815 |

[1] 张学君、冉光荣：《明清四川井盐史稿》，四川人民出版社，1984年，第7-8页。

续 表

| 盐产区及盐课司所在 | 洪武年间 | 弘治年间 | 正德年间 |
|---|---|---|---|
| 云安五井（云安） | 2 124 620 | 2 498 491 | 2 434 089 |
| 通海三井（金堂） | 244 330 | 921 330 | 717 483 |
| 福兴六井（南部） | 490 770 | 490 770 | 901 018 |
| 广福三井（遂宁） | 224 470 | 556 325 | 556 325 |
| 华池三井（潼川） | 224 222 | 634 532 | 594 459 |
| 新罗二井（荣县） | 725 500 | 995 878 | 975 878 |
| 富义十三井（富顺） | 1 888 000 | 3 679 272 | 3 071 910 |
| 罗泉五井（资县） | 321 300 | 1 244 127 | 1 977 670 |
| 黄市二井（内江） | 690 040 | 1 075 601 | 790 892 |
| 仙泉（仁寿） | 38 850 | 2 137 615 | 1 740 305 |
| 大宁（大宁） | 无载 | 无载 | 294 840 |
| 合计 | 10 127 442 | 20 666 922 | 19 320 678 |

（资料来源：洪武、弘治年间数据来自《明会典》卷三三，正德年间数据来自正德《四川志》卷一六《盐课》）

《明会典》中，洪武年和弘治年间大宁的产量无载，可以通过其他记载推算。全省产盐总量数据非常多，正德《四川志》卷二五《盐课》就记有洪武年间四川产盐三个数据：12 245 937 斤、10 137 440 斤、16 059 930 斤。显然，后两个数据偏小或偏大，用第一个数据减去表中第一项合计 10 127 442 斤，大宁盐产量约 2 118 495 斤。又《洪武实录》卷二二三载大宁岁办盐引一万六百二十三引，每引按两百斤计，约 2 122 600 斤。这同时也基本符合史料描述："四川盐课，大宁最上，云安、仙泉则上之次，郁、华池、瞢井、福兴为中，而上流、富义、广德、新罗、罗泉、黄市、永通、通海皆其下者。"①

① 《正德实录》卷二二。

正德年间，大宁盐产量大幅度下滑，仅仅约为洪武年间的十分之一。川东盐业在全川的比重洪武年间为38%，到正德年间仅占19%，下滑趋势明显。从产量看，明代盐业最盛的区域集中在富顺、犍为、简州等地。

明末清初，由于战争浩劫，四川井盐业遭到严重破坏，井灶废弃者甚多。康熙十一年（1672），张德地上疏道：夔州府属万县、云阳、大宁、开县盐井，"俱属新经开淘，所产之盐无几，即今日所出盐斤，尚不足本地易食之用"；彭水县"郁山镇所产之盐，原听思南、婺州、黔江、酉阳各土司商贩，零星易卖，或一二十斤或三五十斤，多则不过一百斤"，总之，"目前川中既无昔时蕃盛，灶户亦无凑集烟民"，"较之他省晒海煎池，不及百万中之毫末"。①

针对井盐生产的萧条状况，清政府鼓励恢复井盐生产。顺治十七年（1660），四川巡抚张所志提出的关于开发新井和食盐贩运的优惠政策得到采纳，新井征课和贩运四十斤以下的免税，极大地推动了盐业生产的积极性。"蜀省之盐皆产于井，必相山寻穴，凿石求泉，而井始成。开凿艰难，每一井常费中人数家之产，应照开荒事例，三年起课，以广招徕……贫民易食盐斤应令四十斤以下者准免课税，四十斤以上者仍令纳课。"②乾隆年间，四川盐茶道林俊推行的"听民穿井，永不加课"政策，更加刺激了盐业开采，尽管带来了私盐私井问题，但对生产的积极作用还是明显的。同时，清王朝在四川推行了一套完整的盐务管理和税收政策，随着乾嘉时期生产技术的推进、盐业运销范围的扩大，尤其是"川盐济楚"的历史机遇，川盐得到空前发展，达到历史上的高峰。清代四川盐井数量见表3-18。

表3-18 清代四川盐井数量③

| 产地 | 数量 | 产地 | 数量 | 产地 | 数量 |
| --- | --- | --- | --- | --- | --- |
| 简州 | 275 | 荣昌 | 16 | 大足 | 4 |
| 合州 | 1 | 铜梁 | 1 | 涪州 | 2 |
| 阆中 | 19 | 南部 | 845 | 南充 | 23 |

① 《皇朝经世文编》卷五〇《户政》载张德地《四川盐课疏》。
② 《清文献通考》卷二八《征榷三》。
③ 《四川盐法志》卷五《井厂下·沿革》。

续 表

| 产地 | 数量 | 产地 | 数量 | 产地 | 数量 |
| --- | --- | --- | --- | --- | --- |
| 西充 | 133 | 富顺 | 397 | 大宁 | 4 |
| 云阳 | 112 | 万县 | 12 | 开县 | 21 |
| 盐源 | 2 | 乐山 | 370 | 犍为 | 732 |
| 荣县 | 16 | 威远 | 19 | 三台 | 321 |
| 射洪 | 2 612 | 盐亭 | 91 | 中江 | 199 |
| 遂宁 | 50 | 蓬溪 | 1 257 | 安岳 | 3 |
| 乐至 | 189 | 江安 | 1 | 资州 | 184 |
| 资阳 | 5 | 内江 | 11 | 仁寿 | 3 |
| 井研 | 192 | 绵州 | 141 | 忠州 | 54 |
| 彭水 | 7 | 城口 | 2 |  |  |

（资料来源：清《四川盐法志》）

随着四川盐井数量和井盐产量快速增长，在空间分布上的产业集群特征日益突出，"四川之货殖，最巨者为盐。川北之南部、西充、射洪、乐至、蓬溪，川南之犍为、富顺、荣县、资州、井研，川东之忠州、云阳、开县、大宁、彭水，川西之简州，上川南之盐源州县著名产盐者二十余处，而地出盐水，可以熬盐，闾阎私井不外卖者，不在此数"[1]。实际上，由政府统计的盐井数量并不完全，因为随着井盐开采技术的发展，私井日渐增多，政府只能控制大的盐井。"该省各盐厂内有案可稽者，井八千八百二十一眼，灶六十六座半（疑有误。笔者注），锅五千三百十一口，见时查出者，井十万八百十四眼，灶七千九百四十三座，锅二万五千九百十三口，其遗漏未经查出者，尚不在内，是私开井、灶较原额已不啻十倍。"[2]

清初，四川井盐业在发展过程中经过新老交替，优胜劣汰，逐步形成了五大产区和三大中心。"川北射洪、蓬溪，旧名华池厂，南部、阆中，

[1] 严如煜：《论川盐》，引自《皇朝经世文编》卷五〇《户政》。
[2] 《清续文献通考》卷四十《征榷考十二》。

旧名福兴厂，川南嘉定、犍为，旧名永通厂，富顺、荣县，旧名富义厂，川东云阳，旧名云安厂，此五厂产盐最多，川属产盐之二十一州县，皆附此五厂之内。"[①] "方兴之初，潼川之射洪、蓬溪最旺，犍、乐、富、荣次之，其余各井又次之，不数十年，射蓬即衰歇，反以犍、富为上。"[②] 富荣、犍为的优势地位持续领先，影响巨大，一直延续到民国时期（图3-9）。

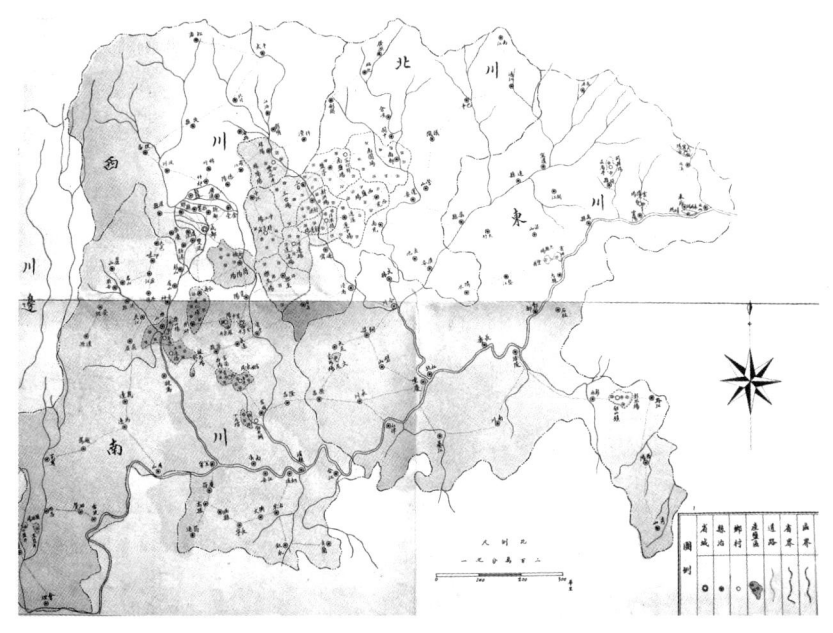

图 3-9　民国四川盐业分布图

（资料来源：民国《四川盐政史图集》）

## 二、明清时期云南盐业开发的地理分布

洪武十五年（1382），明朝以三将军平定云南，取得对滇省的统治权，各种相应的政治制度相继建立。在井盐生产、纳税的管理上，明朝成立了盐课提举司和盐课司，专职监督和稽核盐务。明清云南盐业发展的主要成就是管理体系的完善、盐井数量的扩大和三大盐业生产格局的形成。[③]

---

① 《蜀故》卷三。
② 王守基：《盐法议略》。
③ 黄培林、钟长永：《滇盐史论》，四川人民出版社，1997年，第29-43页。

1382年以后，明朝政府分别于各大产盐地建四提举，即黑井、白井、安宁井和云龙五盐井四个提举司，在自成产地的各井口，则立盐课司分辖于四提举。盐课司十二，名称如次：黑井、阿陋猴井、琅井、白井、安宁井、诺邓井、山井、师井、大井、顺汤井、弥沙井、兰州井，共计十二盐课司。四提举皆在滇中、滇西两片地区。滇中两个，为黑井、安宁井；滇西两个，即白盐井和五盐井。明代盐课提举司及其分辖盐课司的设立，表明了滇省盐产地的明确化，云南盐业走向了集结性生产，这是明代云南食盐生产地的重要特点。

《云南图经志》对四个提举司的盐井有着较详细的记载[①]：

（1）安宁盐井盐课提举司。安宁盐井：其井有四，曰大井，在盐课司；曰秀才井，在提举司；曰石井，在善政坊；曰大界井，即阿宁取土得之者。其泉皆卤煮以为盐，今置司课之。象池井：在州治之东五里许，俗传唐时有僧于西番取经，用象负之过此。象热，卧于池井，而水湿其经，乃于井边石台上晒之，名曰晒经石，至今存焉。洛阳泉：在州治之东十里，源出洛阳山之麓，经波罗村，过东桥巡检司，溉田三千余亩。

（2）黑盐井盐课提举司。黑盐井：其井有四，曰黑井、曰琅井，在定远县宝泉乡；曰阿陋井、曰猴井，在广通县舍资村。皆出卤泉，煮以为盐，今置司课之。三井：一曰青石井，在府治正厅之前；二曰西明井，在府东南半里；三曰玄坛井，在德胜门之外。皆清冽，人咸汲之。石羊井：在定远县北五里，有石似羊，人不敢动，动则井水泛溢。温泉：有二处，一在广通县南六十里，一在定远县东二里。其水皆温，人多浴之。南果罗泉：在谔嘉县西四里。

（3）白盐井盐课提举司。白盐井：距州之北一百二十里新江里，产白盐，土人相传，本百羊井也。蒙氏时，洞庭爱女牧百羊于此。有羝舐土，驱之不去，因尝其土，味咸，遂掘而得卤泉，大小一十六眼，后立庙其上。今置盐课提举司以收其税。永乐间，井卤乱渗，课亏民难，时毗陵吴润为姚安知府，闻黑盐井亦有此害，乃并辞奏允而闭其渗，民甚感悦。教授张通述民词为闭井谣："白井黑井多渗卤，柴薪如桂盐如土。蹉丁偿课鬻儿孙，平民代纳情难吐。姚安太守才且贤，质诸元戎与蕃府。一封书奏九重天，九重遣使询民苦。大井仍开小井封，灶户欢呼商贾舞。

---

[①]〔明〕陈文纂，〔明〕郑颙修：《云南图经志》。

丈夫得志能尔为，芳名会见流千古。"金龟井：在州四十里，其水清冽，人皆重之。西岭泉：在仙景山之西麓，土人相传云，昔有一老人尝于此磨铁杵，后莫知其所终，谓成仙也，今其石犹存。傍有赤甲、龟祥、妙光三泉，其水皆清冽。

（4）五井盐井盐课提举司。五井盐井：一曰诺邓井，在提举司之左；二曰大井，在司西南十五里；三曰山井，在司西南二十五里；四曰师井，则去司百里；五曰顺荡井，则又去司百八十里。其泉皆卤，煮以为盐，今置司课之。温泉：有三处，一在州北三里，从巨石下涌出，深可三尺；一在州北十里，亦出岩下，潴而为池；一在浪穹县东南三营山下。其泉皆温，土人四时往浴之。明代云南食盐产地表3-19。

表3-19　明代云南食盐产地表[①]

| 盐课提举司 | 辖盐课司 | 今地名 |
| --- | --- | --- |
| 黑盐井 | 黑井、琅井、阿陋井、猴井 | 禄丰县 |
| 白盐井 | 白盐井 | 大姚县 |
| 安宁井 | 安宁井 | 安宁市 |
| 五盐井 | 诺邓、山、师、大、弥沙井 | 剑川、洱源、云龙县 |
|  | 兰州井 | 兰坪县 |
| 武定府 | 只旧井 | 武定县 |
|  | 草起井 | 元谋县 |
| 景东府 | 景东土井 | 景东县 |
| 镇源府 | 镇源土井 | 镇源县 |
| 威远州 | 威远土井 | 景谷县 |
| 元江府 | 土井 | 元江县 |
| 永宁府 | 土井 | 宁蒗县 |
| 车里靖安宣慰 | 土井 | 勐腊县 |

① 董咸庆：《云南食盐产地沿革与变迁》，《盐业史研究》，1986（1），第125-136页。

云南食盐在清代获得了极大的发展：盐井数量迅猛增加，产地空间的突破促进了新产生布局的形成、生产基地的片区最终固定。在清代以前，云南产盐地固定在滇中到滇西的一条直线上，空间范围较为狭窄。清后期，生产布局形成了三个生产中心，即滇中、滇西和滇南，这一布局也是近现代云南盐产地布局的雏形。

清代云南井盐生产出现新的跃进，头一个标志是盐井数量的直线上升。盐井数量的优势，表现为从清前期六十多年未变的九井增多为中期的二十九井。九井的状况持续了约六十年，至雍正元年（1723）尚以九井之名统称全省产地。

雍正元年（1723）以后，滇盐产地数量快速增长。仅到雍正十年（1732）以前，不到十年的时间内，全省产地迅速变为十五井。新增按板、抱母、丽江、磨黑、勐野、乌得，所增六井，实是六个产区。从雍正元年（1723）至道光四年（1824）的一百年内，云南井盐产地从九井增至二十九井，净增数二十，平均每五年新开一个大井。[①]

事实上，清代云南盐井的增长几乎都是在"九井"的基础上增加了井眼的数量。康熙年间绘制的《滇南盐法图》全面反映了清代云南井盐生产场景，它是现存唯一的、直观的云南少数民族井盐生产彩色画卷。画卷是滇南盐驿使李苾命画工细绘而成，每帧画后面附有"图说"，是了解清代云南盐业开发的活化石。朱霞对图中九井的位置、盐井分类和生产技术进行过考证，九井分别是黑井（禄丰县）、白井（大姚县）、琅井（牟定县）、云龙井（云龙县）、安宁井（安宁市）、阿陋猴井（广通县）、景东井（景东县）、弥沙井（剑川县）、只旧草溪井（只旧井在武定县，草溪井在元谋县）。[②]《滇南盐法图》是中国国家博物馆的一级收藏品，十分珍贵，现将各井图说附于后。

### 黑井图说

滇南盐井有八，黑居第一，盖八井课价，黑井过半焉。去楚雄府治北一百五十里，数峰青峙，长桥卧波，人烟稠密，泂为财赋重地。总名之曰黑，分言之曰大，曰复隆，曰东。大井开自元末，产危崖下，宽八

---

[①]《新纂云南通志》卷一四八《盐务考》。
[②] 朱霞：《从〈滇南盐法图〉看古代云南少数民族的井盐生产》，《自然科学史研究》，2004（2），第132-147页。

尺，深二丈五尺许。复隆一名崖泉，始于嘉靖年间，其源溢深箐，以枧槽接流入池。隆庆四年浚。东井涌于中流，环皆溪水，砌以石，宽二尺五寸，深三丈二尺许。计二十六灶，每灶一座，长二丈余，宽六尺许，驾大锅十一口，傍附桶锅二十二口。汲卤五十九桶四分，需柴七百余桐。自卯至戌成盐三锅。一锅锯分为四，色微黑，故名为黑井。役之徒皆裸体垢面，狰狞似鬼，或披羊皮而戴半枷。劳瘁之状，有不忍睹者。稽全滇盐政考明万历年间岁额二万二千六百零。因本朝定鼎之初，伪管盐课总兵官史文投献邀功，佞报课额九万六千两，几四倍其额矣。复于康熙乙巳吴逆称家口众多，盐不敷食，每月加课二千两，额重课繁，迄今官灶甚愈。

### 白井图说

井胡为而名白？因盐之色白，故名。在姚安之桃花玉象山中，江流浩瀚，亦大观也。明万历时，额课止一万五百余两，亦被伪员史文佞报二万八千五百零，已增倍半矣。共计七井，如观音、小石、旧井、乔井、界井、灰井、尾井，状若七星，形如棋布。或在山之阴，或在水之涯，其大小、深浅不一，较黑井略同，即煎煮事宜亦不甚相远，无容赘述者。独汲卤用皮桶，煎一昼夜成盐沙，惟妇女手始能捏成团状如蹴鞠，重五六斤、二三斤不等。或曰昔有龙女，羽衣翩翩，牧羊于溪水之畔，羊舐其土，土人迹而浚之，遂获其源。虽属无柄之谈，姑述之以见边徼盐法之异耳。

### 琅井图说

琅井之开旧矣，唐宋时无考，元时有土人景善充琅井寺院提点，琅之开当自元始。距黑井三十里产卤一泓，味甚淡，且邻溪壑，水易浸。煮历三昼夜始成盐。薪食倍费，灶丁告匮矣。色较黑盐微白，状如覆锅，分以锯，与黑井同。计三十二灶，岁输额赋不下万缗，亦盐策重地。属定远县之宝泉乡。此乡以井而得名，风俗颇称淳朴。山川古迹秀丽可观，当甲于八井。明万历时额课止二千四百两零，亦被伪员史文佞报九千六百两，恰四倍其额矣。

### 云龙井图说

云龙，州名也，地处极边，与僰僳野人接壤，且无城郭。披山带河而治，在雒马山西。两水夹流，环绕数百余里。一名浪沧江，一即雒马江也。云井乃八井中之一，不知一井之中亦复有八。其一名金泉，出州

139

治之左，江之浒，宽一丈五尺，深六丈，用车盘索牵皮囊以汲。薪出丽江兰州，僰蛮伐木，泛流而下。煮经两昼夜而成。盐色似雪，捏析成块，状如圭，谓之灯台盐。自金泉出山三十里许，江畔有石门井，其次大井，又天耳井及山井。其事宜形势与金泉略同。山行二十里山之坞，有诺邓井焉。由诺邓遵江行百余里复有师井。两井煎煮之法无异，独味较数井稍淡，地处蛮烟瘴雨之中。再自师井环流百五十里有井曰顺荡，去州治已二百四十余里，愈出愈奇，源从石孔中出，无事盘汲，味更咸，色益白，较之各井，将毋同。

### 安宁井图说

天地自然之利所产甚奇，如安宁井在州治廓外，洪涛巨浸之中，嵌槛江心使之瀹然仰出，构亭其上，遥视之宛如芙蓉，亭亭水面耶。井口状如腰子，深一丈二尺，周围六丈余。用竹竿系皮袋提汲，舟运以煮，两昼夜而成盐，其色青白，味稍苦，形如釜，不用锯解。灶丁皆裸体跣足，与他井之苦较倍。异者，江水弗浸，长汲弗减，不汲弗溢，足见造物之神。

### 阿陋猴井图说

八井中之井眼最多者，莫如阿陋。盐政考内共载四十井。或以人名，或以地名，总名为古额小井。除灾伤、埋没、弃废外，现开计十井，曰大井、奇兴、吧喇、罗木、丰际、十二丁、袁朝俸、袁信、纳甸、猴井，僻处丛山深箐，环溪上下左右，但井眼虽多而源微流细，故课价亦无几也。井之深浅不等，卤之浓淡多寡亦各稍异。均系车牵皮袋以汲。煎历三昼夜成盐。色青白，味不甚咸。距广通县治东南五十里。阿陋之名，不识何所取，义名虽陋，而盐法事宜颇称嘉焉。

### 景东井图说

景东府治南一百六十里，有磨外井焉，宽三尺，深二丈，砌以鹅卵石。又有磨腊井，实是二坑，宽三尺，深二尺，离磨外井三十五里。卤源飞溢，泛流不止。冬春时水落石出，味倍咸而易煎。夏秋之交时，汩没于洪涛巨浪中，莫识其处。土人用竹桶领卤，每井设灶六座。经昼夜煎成盐，俗呼为叶巴盐，用箴盒托成，其形方。煎时杂以灰，面白背黑，亦名黑盐。每方约重二三两、四五两不等。虽额盐课价无几，仅供景郡民食，并无别处行销地方。但紧邻按板、抱母二土井，赖此以杜充斥，所关亦非浅鲜耶。

**弥沙井图说**

弥沙井乃八井中之最小者，四面环山，中流九曲。井产西山之下，卤从石中出，色若琼浆，不疾不徐，截竹为筒，引流入池。煎熬一昼夜而成盐沙，捏为个其形如钟，重二两，色似灰。傍有一小井，其煎汲事宜亦与大井无异。灶丁皆垢面麻衣，额盐无几。去省最远，在剑川州辖，居民寥寥，较之黑白诸井，奚啻云泥耶？但锱铢皆关国储，岂可薄其少而忽之？

**只旧草溪图说**

和曲州之西南，深山穷谷中，产只旧、草溪二井，开自明洪武年间。只旧去州一百六十里，草溪去州二百里许。源浅卤微，额课二百五十余两，于康熙辛亥秋奉旨封闭。迄今课赋黑井代纳。惟留故址于危岩曲涧、荒烟蔓草之中。但井虽闭，而赋犹代输，故附之图末。

## 三、盐业运销与盐业城镇体系的形成

### （一）盐业运销体制

在专卖管理体制下，食盐的产、运、销受国家严格控制。唐代开始划定销盐区，即每一个产地有固定的销售区域，其运输路线也就相应形成。

唐代销盐区主要划为两大块。"（刘）晏专用榷盐法充军国之用。时自许、汝、郑、邓之西，皆食河东池盐，度支主之；汴、滑、唐、蔡之东，皆食海盐，晏主之。"[①]至五代，群雄割据，各自为政，界线更为明确，"颗、末、青、白等盐，原不许界分掺杂"[②]。宋代销盐区沿袭五代发展而来，记载较明确，"旧制：河南、河北、曹、濮以西，秦、凤以东皆食解盐；益、梓、利、夔四路皆食井盐；河东食土盐；自余皆食海盐"[③]。同时，对于越界之罪，有严格的处罚条例。

四川食盐产量在全国所占比重不大，食盐的运销区域有限，所以，从唐代至明代，川盐销区只限于省内，唐宋时期还一度靠解盐补充。但是，由于盐的利润高，在食盐运销边界，私盐问题一直存在。川东地区地处湖北、湖南、贵州等省交界处，私盐猖獗，屡禁不止。唐代在峡内设五监，主要职能是管理生产，征榷盐税，同时设山南东道巡院，首要

---

① 《资治通鉴》卷二二六"德宗建中元年至二年"。
② 《五代会要》卷二六《盐》。
③ 《涑水纪闻》卷一五。

任务便是缉私。①北宋熙宁年间，官府为禁止私盐，准备封填小井，运解盐入川，神宗问于沈括，沈括对曰："忠、万、戎、泸间夷界小井尤多，止之实难，若列候加警，恐所得不酬所费。"只好作罢。可见私盐泛滥的程度。"鬻井为盐……各以给本路。大为监，小为井，监则官掌，井则土民干鬻，如其数输课，听往旁境贩卖，唯不得出川峡。""夔州则并给诸蛮，计所入盐直，岁输缗钱五分，银、绸绢五分。又募人入钱货诸州，即产盐厚处取盐，而施、黔并边诸州，并募人入米。""益、利盐入最薄，故并食大宁监、解池盐，商贾转贩给之。""（崇宁）四年，梓、遂、夔、绵、汉州、大宁监等盐仍鬻于蜀"②。可见，梓州、夔州盐除了供给本路之外，还销往邻近少数民族地区，同时，还要接济益州。

雍正七年（1729），川陕总督黄廷桂、四川巡抚宪德提出川盐运销制度，经清政府批准实施。这一制度的基本内容是：③

（1）统计全省食口（包括产区），确定销额，然后按运道将各厅、州、县、卫销额与对应产区挂钩，形成运输网络。

（2）销盐厅、州、县、卫各招商发引，到指定盐场购运盐斤，回本地销售，并缴销盐引。

（3）对于户口增值、引额不敷的地区，随时查明，增加引目。

（4）边远险塞地区，招商不易，由地方官设法办运行销。

清代井盐运销口岸见表3-20。

表3-20　井盐运销口岸表

| 厂名 | 配盐岸名 |
| --- | --- |
| 富顺 | 永岸、仁岸、涪岸、江津、南川、江巴、泸州、万岸、广安、达县 |
| 犍为 | 永岸、涪岸、泸州、万岸、张窝、南广、江安、李庄、清溪、真溪 |
| 射洪 | 涪岸、南川、江巴 |
| 云阳 | 万岸 |
| 大宁 | 万岸 |
| 乐山 | 成华、新津、灌县、江口、雅安、夹峨、眉青 |

① 郭正忠：《中国盐业史·古代编》，人民出版社，1997年。
② 《宋史·食货志》。
③ 张学君、冉光荣：《明清四川井盐史稿》，四川人民出版社，1984年，第5-6页。

运销制度开始实行时，涵盖了四川一百三十四厅、州、县、卫。雍正九年（1731）以后，射洪、犍为、富荣盐场相继兴旺，川盐全面发展，生产激增，销区扩大。"四川盐井产旺者，凡州县二十四，行销西藏及四川、湖南、湖北、贵州、云南、甘肃六省"[1]，形成了一套完整的运销制度。在运销方式上，实行"计口售盐"，即将场区和销售区统筹规划，按照食口、运道，实行场岸对口，定额销售。按销区分为"计岸"（四川和湖北部分州县）、"边岸"（贵州全省和云南部分州县）、"楚岸"（湖北和湖南部分州县）。在运输重要区位上，形成著名的口岸，入黔之岸有四分局，"由涪州、彭水运销下游曰涪岸，綦江运销下游曰綦岸，合江、仁怀运销上游曰仁岸，永宁运销上游及云南曰永岸"[2]；入滇之岸有张窝、南广两分局；入湖北者有万岸。并且，各盐局统一调配，不得混乱。

### （二）川滇黔盐道

#### 1. 川黔盐道

贵州无盐，历史上百姓颇受淡食之苦。顾文栋对贵州进口盐源及其销区进行过全面研究。[3]明万历年间，朝廷实行"纲法"和三定政策（"产盐有定场，销盐有定地，运盐有定商"），贵州的食盐运销纳入全面的行盐区划：西部地区的威宁、毕节、普安、普定以至兴仁、兴义等县，为川、淮、滇盐合销区；黔东地区的锦屏、镇远、天柱、松桃等县，为淮盐专销区；其余黔中各地，包括贵阳、遵义、安顺、清镇、息烽以至都匀、贵定等县，均为川、滇盐合销区。康熙二十五年（1687），贵州食盐进销区，进行了一次大范围的调整：准许粤盐进口，但规定其行销范围只为榕江、永从和独山3县；滇盐行销区仅限于普安一地；黔东镇远、玉屏、铜仁、松桃、锦屏等地仍为淮盐行销区；其余贵阳、都匀、思南、石阡、大定、威宁等府州，以及安顺府盘江以下各州县，均为川盐行销区。经过明清的调整，进入贵州的盐源、销区及盐道分布如下：

（1）淮盐：经湖南进口，以天柱、玉屏、松桃、铜仁4县为专销区。

---

[1] 《清史稿·食货志》。
[2] 《四川盐法志·转运五》。
[3] 顾文栋：《贵州进口盐源及其运销区的演变史略》，《盐业史研究》，1996（4），第50-56页。

（2）滇盐：由昆明转运，以贞丰、安龙、晴隆、普安、盘县、兴义、兴仁、册亨8县为专销区。

（3）粤盐：从柳州分两路入黔。一经长安至榕江，一经六寨至独山。以黎平、榕江、从江、下江、锦屏、都江等6县为销售区。另有独山、荔波、三合3县为与川盐合销区。

（4）川盐：川盐行黔分仁、綦、涪、永4岸口。

仁岸：以合江为运岸，经习水、茅台分道转运至贵阳和安顺。以修文、息烽、平坝、清镇、黔西、赤水、仁怀、习水、都匀、平塘、丹寨等11县为专销区；另有贵阳、贵筑、惠水、平越、龙里、贵定、铲山、麻江、镇远、施秉、罗甸等11县市，为其与綦岸合销区；安顺、关岭、镇宁、望漠、紫云等5县，为其与永岸合销区。

綦岸：以江津为运岸，经綦江分道转运至正安和遵义。以开阳、瓮安、长顺、余庆、桐梓、正安、道真、绥阳、风岗、循潭、遵义等11县为专销区。

涪岸：以涪陵为运岸，经沿河分道转运至铜仁和思南。以岑巩、台江、沿河、思南、江口、铜仁、石阡、印江、三穗、德江、务川等11县为专销区。

永岸：以叙永为运岸，由此分道转运至安顺和威宁。以郎岱、普定、毕节、大定、纳雍、金沙、威宁、水城、织金等9县为专销区。

总计四岸川盐运销区为58县，其供应人口约计8 039 379人，占全省总人口的74%。

### 2. 川滇盐道

川滇盐道与南方丝绸之路的线路基本吻合。西线从成都开始，接临邛—雅安—荥经—西昌—荥经—汉源—西昌—德昌—会理—大姚—大理，东线为成都—乐山—宜宾—盐津—昭通—昆明。其中，西线由于盐源的盐业中心地位，西昌—盐源—泸沽湖—丽江一线成为南方丝绸之路的盐业支线。这两条线路上，临邛、盐源、大姚、禄丰、乐山、犍为、长宁、高县、琪县、兴文、筠连、盐津、安宁、云龙等都是重要的盐产地。清代川滇边岸的川盐主要销往昭通和东川两府。

### 3. 川楚盐道

四川与湖南、湖北的盐道主要与两次"川盐济楚"有关，都是由长江水运运入。湖北销区主要在宜昌、江陵、公安、石首、监利、松滋、枝江、宜都、襄阳、均县、光化等28县。湖南销区主要在澧县、石门、慈利、大庸等6县。另外，三峡地区的盐业与湖北边界交往密切，官运、私盐常有争夺。

**4．滇盐运销**

滇盐生产基本供给本省，东北的昭通、东川有时也引进川盐。滇盐在盐产地形成盐业交易中心，在省会昆明统一调拨盐运。康熙四十三年（1704），驿传盐法道李芯在昆明设立总店行盐。康熙五十七年（1718），驿盐道沈元佐在天平巷创建盐店。《大清会典事例》载：乾隆三十七年（1772），"覆准云南裁撤省店，改立盐仓，责成官运，定额分销"；四十七年（1782），"议准滇省昆明、宜良、嵩明、晋宁、呈贡、昆阳、河阳、江川、路南、广西、师宗、弥勒、陆良、罗平、马龙、丘北等十六州县民食盐斤，俱责成盐道由省仓分发，各商铺先课后盐，转售各小贩买运行销，永为定制"。此外，滇盐还进入贵州和缅甸等市场。

**5．川东地区盐业运销**

川东地区（三峡与黔江）是清代四川重要盐产地，由于地处边界，运销历来较为混乱，川东地区食盐向外扩张的状况一直延续，到清代雍正年间才做出相应调整，"雍正六年，两淮巡盐御史噶尔泰奏疏言湖北归州、巴东、兴山界连川省，私盐最易侵越，应将归兴巴三州县饬令淮商明旧运销淮盐，其鹤峰、长乐二州县向销川引，设疏后应随楚省通例清销淮引"[1]。"雍正九年……僻远之建始县、松潘卫，均俟查明户口，一律配引"[2]，至乾隆二年（1732），"改土归流之鹤峰州、长乐、恩施、宣恩、来凤、咸丰、利川等县……照建始之县例，同食川盐"[3]。至此，川东盐运官私混杂、越界侵权的局面才得以协调解决。清代川东地区食盐外销的县及销售地主要有：彭水——秀山、酉阳、来凤、咸丰、建始；大宁——宣恩、鹤峰、长乐、巫山、竹山、兴山、归州；云阳——万县、开县、恩施、利川、建始。其余产盐县主要是自给自足。同时，射洪、蓬溪、犍为、富顺等地的食盐还销往川东的重庆府、忠州直隶州、石柱直隶厅各县，增配到乌江流域的武隆、彭水、酉阳、黔江等县，并通过綦江、江口、龚滩等地运销至

---

[1] 同治《巴东县志》。
[2]《四川盐法志·转运二》。
[3]《四川盐法志·转运三》。

贵州境内。川东食盐运销的路线以长江为主要干道，加上各支流和山路深入到山区腹地，主要路线有：

（1）宁河道。

大宁河发源于今镇坪县南、巫溪县北的大巴山脉，连接湖北、西北与川东北交界地区。宁厂盐泉开发早，巫山也是历史上最早设置盐官的县之一。宁厂盐的运出一是沿大宁河至长江口，二是溯流而上，沿山间小路进入川、陕、鄂交界地区。从大宁河巫溪宁厂到巫山县罗门峡口的峭壁上，有一排栈孔，多为单层孔，少部分为双层孔，孔径六寸见方，深二尺，孔距五尺，时断时续约150千米。据蓝勇教授考证，栈道建于唐代，为了运盐而修建。大宁盐泉的开发前文已有说明。宋代大宁监形成了"籍商贾以为国""一泉之利，足以奔走四方，吴、蜀之货，咸萃于此"的兴盛局面。[①]光绪《巫山县志》载："石孔，沿宁河山峡俱有，唐刘晏所凿，以引盐泉。"所以，宁河栈道与运盐有关是肯定的。但是，宁河栈道是作为拉船的纤道还是输卤的管架目前还有争议，笔者经巫溪县文管所黎明所长介绍观察，发现有的柱洞紧靠凹陷进去的石壁下侧，作为纤道是不可能的，当然，准确的定论还需进一步考察。清代巫溪盐运至巫山长江边后，分别转运至奉节、鹤峰、宣恩、长乐等地。巫溪盐北运，主要销往城口、房州、竹山、兴山、归州、镇坪等地。据严耕望先生考证，从夔州到房州的古道早在唐天成三年（928）就已经开辟，经竹山后取今九道梁河谷南入大昌。[②]蓝勇教授则认为，古道是经由房州、竹山、上庸、镇坪，翻越大巴山，进入大宁河谷。支路问题暂且不论，但大宁河作为联系川、鄂、陕三省的重要交通要道是肯定的。大宁河由于山路崎岖，清代盐运多为自发搬运。据光绪《大宁县志》记载："山内重冈叠献，官盐运行不至，山民肩挑赴宁厂买盐者，冬春之间日常数百人。"

同时，宁河盐业还经过陆路连接着湖北和陕西，严如煜《三省边防备览·道路考》记载有8条盐路：

大宁场西北：经谭家墩至瓦子坪交陕西平利县界，再由镇坪至平利县，共307.5千米。

---

[①]《方舆胜览》卷五八《夔州路·大宁监》。
[②] 严耕望：《山南境内巴山诸谷道》，载《唐代交通图考》第4卷《山剑滇黔区》，台北"中研院"历史语言研究所专刊之八三，1986年，第1025-1027页。

大宁场北：经徐家坝至肖家坡交湖北竹溪县，再由界岭至竹溪县，共 219 千米。

大宁场东北：经神鹿坪至向家坝交湖北竹溪县，再由界岭至竹溪县，共 276.5 千米。

大宁场东：经梯子口至竹山县红坪交湖北房县界，再由白梨树垭至房县，共 260 千米。

大宁场东北：经梯子口、竹山县长城坝、房县九道梁至高桥河交河北兴山县界，再由南阳河至兴山县，共 352.5 千米。

大宁场东：经大宁县、巫山县大昌至湖北兴山县，共 202.5 千米。

大宁场东南：经大宁县、巫山县大昌至湖北巴东县平阳坝，再由此至巴东县，共 157.5 千米。

大宁场东南：经大宁场东至大昌路线，经羊溪河于草坪交巴东县界，再由阴条岭、平阳坝至巴东县，共 287.5 千米。

《三省边防备览·道路考》记载，大宁盐道"东连房竹，北接汉兴，崇山巨壑，鸟道旁通""山中路路相通，飞鸟不到，人可渡越"。

（2）汤溪水道。

汤溪水，在今云阳县东，《水经注》载："江水又东，右径朐忍县故城南……（汤溪水）水源出县北六百余里上庸界，南流历县，翼带盐井一百所，巴川资以自给。"汤溪水是云阳盐运往长江边的重要水道。

（3）黔江道。

乌江发源于贵州省，在涪陵注入长江，自古以来就是沟通川黔的重要水道。据《华阳国志》记载，司马错伐蜀曾取道于此。"涪陵郡，巴之南鄙。从枳南入，折丹涪水，本与楚商於之地接，秦将司马错由之取楚商於地为黔中郡也。"严耕望先生考证，这条古道在唐代从涪陵沿乌江，经武龙县（今武隆）、信宁县（江口镇）、彭水、洪杜县（龚滩镇），进入贵州思南（或由江口入道真，龚滩入务川）。[①]明代，黔江道为"川、贵贸易之咽喉"。[②]清代，彭水是运盐入黔的四大边岸之一。

---

① 严耕望：《黔中牂牁诸道》，载《唐代交通图考》第 4 卷《山剑滇黔区》，台北"中研院"历史语言研究所专刊之八三，1986 年，第 1289 页。
② 王士性：《广志绎》卷五《西南诸省》。

（4）夔溪道。

《元和郡县志》卷三三载："江津县在（渝）州西一百十里，县南陆路至溱州三百六十里，又自江津县南循夔溪水路至南州二百三十里。"说明这条古道在唐代已经形成，从渝州至贵州，绕道江津，从南州（綦江）连通珍州（桐梓）、播州（遵义）。清代，綦江为川盐入黔的四大边岸之一。

（5）南陵山道。

南陵山道是川东进入湖北施州的重要通道。从巫山渡过长江，沿山路南行至建始、恩施、宣恩等地。宋代陆游《入蜀记》对此有清楚的记载："（巫山县）隔江南陵山极高大，有路如线，盘屈至绝顶。谓之一百八盘，盖施州正路。"[①]清代，南陵山道是云阳、大宁盐运至湖北的主要通道。

（6）洋万涪道。

万州是联系川东地区与川北、陕西的重要交通枢纽，《元和郡县志》卷三〇《涪州》载："（涪州）从万州北开州通宣汉县及洋州路至上都二千三百四十里。"又《太平寰宇记》卷一二〇《涪州》载："（涪州）东至万州水路六百一十里，自万州取开州、通州宣汉县及洋州路至长安二千二百四十里。"范成大《吴船录》中记载："溯江入蜀者，至此（万州）即舍舟而徒，不两旬可至成都，舟行即须十旬。"可见，唐宋时期，万县作为中转码头的职能已十分突出。清代依然，"（夔州）上可通渝城，下通楚省荆汉，惟万县地方尤为水陆码头"[②]。梁山等地盐运也由此中转。据光绪《梁山县志》记："雍正七年，配云阳水引五十一张，陆引九百一十一张，由万县转运。"

### （三）盐业生产地和运销地形成的城市体系

盐业生产和运销通过配引构成联系紧密的城镇体系，据《四川盐法志》统计，四川盐的运销地和配引额如表3-21所示。[③]

---

[①] 陆游：《入蜀记》卷六。
[②] 乾隆《夔州府志》。
[③] 《四川盐法志·转运二》。

表 3-21　井盐运销地及配引额统计表

| 厂 | 运销地 | 配引 | 厂 | 运销地 | 配引 |
|---|---|---|---|---|---|
| 简州 | 本州 | 陆 1 601 | 富顺 | 射洪 | 水 747（认销） |
| | 成都 | 陆 2 175 | | 蓬溪 | 水 167（认销） |
| | 华阳 | 陆 2 106 | | 中江 | 水 37（认销） |
| | 双流 | 陆 812 | | 盐亭 | 水 85（认销） |
| | 温江 | 陆 861 | | 犍为 | 水 174（认销） |
| | 金堂 | 陆 1 365 | | 兴文 | 水 64 陆 204（官运、认销） |
| | 郫县（今郫都区） | 陆 207 | | 巴县 | 水 50（官运） |
| | 灌县 | 陆 552 | | 江北 | 水 50（官运） |
| | 资阳 | 陆 53 | | 江津 | 水 360（官运） |
| | 汶川 | 陆 162 | | 永川 | 水 162 |
| | 理蕃 | 陆 135 | | 璧山 | 水 31 |
| 南充 | 本县 | 陆 137 | | 荣昌 | 陆 320 |
| 西充 | 本县 | 陆 47 | | 綦江 | 水 146（官运） |
| | 南充 | 陆 302 | | 涪州 | 水 50（官运） |
| | 营山 | 陆 70 | | 隆昌 | 水 34 陆 544 |
| | 岳池 | 陆 100 | | 叙永 | 水 145（官运） |
| | 大竹 | 陆 270 | | 永宁 | 水 64（官运） |
| 蓬州 | 本州 | 陆 20 | | 泸州 | 水 292（官运） |
| 大竹 | 本县 | 陆 19 | | 纳溪 | 水 25（官运） |
| 富顺 | 本县 | 陆 2 126 | | 合江 | 水 166（官运） |
| | 三台 | 水 75（认销） | | 贵州边引 | 水 3 986，又认销资州水 215、内江水 7 陆 56 |

149

续　表

| 厂 | 运销地 | 配引 | 厂 | 运销地 | 配引 |
|---|---|---|---|---|---|
| 万县 | 本县 | 陆 72（官运） | 乐山 | 彭山 | 水 48 陆 38 |
| 开县 | 本县 | 陆 1 672 | | 青神 | 水 30 陆 110 |
| 盐源 | 本县 | 陆 2 480 | | 邛州 | 水 187 |
| 乐山 | 本县 | 陆 1 133 | | 大邑 | 水 99 |
| | 双流 | 水 4 | | 蒲江 | 水 22 陆 168 |
| | 温江 | 陆 33 | 荣县 | 本县 | 陆 698 |
| | 崇庆 | 水 144 | | 宜宾 | 陆 700（官运） |
| | 新津 | 水 50 | | 威远 | 陆 195 |
| | 长宁 | 陆 100（官运） | | 内江 | 陆 320 |
| | 雅安 | 水 85 陆 127 | 威远 | 本县 | 陆 12 |
| | 名山 | 陆 498 | 三台 | 本县 | 陆 385 |
| | 荥经 | 水 7 陆 362 | | 新繁 | 陆 824 |
| | 芦山 | 水 56 | | 新都 | 陆 852 |
| | 天全 | 水 20 陆 683 | | 郫县（今郫都区） | 陆 194 |
| | 雅安 | 水 7（认销） | | 崇宁 | 陆 189 |
| | 清溪 | 陆 450 | | 灌县 | 陆 158 |
| | 峨边 | 水 29 陆 87 | | 彭县（今彭州市） | 陆 1 611 |
| | 峨眉 | 陆 397 | | 汉州 | 陆 1 105 |
| | 洪雅 | 水 117 | | 什邡 | 陆 1 088 |
| | 夹江 | 水 33 陆 317 | | 巴县 | 水 7（官运） |
| | 眉州 | 水 87 | | 江北 | 水 2（官运） |
| | 丹棱 | 陆 42 | | 璧山 | 水 1 |

续　表

| 厂 | 运销地 | 配引 | 厂 | 运销地 | 配引 |
|---|---|---|---|---|---|
| 三台 | 綦江 | 水12（官运） | 射洪 | 南川 | 水47（官运） |
| | 剑州 | 陆100 | | 定远 | 水66 |
| | 平武 | 水4 陆311 | | 合州 | 水257 |
| | 江油 | 陆173 | | 涪州 | 水441（官运） |
| | 松潘 | 陆290 | | 铜梁 | 水81 |
| | 德阳 | 陆580 | | 广安 | 水180 |
| | 绵竹 | 陆657 | | 邻水 | 水30 |
| | 梓潼 | 陆263 | | 德阳 | 陆100 |
| | 罗江 | 陆5 | | 绵竹 | 陆750 |
| 射洪 | 本县 | 陆1 139 | 蓬溪 | 罗江 | 陆50 |
| | 成都 | 陆250 | | 丰都 | 水198（官运） |
| | 华阳 | 陆250 | | 垫江 | 水186 |
| | 郫县(今郫都区) | 陆663 | | 达县 | 水173 陆200 |
| | 崇宁 | 陆737 | | 太平 | 水200 陆100 |
| | 汉州 | 陆238 | | 本县 | 水 |
| | 什邡 | 陆463 | | 江北 | 水 |
| | 江北 | 水151 | | 巴县 | 水82（官运） |
| | 巴县 | 水206 陆650（官运） | | 长寿 | 水70 陆350(官运) |
| | 长寿 | 水229(官运) | | 璧山 | 水10 |
| | 璧山 | 水75 | | 合州 | 水40 |
| | 綦江 | 水5（官运） | | 铜梁 | 水44 |

续 表

| 厂 | 运销地 | 配引 | 厂 | 运销地 | 配引 ||
|---|---|---|---|---|---|---|
| 蓬溪 | 定远 | 水 6 | 彭水 | 黔江 | 陆 157（官运）（认行） ||
| | 广安 | 水 60 | | 黔江 | 陆 539（官运） ||
| | 岳池 | 水 42 陆 517 | | 酉阳 | 陆 640（官运） ||
| | 南充 | 陆 134 | | 湖北计引 | 咸丰 | 陆 596 |
| | 邻水 | 水 72 陆 500 | | | 来凤 | 陆 581 |
| | 遂宁 | 水 19 陆 100 | 荣昌 | 本县 | 陆 94 ||
| | 忠州 | 水 5（官运） | 大足 | 本县 | 陆 86 ||
| | 丰都 | 水 39（官运） | 合州 | 本州 | 陆 9 ||
| | 垫江 | 水 16 | 铜梁 | 本县 | 陆 22 ||
| | 达县 | 水 60 | 涪州 | 按：涪州井二眼，久坍，近皆配食，射洪、犍为、富顺、中江等县，监以井课犹未开除，故仍列之 |||
| | 綦江 | 水 22（官运） | 阆中 | 本县 | 陆 84 ||
| | 东乡 | 水 54 陆 150 | 南部 | 本县 | 陆 1 468 ||
| 井研 | 本县 | 陆 179 | | 阆中 | 水 2 陆 653 ||
| | 温江 | 水 17 陆 87 | | 苍溪 | 陆 357 ||
| | 崇庆 | 水 53 | | 广元 | 水 65 ||
| | 灌县 | 水 42 陆 63 | | 昭化 | 水 26 陆 30 ||
| | 新津 | 水 11 | | 巴州 | 陆 1 016 ||
| | 庆符 | 陆 88（官运） | | 南江 | 陆 165 ||
| | 丹棱 | 陆 148 | | 剑州 | 陆 424 ||
| 彭水 | 本县 | 陆 3 361（官运） | | 通江 | 陆 379 ||

# 第三章 长江上游古代盐业开发对城市的影响

续 表

| 厂 | 运销地 | 配引 | 厂 | 运销地 | 配引 |
|---|---|---|---|---|---|
| 南部 | 南充 | 陆 60 | 云阳 | 达县 | |
| | 蓬州 | 水 9 陆 207 | | 东乡 | |
| | 营山 | 陆 501 | | 新宁 | |
| | 仪陇 | 陆 357 | | 湖北计引 恩施 | 水 203 |
| | 渠县 | 水 60 陆 752 | | 利川 | 水 130 陆 600 |
| | 大竹 | 陆 1 408 | | 建始 | 水 226 |
| | 平武 | 水 6 陆 50 | | 鹤峰 | 水 240 陆 619 |
| | 达县 | 陆 752 | | 宣恩 | 水 64 陆 186 |
| | 太平 | 陆 170 | 犍为 | 本县 | 陆 2 497（增行） |
| 大宁 | 本县 | 水 463 陆 2 195 | | 石砫 | 水 492（增行） |
| | 巫山 | 水 570（官运） | | 纳溪 | 水 50（增行） |
| | 湖北计引 鹤峰 | 水 181 陆 100 | | 忠州 | 水 148（增行） |
| | 长乐 | 水 49 陆 92 | | 长乐 | 水 310（增行） |
| | 宣恩 | 水 242 | | 珙县 | 水 100（认销）（官运） |
| 云阳 | 本县 | | | 三台 | 潼水 76（认销） |
| | 奉节 | | | 射洪 | 潼水 746（认销） |
| | 巫山 | | | 中江 | 潼水 37（认销） |
| | 万县 | | | 蓬溪 | 潼水 167（认销） |
| | 梁山 | | | 邻水 | 水 120（认销） |
| | 开县 | | | 成都 | 水 141 |
| | 石砫 | | | 宣恩 | 水 60（增行）（认销） |

153

续 表

| 厂 | 运销地 | 配引 | 厂 | 运销地 | 配引 |
|---|---|---|---|---|---|
| 犍为 | 华阳 | 水171 | 犍为 | 大竹 | 水96 |
| | 宣恩 | 水90（增行）（认销） | | 宜宾 | 水191 陆1 344（官运） |
| | 双流 | 水36 | | 庆符 | 水25 陆530（官运） |
| | 温江 | 水159 陆639 | | 南溪 | 水191 陆787（官运） |
| | 新繁 | 水25 | | 长宁 | 水72 陆1 289（官运） |
| | 新都 | 水40 | | 高县 | 水160 陆1 426（官运） |
| | 郫县（今郫都区） | 水20 陆375 | | 筠连 | 水32 陆810（官运） |
| | 灌县 | 水142 陆275 | | 珙县 | 水91 陆149（官运） |
| | 彭县（今彭州市） | 水74 | | 兴文 | 水80 陆443（官运） |
| | 崇庆 | 水87 陆892 | | 屏山 | 水88 陆566（官运） |
| | 新津 | 水49 陆330 | | 雅安 | 水46 陆261 |
| | 巴县 | 水200（官运） | | 名山 | 水38 陆368 |
| | 江北 | 水120（官运） | | 荥经 | 水64 陆263 |
| | 长寿 | 水30（官运） | | 芦山 | 水17 |
| | 璧山 | 水15 | | 天全 | 水29 陆524 |
| | 南川 | 水44（官运） | | 雅安 | 水3（认销） |
| | 定远 | 水30 | | 清溪 | 水30 陆162 |
| | 涪州 | 水80（官运） | | 峨边 | 水20 陆125 |
| | 广安 | 水40 | | 洪雅 | 水48 |

续 表

| 厂 | 运销地 | 配引 | 厂 | 运销地 | 配引 |
|---|---|---|---|---|---|
| 犍为 | 叙永 | 水 280 陆 2 500（官运） | 犍为 | 江安 | 水 70 陆 998（官运） |
| | 永宁 | 水 200 陆 3 300（官运） | | 湖北计引 咸丰 | 水 80 |
| | 马边 | 陆 800（官运） | | 湖北计引 来凤 | 陆 1 941 |
| | 雷波 | 水 50 陆 353（官运） | | 云南边引 | 陆 25 154 |
| | 石砫 | 水 142（官运） | | 贵州边引 | 水 4 381 陆 83 |
| | 仁寿 | 陆 262 | 中江 | 本县 | 陆 1 056 |
| | 酉阳 | 水 291 陆 850（官运） | | 郫县（今郫都区） | 陆 137 |
| | 秀山 | 水 40（官运） | | 崇宁 | 陆 126 |
| | 黔江 | 水 112（官运） | | 汉州 | 陆 136 |
| | 彭水 | 水 50 陆 375（官运） | | 涪州 | 水 2（官运） |
| | 忠州 | 水 247（官运） | 遂宁 | 本县 | 陆 132 |
| | 丰都 | 水 221（官运） | 安岳 | 本县 | 陆 1 173 |
| | 垫江 | 水 25 | 乐至 | 本县 | 水 10 陆 1 241 |
| | 达县 | 水 20 | | 荣昌 | 陆 279 |
| | 眉州 | 水 40 | | 大足 | 陆 426 |
| | 彭山 | 水 24 陆 180 | 江安 | 本县 | 陆 67（官运） |
| | 邛州 | 水 106 陆 775 | | 叙永 | 陆 650（官运） |
| | 大邑 | 水 100 | 资州 | 本州 | 水 3 陆 2 927（官运） |
| | 蒲江 | 水 49 陆 250 | | 资阳 | 陆 323 |

155

续 表

| 厂 | 运销地 | 配引 | 厂 | 运销地 | 配引 |
|---|---|---|---|---|---|
| 资州 | 仁寿 | 陆1 384 | 绵州 | 平武 | 陆125 |
| 资阳 | 本县 | 陆49 | 绵州 | 江油 | 陆148 |
| 内江 | 本县 | 陆236 | | 石泉 | 陆135 |
| 仁寿 | 本县 | 陆15 | | 彰明 | 陆355 |
| | 宜宾 | 陆250(官运) | | 茂州 | 陆451 |
| | 南溪 | 陆125(官运) | | 安县 | 陆987 |
| | 筠连 | 陆350(官运) | | 绵竹 | 陆40 |
| | 珙县 | 陆50（官运） | | 罗江 | 陆359 |
| | 兴文 | 陆110(官运) | 城口 | 本厅 | 陆300 |
| 绵州 | 本州 | 陆926 | 忠州 | 本州 | 陆619 |

（资料来源：根据《四川盐法志》统计整理）

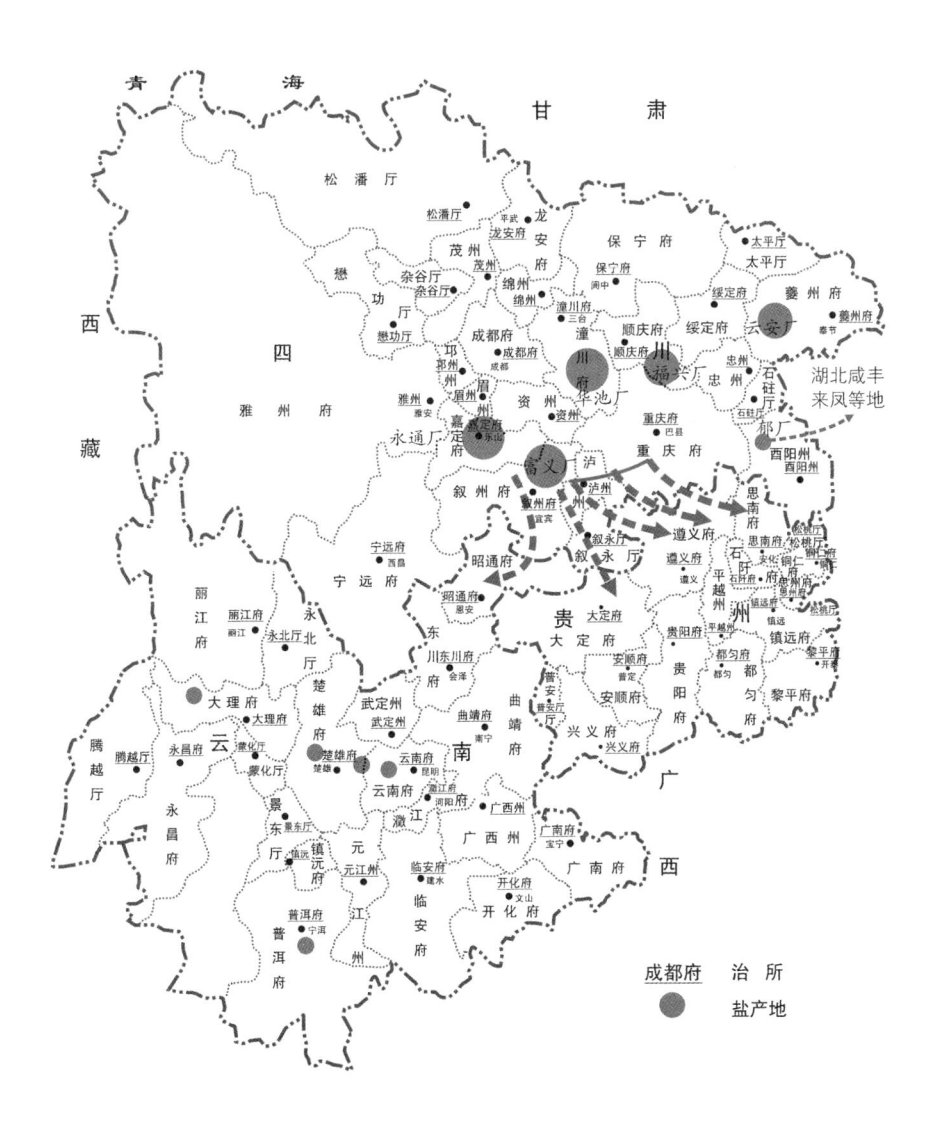

| 第三章　长江上游古代盐业开发对城市的影响 |

图 3-10　明清云贵川盐产地分布及运销示意图

（根据谭其骧《中国历史地图集》改绘）

# 第四章
# 盐业城镇的空间结构与景观特征

　　城市是社会、经济发展到一定阶段的产物，是手工业、商业与农业分化的产物。随着城市化的迅速发展，城市的扩张和城市群已成为一种主导现象。一个城市是一定区域的经济活动中心，每时每刻都在同外界发生着错综复杂的联系。盐业工业城市在发展的过程中，自身的发展与扩张更能体现一个城市和体系的形成。一方面，盐利是国家重要的税收来源，是城市建设资金的重要来源；另一方面，盐作为生活必需品，每时每刻都在影响着人们的生活。所以，古代盐业城市的生产和运输构成了一个区域的城市网络，其城市体系的形成发展十分值得研究。

　　早期城市体系研究集中于空间组织结构方面，德国地理学家克里斯塔勒、经济学家廖什创立的中心地理论，演绎了城市与城市、城市与腹地市场等级（功能）联系规律。19世纪五六十年代，"计量革命"极大地推动了城市经济联系的相关空间分析理论研究，成果主要有"增长极"与"增长中心理论""空间相互作用理论""核心边缘理论""空间扩散理论"，为城市空间体系研究提供了理论依据。樊敏等认为，1990年至今城市空间体系研究进入了全面发展阶段，主要体现在四个方面：①空间流与城市地域系统空间特征研究。区域经济联系主要表现为经济实体区域间的相互作用和关系，空间上体现为各种空间流，地区间的这种物质、能量、信息交流通过人口流、物流、信息流、资金流、技术流等形式维持区域系统的活力。②城市群空间通达性研究。通达性体现出的是交通网络中各节点相互作用的机会大小，通过通达性变动分析从交通网络与作用可进入性方面揭示地理空间经济联系特征成为运输地理学研究的重要范畴。③城市群经济联系发展与交通运输网络结构研究。通过对交通运输网络结构的研究揭示城市体系经济联系的空间结构。④城市群经济联系的空间结构演变研究。[①]

历史文化名城的研究首先要以历史文脉为基础，探究一个城市在历史长河中的独特地位。中国古代城市的发展蕴涵了独特的文化基因，我们在解读时，应该从中国本土文化的角度去认识其价值，只有在充分理解的基础上，才能发掘其从古到今的时空剖面，演绎城市的脉动。对于城市空间和景观特色，笔者试图从一条历史剖面（展示城市发展过程中的继承与变革）、两个认识角度（文化理念与功能需求、权力话语与民间话语）、三个层面（物质、制度、精神三个文化层面；自然、经济、文化三个发展层面；山川形胜、城市布局、建筑特色三个空间层面）构建其研究体系。

从清代盐业城市的发展和运销体系可看出，盐业城市以盐的流通为媒介形成了独具特色的城市体系，对这个城市体系的研究主要可以从五个方面进行：①盐业城市体系的空间结构，从盐业生产地到转运地再到目的地，形成了完整的空间格局。②盐的流通与其他商品流通的综合研究，通过将盐的流通量和经济量与其他商品的流量进行对比，可看出盐在所有商品中的地位。③盐道作为独特的交通网络，有机联系起城市空间网络，其演变规律值得探寻。④盐业城市作为资源型城市，转型特征可以为其他城市提供借鉴。⑤单体城市的景观特征。由于海盐的工业化大生产，传统的井盐生产地和流通地正在逐渐衰落，留下的有代表性的载体也在逐渐减少，本章主要从盐业生产、流通、管理以及社会空间结构和城市景观演变进行探讨。

根据目前保存的盐业文化城镇和遗址，本章把最有代表性的景观区域和城镇集中在以下三个区域，并采用不同的研究理论和方法进行研究。

（1）以自贡为生产中心的盐业城镇和盐道体系（以永宁道与合茅道为中心）：自贡—釜溪河—仙市—富顺—泸州—合江—仁怀等，或者泸州—叙永—毕节等，结合文化景观和文化线路遗产理论进行研究。

---

① 樊敏、洪芸：《城市空间体系理论研究综述》，《云南财贸学院学报》（社会科学版），2007（2），第74-76页。

（2）以三峡为中心的盐业考古和城市景观体系：中坝盐业考古遗址—汉代考古遗址—唐宋集镇考古—明清盐镇，用景观考古的理论和方法对其时间空间加以拓展研究。

（3）其他特色盐业古镇：黑井、诺邓、罗泉、盐井镇、罗城等，根据古镇不同的特色，采用历史剖面和共生空间理论，并以传统地理学视角进行本土化解读。

# 第一节 盐业城镇和盐道景观的研究方法

## 一、文化景观理论

文化景观是地理学研究的重要区域，景观从单纯的风景概念演变为地球表面自然与人文的综合概念。对文化景观进行研究的著述甚多，其中最重要的是美国地理学家卡尔·苏尔的论著。他在《景观的形态》（*The Morphology of Landscape*）中指出，人类按照文化标准，对天然环境的自然现象和生物现象施加影响，并把它们改造成文化景观，景观的图案包括自然区现象和由于人类活动而添加在自然景观之上的形态，人类是景观形成的最后一种力量。文化景观是任何特定时间内形成一地基本特征的自然和人文因素的复合体。文化景观是人类文化与自然景观相互影响、相互作用的结果。就像历史事实是时间事实，它们之间的关系产生了时代概念一样，地理事实可以看作地点事实，它们之间的关系可用景观概念来表达。[①] 他的贡献在于完整地阐述了文化景观的理论框架并将其运用于实证研究，且使文化景观的研究成为地理学的核心，开创了著名的伯克利学派。苏尔的学生惠特尔西首创了"相继占用"（sequent occupance）一词，影响极大。近年来，对文化景观的研究主要集中在文化景观的起

---

① Sauer Carl O. The Morphology of Landscape. University of California Publication in Geography, 1925: 19-54。

源和变迁、对文化景观的感知和解释、文化景观组成、文化景观类型、景观生态、景观保护与景观规划等方面。[①]

文化景观的研究代表了地理学的基本特质。约翰斯顿指出，人文地理学的研究方向分为两个：一是文化与环境的关系，二是地方之间的关系。[②]周尚意教授对新文化地理学进行了研究，对景观研究提出新的观点，相对于传统景观地理注重形态的研究，新文化地理将景观的概念和历史结合起来，同时强调景观的符号学意义，研究哪些符号构成可以阅读的文本（text），传统地理着重于乡村变迁，新文化地理更关注城市景观的演变。[③]

文化景观理论不仅在地理学研究中占有重要地位，而且已经应用到了文化实践中。联合国教科文组织于1992年12月在美国圣菲召开联合国教科文组织世界遗产委员会第16届会议，提出将"文化景观遗产"作为一种遗产类别，强调文化景观代表《保护世界文化和自然遗产公约》第一条所表述的"自然与人类的共同作品"。文化景观的选择应基于它们自身突出、普遍的价值，其明确划定的地理—文化区域的代表性，及其体现此类区域的基本而具有独特文化因素的能力。它通常体现持久的土地使用的现代化技术及保持或提高景观的自然价值，保护文化景观有助于保护生物多样性。文化景观主要有以下类型：

（1）由人类有意设计和建造的景观。包括出于美学原因建造的园林和公园景观，它们经常（但并不总是）与宗教或其他纪念性建筑物或建筑群有联系。

（2）有机进化的景观。它产生于最初始的社会、经济、行政以及宗教需要，并通过与周围自然环境相联系或相适应而发展到目前的形势。它又包括两种次类别：一是残遗物（或化石）景观，代表一种过去某段时间已经完结的进化过程，不管是突发的还是渐进的。它们之所以具有突出、普遍价值，还在于其显著特点依然体现在实物上。二是持续性景观，它在当今与传统生活方式相联系的社会中，保持一种积极的社会作用，而且其自身演变过程仍在进行之中，同时又展示了历史上其演变发展的物证。

---

① 汤茂林：《文化景观的内涵及其研究进展》，《地理科学进展》，2000（1），第27-29页。
② 约翰斯顿著，蔡运龙等译：《哲学与人文地理学》，商务印书馆，2000年，第9-10页。
③ 周尚意：《英美文化研究与新文化地理学》，《地理学报》，2004（增刊），第163-168页。

（3）关联性文化景观。这类景观以与自然因素、宗教、艺术或文化相联系为特征，而不是以文化物证为特征。[①]

文化景观是在自然基础之上的人类活动的"相继占有"，盐业手工业遗产十分具有代表性和典型性，从景观上看主要分为两大系列：一是有机进化景观，包括自然资源（盐矿）—生产过程（开采、输卤、熬制、成品）—储存—运输—交易；二是关联性景观，包括商业贸易、盐政管理、宗教崇拜、文化传播等。

## 二、历史剖面理论

侯仁之先生是中国历史地理学的创始人，历史剖面是他重要的理论方法。[②]历史文化名城（镇）的研究，关键在于展示其发展过程，根据历史发生学原则，主次分明地勾勒出一个个历史剖面。历史剖面原则并不是将所有文物古迹全部保护下来，而是把城市的发展分成一系列阶段，相当于时间序列中的一个个剖面，将重要历史时期的、有代表性的历史景观有机结合，使人们感受到文脉的延续与跳跃。同时，历史剖面原则对现代建筑并不排斥，因为"现代"是一个相对概念，昨天是今天的历史，今天是明天的历史，明清对于唐宋，唐宋对于秦汉，都是"现代"。当然，现代建筑必须与历史景观协调，以实现文化整合。要将文化三层面（物质文化、制度文化、精神文化）、城市发展的三层面（自然依托、经济基础、文化灵魂）、城市空间三层面（山川形胜、总体布局、单体建筑）整合融会进行研究，才能认识理解古都的全貌。

每一座城市都经历了起源和演变的历史过程，也留下了相应的文化景观遗存，在城市内部形成有代表性的历史地段，这些地段以整体的环境风貌反映出城市发展的历史脉络。单纯恢复文物景点是容易的，但对历史地段的整体性把握却更有意义。1964年《威尼斯宪章》——《保护文物建筑和历史地段的国际宪章》强调城市历史地段的"使用价值、文化价值、情感价值"，实现其真实性、归属感、安全感。1976年联合国教科文组织（UNESCO）的《内罗毕建议》确认：历史地段是"有价值的整体"，其组成要素为人类活动、建筑物、空间结构和环境地带。

---

[①] 北京大学世界遗产研究中心：《世界遗产相关文件选编》，北京大学出版社，2004年。
[②] 侯仁之：《历史地理学的理论与实践》，载《侯仁之文集》，1998年，第13-15页。

## 三、共生空间理论

"共生空间"一词,最早由日本学者黑川纪章提出,他将这一理念融入城市研究中,力图实现人与技术、人与自然、历史与未来、内部与外部、整体与局部、感性与理性、宗教与科学以及异质文化的共生。历史文化名城规划中的共生理念是在承认矛盾和对立的前提下,寻求矛盾双方的共存和共赢,避免简单的折中与调和。[1]实际上,城镇中共生无处不在。周干峙先生指出:中国城市的发展,要继承和坚持三个基本理念,即辨方正位的整体观念、体国经野的区域观念和天人合一的自然观念。[2]吴志强教授提出21世纪的城市应走向三大和谐:城市发展和自然生态保护相协调,达到人与自然的和谐;历史、现实与未来的延续性,达到时间上的和谐;城市中各社会集团之间、人与人之间,达到社会和谐。[3]这些基本理念都指向统一而和谐的共生空间,具体体现在以下几个方面。

1. **人与自然——共生的永恒主题**

城市源于自然,依托自然。早在1898年,埃比尼泽·霍华德就发表了《明天:一条通向真正改革的和平之路》(Tomorrow: A Peaceful Path to Real Reform),提出了理想主义和现实主义结合的田园城市的构想,开始人类现代意义上的城市规划。30多年后,国际现代建筑协会(CIMA)在雅典制定的《城市规划大纲》,即《雅典宪章》,提出了解决城市居住、工作、游憩和交通四大活动的功能主义观点,进一步推进了现代城市规划。1976年提出的《人居环境宣言》(Habitat)和1996年在伊斯坦布尔签署的《人居二宣言》(Habitat II),进一步号召人类应努力创造一个良好的生活环境。一百年来,城市人工环境建设对自然生态环境造成的破坏日益严重,人类所面临的环境压力也越来越大,"建设有灵魂的乡村和城市",构建"山水城市""生态城市"等思想应运而生,人与自然共生,是城市可持续发展的必由之路。

2. **时间的记忆——历史与现实的共生**

城市的发展是一个过程,在历史发展过程中,所有促进和影响城市

---

[1] 郑时龄:《黑川纪章》,中国建筑工业出版社,1997年,第6-9页。
[2] 周干峙:《中国城市传统理念初析》,《城市规划》,1979(6),第16-19页。
[3] 吴志强:《21世纪的城市建筑走向三大和谐》,《城市规划》,1999(10),第32-36页。

发展的因素都在历史的积淀下不断叠加，最后构成城市的完整意象。昨天是今天的历史，今天是明天的历史，一切自然和文化要素的变迁都在景观上留下烙印，只是影响力的大小不同，留下印记的深度也不同。侯仁之先生提出，从宏观的角度看，"一切的地理学都是历史地理学"①。今天看起来很现代的地理学其实变化是最快的，也许在城市化的进程中，几十年发生的地理景观变化超过了过去几百年的变化。所以，历史与现实的共生是认识历史文化名城的重要基点。

3. 和而不同—— 地方文化共性与个性的共生

1999年北京国际建协第20届大会《北京宪章》指出："20世纪既是人类从未经历过的伟大而进步的时代，又是史无前例的患难和迷惘的时代。"城市在"大发展"的同时，也造成了"大破坏"和"建筑魂的失落"——"人类对自然以及文化遗产的破坏已经危及其自身的生存……地域文化的多样性和特色逐渐衰微、消失，建筑文化和城市文化出现趋同现象和特色危机"。中华的大地域文明在历史长河中，呈现出多元一体化格局，显示出"和而不同"的文化景观，十分珍贵。

4. 宗教与世俗的共生

自然是城市的依托，经济是城市的基础，文化是城市的灵魂，宗教是城镇发展的重要因素。在城镇开发初期或者发展到一定程度时，人们对居住的城市以及生产生活都有超越自然的心理诉求。季羡林说：宗教是人类社会永恒的主题，只要人类和自然的矛盾存在，宗教就会永远存在下去。在盐业古镇发展过程中，资源的开发和政治社会的变迁是人们最关心的问题，人们总是把这种希冀寄托在宗教的护佑上，于是在城镇格局上，就形成了人人之系—人神之间—天人之际的文化景观层次。

## 四、文化线路遗产新趋势

空间联系是地理学研究的重要内容。商品的流通交换在贸易通道上进行，随着物质交换，文化交流也日益频繁，以盐产地为中心形成的盐道网络是交通史上十分独特的形态。从某种意义上讲，文化线路的价值超过独立的文化遗址价值。20世纪90年代，我国曾提出"文物史迹网"

---

① 侯仁之：《历史地理学的理论与实践》，载《侯仁之文集》，1998年，第13-15页。

的概念，"把散布于各地的不同种类的零散的文物史迹，从历史发展的纵线，把古代、近代和现代的文物史迹连贯起来，形成纵的发展系列；与此同时，再从历史发展的横面，即不同历史时期（或时代），把反映社会生产、社会生活，或政治、经济、军事、科学技术、宗教、文化艺术等文物史迹联系起来，进而把纵向系列的文物史迹和横向文物史迹交织起来，构成历史发展的网络"[①]。由于文化线路的重要性，国际古迹遗址理事会（ICOMOS）于1998年专门成立了相关机构——文化线路科学委员会（International Scientific Committee on Cultural Routes，CIIC），以推动线路遗产的保护和研究工作。

文化线路遗产的概念是指："一种陆地道路、水道或者混合型的通道，其形态特征的定性和形成基于它自身的和历史的动态发展以及功能演变；它代表了人们的迁徙和流动，代表了一定时间内国家和地区内部或国家与地区之间人们的交往，代表了多维度的商品、思想、知识和价值的互惠和持续不断的交流，并代表了因此产生的文化在时间和空间上的交流与相互滋养，这些滋养长期以来通过物质和非物质遗产不断得到体现。"[②]文化线路遗产的基本特征表现在：它的本质是与一定历史时间相联系的人类交往和迁移的路线，包括一切构成该路线的内容，除了城镇、村庄、建筑、闸门、码头、驿站、桥梁等文化元素之外，还有山脉、陆地、河流、植被等和路线紧密联系的自然元素。作为一种线形文化景观，它的尺度是多种多样的：可以是国际的，也可以是国内的；可以是地区间的，也可以是地区内部的；可以是一个文化区域内部的，也可以是不同文化区域间的。同时，它的价值构成是多元的、多层次的：既有作为线路整体的文化价值，又有承载该线路的自然地本身作为山地、平原、河谷等生态系统拥有的生态价值；不仅包括分布在其内部的建筑和其他单体遗产自身的价值，还包括非物质文化遗产所蕴涵的价值。[③]

文化线路遗产反映了文化保护的新趋势，由重视静态遗产向同时重视活态遗产方向发展；由重视单体遗产向同时重视群体遗产方向发展；由重视皇宫、宫廷上流社会遗产向同时重视民间和社会草根阶层遗产方

---

[①] 李晓东：《中国文物学概论》，河北人民出版社，1990年，第203-204页。
[②] 北京大学世界遗产研究中心：《世界遗产相关文件选编》，北京大学出版社，2004年。
[③] 李伟、俞孔坚：《世界文化遗产保护的新动向——文化线路》，《城市问题》，2005（4），第7-13页。

向发展；由重视主体民族遗产向同时重视少数民族遗产方向发展，由重视城市遗产向同时重视乡镇、农村遗产方向发展；由重视政治、军事、艺术遗产向同时重视经济、工程、民俗遗产方向发展；由重视纯文化意义遗产向同时重视综合反映天—地—人关系的自然—文化复合遗产方向发展[①]。目前世界文化线路遗产数量很少，与古代贸易相关的只有阿曼的乳香之路和以色列的香料之路。

盐道也是一种文化线路遗产，道路上留下了众多的文化遗迹。由于现代交通的改善，许多道路已经荒废，但是，由盐道串联的盐业重镇依然存在，通过这些盐道上的聚集点，我们可以大致勾勒出盐道的历史形象。联合国在进行文化线路遗产登记时，考虑到道路的具体情况，强调线路上的节点元素，主要包括：中心点元素（包括旅行线路的出发点、到达点等）、宿营场所（旅行线路的驿站、商队旅店等）、饮水处（包括旅行线路中的井、泉水等）、必须经过的场所（如涉水处、桥梁、山路、港口等）。在这些遗产节点所在之处，一般都会有建筑或考古遗存，这些因素是线路整体的一部分。文化线路上的各种文史资料，也需要我们来发掘整理。[②]

## 第二节  以自贡为中心的盐业城镇和盐道景观

### 一、自贡盐业城市空间结构和景观特征

#### （一）城市空间结构

自贡是四川最大的盐业城市，城市的空间结构和文化景观形态颇具

---

[①] 徐嵩龄：《第三国策：论中国文化与自然遗产保护》，科学出版社，2005年，第64-66页。
[②] 李伟、俞孔坚：《世界文化遗产保护的新动向——文化线路》，《城市问题》，2005（4），第7-13页。

代表性。刘吕红博士总结了清代资源型城市空间结构的基本特征：一是空间结构组织比较分散，内部地域结构包括商业、居民、管理机构等，重点突出经济功能，矿区结构受资源影响而分散，空间上一般有两个中心——政府衙门和矿区管理中心；二是资源型城市的城墙一般不发达，城区随矿区分布，城墙难以成形；三是经济功能十分突出，矿区位于中心，其他功能随形分布或者相间分布，城区往往形成"前店后坊"或"下工上居"格局，商业区、会馆区等公共服务区域相应分布。自贡的空间形态呈现出双核心、组团模式，从自流井和贡井两个核心，由内向外辐射，形成不同的城市功能组织。[1]我们可以从自贡盐业的发展（尤其是盐井的空间分布）看出自贡城市空间的演变，如表4-1所示。[2]

表4-1 自贡城市沿革简表

| 时间 | 城镇 | 事由 | 备注 |
| --- | --- | --- | --- |
| 东汉章帝时（76—88） | 江阳县属地 | 今富顺城关镇，自贡盐业有记载的最早开采地 | 崔骃《博徒论》："江阳之盐。" |
| 北周天和二年（567） | 富世县 | 因"富世盐井"设置 | "江阳县……有富义盐井。"（《华阳国志》） |
| | 公井镇 | 因"大公盐井"设置 | |

---

[1] 刘吕红：《清代资源型城市研究》，四川大学博士学位论文，2006年，第146-147页。
[2] 参见王仁远、陈然、曾凡英：《自贡城市史》，社会科学文献出版社，1995年；自贡市盐务管理局：《自贡市盐业志》，四川人民出版社，1995年。

续 表

| 时　间 | 城镇 | 事　由 | 备　注 |
|---|---|---|---|
| 唐武德元年（618） | 公井县 | 将公井镇升为公井县，并在公井县治设荣州，辖公井县、大牢县和威远县。武德六年（623），州治由公井县迁至大牢县 | "隋富世县……界有富世盐井。井深二百五十尺，以达盐泉，俗呼玉女泉。以其井出盐最多，人获厚利，故云富世。"（《旧唐书》） |
| 唐贞观元年（627） | 富义县 | 因避唐太宗李世民讳，将"富世盐井"改为"富义盐井"，县名随之更改 | 唐元和二年（807），富义县盐井八所，"月出盐三千六百六十石，剑南盐井，唯此最大。"（《元和郡县志》）
《通典·食货》记载，川盐征榷由此始，富义盐井税额达1858贯。
开元初年，富义和荣州盐井岁额已经超过蜀中最大的陵井，跃居第一 |
| | 旭川县 | 因有盐井"旭川"，从大牢县中分置出州县，以"旭川"名之。唐永徽二年（657）荣州州治由大牢县迁至旭川县（今荣县城关镇） | |
| 宋乾德四年（966） | 富义监 | 将"富义县"升为"富义监" | |
| 宋太平兴国元年（976） | 富顺监 | 因避宋太宗赵光义讳，将"富义监"改为"富顺监" | 邓井，监西五十里；鼓井，监西六十里；赖井，监西八十里。（《元丰九域志》）
管盐井大小六井，岁出盐货三十余万贯。（《太平寰宇记·剑南东道七·富顺监》）
宋初，富顺和公井盐监井数和产量占全川的十分之一 |
| 宋治平元年（1064） | 富顺县 | 在富顺监下，"并置富顺县"；四年后，又废县置。嘉熙元年（1237）废"富顺监"。咸淳元年（1265），恢复富顺县置 | |

续 表

| 时　　间 | 城镇 | 事　　由 | 备　　注 |
|---|---|---|---|
| 宋治平四年（1067） | 荣德县 | 旭川县改荣德县，仍为荣州治所在地，领公井县等五县。熙宁四年（1071），公井县为镇，并入荣德县 | |
| 宋绍熙元年（1190） | 绍熙府 | 荣州升为绍熙府 | |
| 元至元二十年（1283） | 富顺州 | 至元十二年（1275），设富顺安抚司；二十年（1283）罢安抚司，升为富顺州 | |
| 明洪武元年（1368） | 荣州 | 恢复荣州 | 由于富义等一批盐井因卤源枯竭、淡水渗透而废弃，大约在明嘉靖十八年（1539）至三十三年（1554），在今自流井釜溪河西岸火井沱浅石滩开凿自流井。"内江、富顺之交有盐井，曰'自流'，新开。原非人工所凿而水自流出，汲之可以煎盐。流甚大，利颇饶，多为势家所擅。"（张瀚《松窗梦语·西游记》） |
| 明洪武九年（1376） | 荣县 | 降荣州为荣县 | |
| | 富顺县 | 降富顺州为富顺县 | |
| 清嘉庆至道光 | 荣县 | 富荣盐业大发展 | 嘉庆十七年（1812），盐井406眼，天然气井33眼。嘉庆二十年（1815），桂咸井达799米。道光十五年（1835），燊海井千米深井，使得三叠系的黑卤河天然气得以开发。咸丰三年（1853），第一次川盐济楚奠定盐都基础 |
| | 富顺县 | | |
| 民国二十八年（1939） | 自贡市 | 割富顺县之自流井、荣县之贡井等地，合并设市 | 抗日战争时期，第二次"川盐济楚"。因盐设镇—因盐设县—因盐设市 |

（资料来源：《自贡市志》）

自贡城市结构的分布实现了富顺—贡井—自流井三个区域空间的转移。从空间形态看，城市的基本雏形形成于清代并带有一定的自发性，城随矿移。刘吕红认为，乾隆后期，四川盐业出现大困局面，富荣盐业亏欠严重，茶盐道林俊推行"听民穿井，永不加课"政策，刺激了盐业生产，但在城市空间演进上无多大建树。太平天国时期，清政府推行"自行贩卖，不必由官借运"政策，富荣盐业空前发展，城市结构表现在城区和盐区的向外生长，但未从根本上改变城市空间结构。[①]

## （二）盐业生产性景观

从手工业城市到现代化盐业城市，盐业生产决定了城市的经济地位，也显示出独特的工业遗产景观。从民国《四川盐政史图册》上，我们可清晰地看到富荣盐场的生产场景（见图 4-1、图 4-2）：东场分为郭家坳区、豆芽湾区、东岳庙区、大坟堡区、凉高山区，西场分为席草田区、黄石坎区、苟氏坡区。东西厂区都分布有盐仓（公仓、公垣、官垣）、管理机构（场长署、稽核分所、秤放处）、执法机构（缉私营、监运所、验卡），还标记有盐业运销出去的路线和目的地。然而今天，由于现代化机器生产的使用，传统生产景观保留得不多，与古盐井联系在一起的生产性景观及制盐的全部流程也保留得较少。大公井、焰阳井等作为文物遗址尚且保留了下来，燊海井、东源井等少数地方还能活态展现盐产过程，成为难得的活态工业遗产景观。目前自贡尚能考证的古盐井如表 4-2 所示。[②]

表 4-2　自贡尚能考证的古盐井

| 所属区域 | | 自贡市尚能考证的古盐井 |
|---|---|---|
| 富荣东场 | 大坟堡区 | 咸海井、庆余井、长发井、金洪井、烟杆井、一六井、天佑井、燊海井、鼎鑫井、三生井、泽厚井、裕生井、裕隆井、正雄井、海流井、春生井、蒸源井、九井坝盐井、天元井、吉成井 |
| | 凉高山区 | 双溪井、宝珠井、永潮井、利成井、泉洪井 |
| | 豆芽湾区 | 正德井、小桥井、和尚井、自流井、同兴井、德鑫井 |

---

[①] 刘吕红：《清代资源型城市研究》，四川大学博士学位论文，2006年，第146-147页。
[②] 袁霜凌：《自贡工业遗产旅游研究》，四川师范大学硕士学位论文，2006年，第46页。

续 表

| 所属区域 | | 自贡市尚能考证的古盐井 |
|---|---|---|
| 富荣东场 | 东岳庙区 | 磨子井、发源井、盐元井、裕海井、漏明井、文昌井 |
| | 郭家坳区 | 源渊井、大湾井、路边井、大滢井、永兴井、洪海井、天龙井、自二井、龙兴井、双福井、达德井、火龙井、蔚蒸井、挖耳井、富从井、葆真井、天成井、载福井、通洪井、宏溪天龙井 |
| 富荣西场 | 苟氏坡区 | 福源井、小东源井、双龙井、双海井、双全井 |
| | 席草田区 | 大公井、金流井、焰阳井、金海井、东源井、福临井、顺岩井、金源井、金溶井、金福井、川海井、源海井、小天海井 |
| | 黄石坎区 | 见龙井、广源井、龙潮井、天兴井、源丰井、洪旺井、临海井、宝海井、济生井、龙旺井、瀛龙井 |
| 富义盐井区 | | 富义井、邓井、王井、太源井、庆余井 |

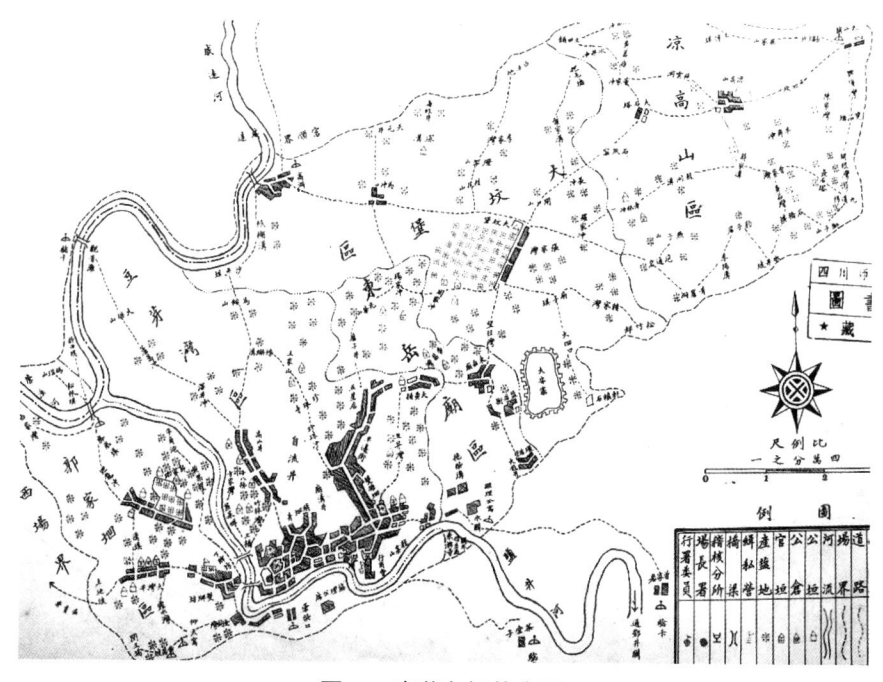

图 4-1 富荣东场盐产图

（资料来源：民国《四川盐政史图册》）

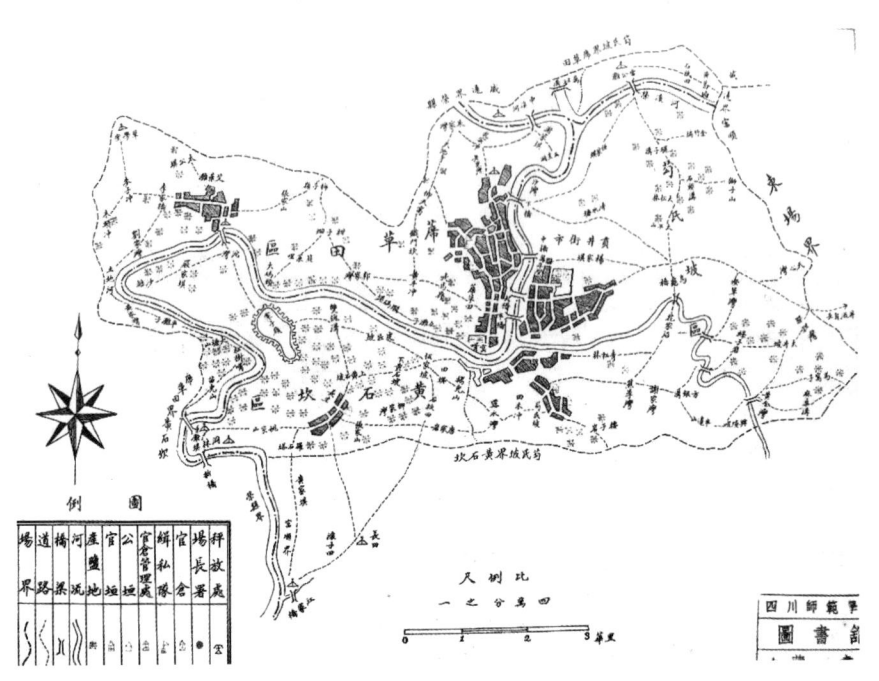

图 4-2 富荣西场盐产图

（资料来源：民国《四川盐政史图册》）

　　自贡盐井构成了城市的标志性景观。井盐开采包括定井位、开井口、下石圈、凿大口、下木柱、凿小眼。清代、民国时期，自贡盐业历史博物馆保留了十分珍贵的盐业生产图像，虽然受到很多毁损，但是，这些景观格局在自贡依然能够找到。[①]自贡盐场的传统采卤设备主要有井架（俗称"天车"）、汲卤筒和大车。天车是由成百上千根质轻、耐腐蚀的杉木捆扎而成，用于提取卤水，也用于淘井和修井。昔日的自贡盐场，天车林立，十分壮观。

　　早期的井盐生产，大多数是在盐井旁边设盐灶煮盐，卤水的输送距离一般很短，输卤技术也十分简单和原始。随着盐业生产的发展，盐灶与盐井分离，输送卤水的距离越来越远，于是，管道输卤技术相继被使用，并逐渐形成一套完整的竹笕输卤工艺。清代，竹笕输卤已发展成为井盐生产中的一个重要行业。清末民初，由贡井盐场输卤到自流井盐场

---

① 孙建三、黄健、程龙刚：《遍地盐井的都市——抗战时期一座城市的诞生》，广西师范大学出版社，2005 年。

煮盐的笕号有 12 个：源远笕、源昌笕、源流笕、源泉笕、大通笕、大昌笕、大生笕、大川笕、福临笕、裕如笕、其昌笕、同协笕。自贡盐场的输卤管道翻山越岭，连绵起伏，把卤水和天然气输往数十里之外的煮盐灶房。

历史上盐井食盐的制作俗称煮盐、煎盐和熬盐，这充分体现了蒸发制盐的工艺特点。从汉代至唐代，四川使用的盐锅叫"牢盆"。宋代，卓筒井问世，井盐生产规模扩大，开始使用"䥱"煮盐，它是一种无足的鼎，比牢盆大。明代，煮盐使用的容器叫"釜"。清代及清代以后，人们普遍将煮盐的容器称为"锅"。在自贡盐场，主要使用的有大盐锅、千斤锅、镶锅、平锅等几种。最后，形成了一套完整的熬盐工艺，包括枝条架浓卤、净化卤水、配兑卤水、榿桶存贮、温锅浓卤、兑卤、加新水、下豆浆、熬干成盐、淋花水等。最后将成品盐运往各地销售。图 4-3 至图 4-8 是民国《四川盐政史图册》保留下来的盐业生产景观图像。

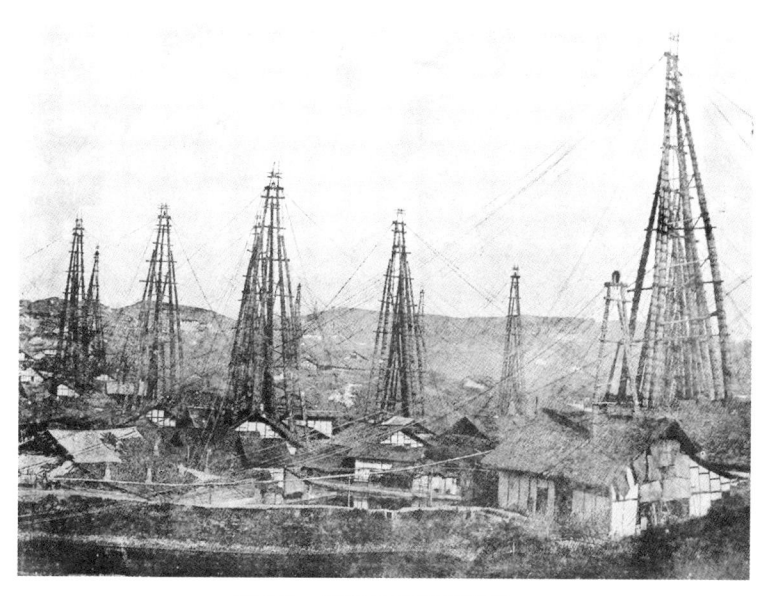

图 4-3　天车林立的富荣场

图 4-4　牛车吸卤图

图 4-5　富荣场晒牛屎图
（自贡盐场大量使用牛作畜力，养牛、屠宰和晒牛屎作能源成为专门的行当，屠宰工人还专门成立帮会，建张爷庙进行祭祀）

第四章 盐业城镇的空间结构与景观特征

图 4-6 盐场输卤竹笕群

图 4-7 盐场铁锅熬盐图

图4-8　盐场盐锅供给

### （三）城市社会生活空间

盐业生产构成了自贡的城市发展基础，奠定了城市基本格局，与盐矿生产相关的管理及其生活空间与生产区适当分离，形成以河为骨的多中心组团格局。①

#### 1. 以盐产地为中心的三大组团

自南北朝以来，旭水河畔大公井等盐井的凿成带来了贡井井盐生产的兴盛。釜溪河滨新开的自流井等盐井，使自流井地区发展成为新的盐业生产中心。1835—1892年，燊海井的开凿，特别是发源井对大安岩盐体的开采，又带来了大安地区盐业的繁荣。在这相对集中的三个地区，聚集着生产厂房、运盐码头、工人宿舍、管理机构等建筑，形成了以旭水河、釜溪河为主干的分散而又相对集中的组团式格局。中华人民共和国成立以后，鸿鹤坝地区因盐化工生产而发达，舒平地区因铁路的通达和制盐工业的建设而兴起，又形成了新的相对独立的生产、生活中心，进一步加强了城市组团式的格局。在每个组团内部，又分为次一级区域，称为垱。据《富顺县志》所记："由大小圳口、豆芽湾至半边街韭菜齐

---

① 自贡市城市规划设计院：《自贡市城市总体规划与城市发展研究》，四川人民出版社，1991年，第144-145页。

| 第四章　盐业城镇的空间结构与景观特征 |

家平曰桐发垱，今名桐垱；由大冲至香炉寺河干曰龙垱；由川主庙内砦至科石塔转至马冲沙鱼坝曰仙骡垱，今新垱；隔岸里许小溪场者曰邱发垱，今名上、下邱垱。"

从空间上看，自贡市由一个松散的市镇群组成，自东向西依次为大山铺、凉高山、大坟堡、高硐、自流井、贡井、长土河、艾叶滩等8个市镇中心。就功能分区看，自流井和贡井位置居中，两地相距5千米，是自贡的两个核心。自流井和贡井的城市建成区历史最为悠久，面积最大，是商业、行政、住宅、交通和盐业生产汇合的综合功能区，自流井还是自贡原盐外运的码头。随着盐业的发展，城市空间得以拓展，形成了一些新的市镇，成为城市的附属市镇，各自发挥着特定的功能。其中，属于自流井的大山铺、凉高山、大坟堡和属于贡井的长土河、艾叶滩等是相对集中的街市，沿威远河和盐井河形成了2个水运码头，分别是高硐的煤码头和自流井的盐码头。自贡的8个功能区互不相连，沿盐井河呈串联状分布。围绕自流井和贡井两个核心，向两边扩展，分别为长土河和大坟堡，属盐业生产中心，再向外扩展，分别为艾叶滩和凉高山、大山铺，为陆路交通要冲，是城乡物资交流中心，也是失业盐工和破产农民的聚集地。①自贡市三大组团结构见图4-9。

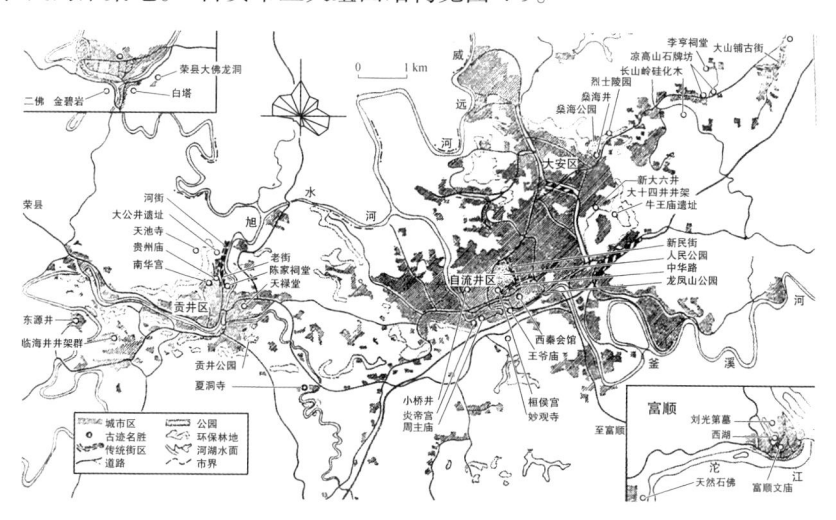

**图4-9　自贡市三大组团结构图**

（资料来源：自贡市城市规划设计院《自贡市城市总体规划与城市发展研究》）

① 王瑞成：《盐都基本特征研究》，《近代史研究》，1994（3），第148-149页。

## 2. 盐业开发与古街区

自贡城市因盐而作，利水行舟，人们择水陆两便而居、傍河岸井侧建城，所以，自贡的街道多因井、灶而设置，与盐业生产和运销密切相关，逐步连成规模宏大的街区。自贡的地名多与盐业的井名、灶名、笕名、盐商等有关。据20世纪40年代的统计，自贡城市人口中的80%是盐工。现存的古街有自流井的中华路、新民街、顺河路，贡井地区的河街、老街，富顺的后街，赵化镇的新华街，运盐要道上的汇柴口、凉高山老街，大山铺街，荣县莲花场古街等。街区的布局、居民的社会结构和生产密切相关，王瑞成把自贡的城市社会格局分为四个圈层。第一层：以自流井和贡井为核心区，并以其强烈的辐射能力，向外辐射。第二层：盐业生产中心，是由核心分离出来的生产功能区，是自贡产生、存在和发展的基础，与核心区联系最为紧密。第三层：贫民聚居区，是城市生活底层聚集的地方，也是劳动力的蓄水池，靠近生产中心，是生产中心的附属物。第四层：城郊结合区，距离核心区最远，核心区的辐射力和来自农村的城市化推力在这里相汇，形成城乡物和人地热交流中心。①实际上，自贡的城市布局由以盐产地为中心形成的三大组团热逐渐演变为贡井和大安以生产为主，自流井以生产、运输等多功能为主的布局，笼统的圈层结构是不符合自贡城市特征的。

## 3. 盐业富商寨堡园宅

清中期以降，随着生产力的发展、盐业产供销私人体制的确立，大批外地商人来自流井经营盐业，他们与本地盐商或合伙、或争斗，购置土地、凿井办灶、开设钱庄、从事信贷，短短的几十年间，不少人成了巨富。这种社会阶层的转化是小手工作坊到手工工厂再到机械化生产的必然结果。自贡形成了一批著名的盐业家族，聚集了大量资金，产业规模宏大，业务地区广泛（见表4-3）。②

---

① 王瑞成：《盐都基本特征研究》，《近代史研究》，1994（3），第148-149页。
② 《自贡文史资料选辑》。

表 4-3 自贡盐商产业统计表

| 盐业家族 | 原籍 | 地区 | 水火井数 | 产量 | 商号 | 业务地区 |
|---|---|---|---|---|---|---|
| 王三畏堂 | 湖北 | 自流井 | 水火井50余眼，火圈700口左右 | 日产花盐400包（每包120千克），年产144000包，约占富荣全厂产量12% | "广生同"盐号、"大通枧""福昌生""广生公"纱店、"广生公"钱店、便利煤厂、"天心堂"药铺 | 泸州、重庆、宜昌、长沙、汉口、武昌、洋溪等地 |
| 李四友堂 | 河南 | 富顺 | 水火井100余眼，火圈800余口 | 日产卤水担数以千计，大生笕日过卤水3000多担 | "祥兴泰"盐号、"大生厚"盐号、"大生美"盐号、"大生笕"盐号 | 泸州、重庆、綦江、仁怀、宜昌、沙市、汉口、武昌等地 |
| 胡慎怡堂 | 江西 | 自流井 | 火圈500口上下 | 每年盈利约白银12万两 | "福临怡"盐号、"白腊行""福元典"商号 | 自釜溪河经长江而达重庆、宜昌、沙市等地 |
| 李亨家族"葆真堂" | 江西 | 自流井 | 火圈80口 | 年收入20余万两白银 | "富源盛"盐号、"恒富当"当号、"葆光"糖房、"恒升茂"油房<br>注：修建了"三多寨"城堡 | 内江、沙市等地 |

自贡著名的盐业富商们为了安全和享乐需要，修建了一系列私家园林宅第，如三多寨、张园、罗园、侯园、胡园和祖祠等，其豪华之盛，成为盐都的一个景观特色。据王昭贲考察，大安寨是自贡豪宅庭院最集中

的地方，它不仅是军事屯堡，而且对附近盐业开采和文化都做出了重要贡献（见图 4-10）。①

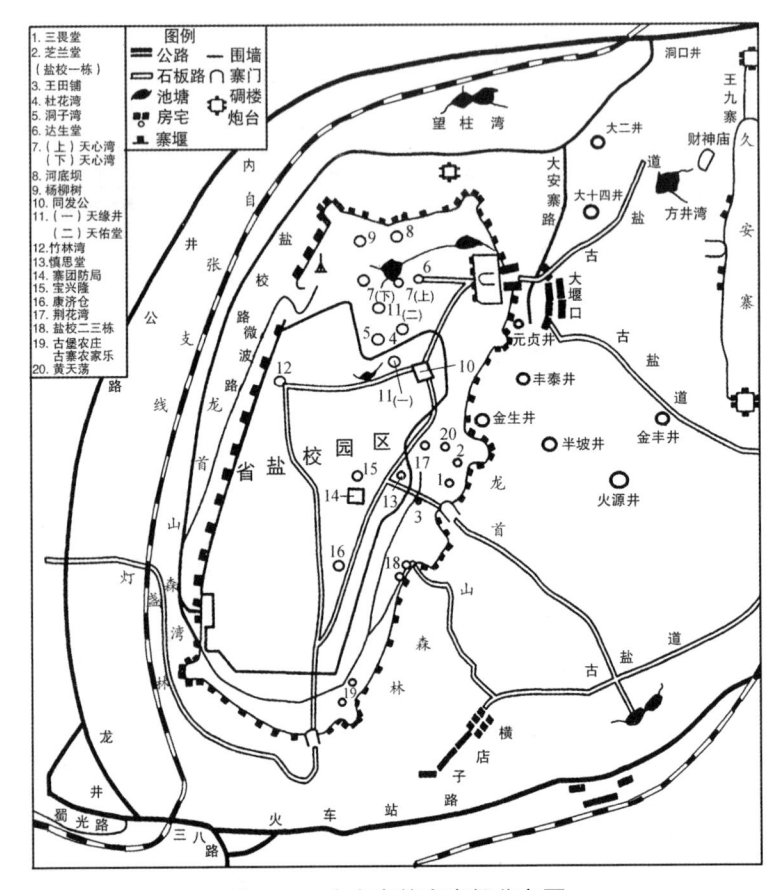

图 4-10 大安寨盐商寨堡分布图

大安寨由王氏家族修建，寨堡面积达二百多亩②，北高南低。寨设三门：东门、水东门、南门。寨内修有纵横东西南北的石板路，形成四通八达的交通网络。寨墙宽五至七尺不等，高丈余，沿寨墙修有七座炮台，配备有多门大炮。③在筑建大安寨的同时，也修了久安寨。久安寨设有三座炮台，大安寨以久安寨为屏障，形成了较为完整的防卫体系。建成后，王氏族人和许多盐商、富户蜂拥而至，在短时间内大兴土木，府第堂院挤满全寨，

---

① 王昭贠：《自贡大安寨概说》，《盐业史研究》，2007（4），第 51-55 页。
② 亩，中国市制土地面积单位，1 亩 ≈ 666.67 平方米。
③ 丈、尺，中国市制长度单位，1 丈 =10 尺 ≈ 3.33 米，1 尺 ≈ 0.33 米。

全寨人口超过万人，同发公、康济仓、宝兴隆等店铺林立，盛况空前。同时，王氏家族重视人才培养，在王宝善祠侧办有"树人学堂"，成立宗族学堂，王三畏堂还在板仓坝旁办了分校，大安寨桂花湾书院也是供王氏子孙读书的学堂，王氏所办学堂也为自贡培养了许多人才。如今的大安寨虽然失去了昔日的繁荣，但保留了盐城重要的历史记忆。

### （四）会馆与行业神崇拜的精神空间

经济是城市的基础，文化是城市的灵魂，在盐业经济基础上，自贡的精神空间也得以体现。与其他城市不同的是，自贡移民文化的烙印十分深刻，手工业城市的行业神崇拜十分明显。自清雍乾以来，随着经济的繁荣，各地商人云集自流井，聚敛致富的不少。为炫耀郡邑，款叙乡情，从陕西籍盐商集资建西秦会馆开始，各路盐商纷纷效仿，在自流井、贡井、永安等大镇修建各种同乡会馆，如广东人的南华宫、贵州人的霁云宫、四川人的惠民馆等，其中，最有名的是西秦会馆，如今已经成为自贡的标志。

早在明末，由于四川疲敝，大量山陕之人就开始涌入四川投资盐业。入清后，受自贡盐业经济的吸引，各地商人纷纷到自贡地区"淘金"，逐渐在自贡地区形成相对富有、人数亦众的客籍商帮，其中陕西商人最为著名。陕商在自贡从事盐业始于康熙年间，到雍正年间大批有雄厚资本的陕西钱商纷纷入川，他们先在自流井经营钱庄，自流井著名的"八店街"就是因陕商八家字号的钱庄而得名。陕西商人通过经营借贷业务积累资金，形成了资金雄厚的陕籍商业资本集团。据自流井西秦会馆的碑文记载，乾隆元年（1736），陕籍盐商集资修建西秦会馆时，陕籍商人在自流井从事井盐业的已达119家。西秦会馆的修建，展现了陕商的雄厚财力，历时16年，耗费白银万两。[①]

西秦会馆布局之精巧、建筑之独特、雕塑之精美，堪称中国古代建筑经典，有"会馆三绝"之称。一绝：布局精巧。整个空间布局严谨，轴线分明。中轴线上依次修建武圣宫大门、献技诸楼、大丈夫抱厅、参天阁、中殿、正殿，四周则用山墙、廊屋环绕。空间尺度变化巧妙，步移景异。戏楼听音，钟鼓交鸣，正殿朝圣，客榭座谈，商贾们在这里怡然雅聚。二绝：建筑独特。西秦会馆建筑的最大特色在于屋顶，融官式建筑与民间建

---

① 韩平：《论清代移民对自贡盐业发展的影响》，《宜宾学院学报》，2008（5），第27-32页。

筑于一体，歇山顶、攒尖顶、卷棚顶、盔顶有机组合，精妙无比。尤其是入口处的武圣宫大门和其后的献技诸楼，采用传统会馆建筑戏楼的门楼倒座的形式，背靠而立，两面望去，自成独立建筑。屋顶左右飞出两列翼角，酷似"人"字形飞雁队列，翘角飞扬，勾画出中国古典建筑"如跂斯翼，如矢斯棘，如鸟斯革，如翚斯飞"的完美意境。三绝：石雕木雕。会馆中大量石雕、木雕令人目不暇接，无论浮雕、圆雕、透雕还是线刻，皆形神兼备，美不胜收。不仅有极高的艺术价值，而且反映了中国传统文化的教化功能，雕塑内容有历史故事、神话传说、戏剧场面、民俗风情以及奇禽异花、山水草木。最有名的"二十四孝"图，一块石头两个故事，上下构图，对角呼应，让观者能在艺术欣赏中感悟儒家传统文化。

以盐谋生的人们对宗教的需求是现实而世俗的。在自贡很难见到大型的佛教建筑，道教崇拜基本都集中在与自身相关的行业神上。盐场工作条件十分艰苦，而且各集团的利益之争也很激烈，盐工们的行帮会馆，实际上就是为保障利益下的社会团体赋予的宗教诉求，在"神"和"人"的双重护佑下，实现团体和社会的价值。烧火工人的炎帝宫、打铁工人的老君庙、屠宰工人的桓侯宫、保障盐运安全的王爷庙等，构成了自贡最独特的精神空间。富荣东西场人员统计见表4-4、表4-5。

表4-4　富荣东场人员统计表

| 经理 | 外交 | 外场 | 客堂 | 管账 | 帮账 | 管钱 | 学徒 | 井口管事 |
|---|---|---|---|---|---|---|---|---|
| 654 | 70 | 645 | 71 | 645 | 456 | 465 | 646 | 231 |
| 山匠 | 大帮车 | 拭篾匠 | 牛牌 | 帮车 | 白水匠 | 坐楻桶 | 管五金 | 工程司 |
| 231 | 394 | 462 | 462 | 2 772 | 2 402 | 115 | 46 | 46 |
| 开车 | 生火 | 学习 | 锅炉匠 | 铁匠 | 坐灶 | 出输子 | 烧盐工 | 打锅匠 |
| 138 | 138 | 46 | 92 | 138 | 333 | 760 | 1 458 | 367 |
| 扯水匠 | 檩竿匠 | 车水匠 | 撑船夫 | 桶子匠 | 枧山匠 | 看守盐仓 | 水外场 | 总签 |
| 734 | 367 | 666 | 734 | 367 | 333 | 333 | 1 | 1 |

| 煎卤工 | 坐码头 | 巡视管事 | 巡视山匠 | 马夫 | 伙房 | 杂工 | 挑水夫 | 运盐夫 |
|---|---|---|---|---|---|---|---|---|
| 1 | 2 | 2 | 2 | 12 | 1 290 | 1 290 | 2 000 | 20 000 |
| 铁木等工 | 车房管事 | 修理 | 抬盐匠 | 散签 | 挑炭夫 | | | |
| 1 000 | 231 | 46 | 666 | 4 | 30 000 | | | |

表 4-5 富荣西场人员统计表

| 经理 | 管账 | 帮账 | 管事 | 学徒 | 山匠 | 大帮车 | 牛牌子 | 拭篾匠 |
|---|---|---|---|---|---|---|---|---|
| 1 108 | 3 316 | 2 216 | 1 548 | 6 848 | 902 | 902 | 451 | 1 353 |
| 开车工 | 打杂工 | 灶头 | 桶子匠 | 烧盐匠 | 煎卤工 | 坐码头 | 坐榥桶 | 管现钱 |
| 1 353 | 2 645 | 646 | 646 | 6 460 | 1 | 22 | 22 | 11 |
| 巡管 | 番水匠 | 马夫 | 白水匠 | 井口管事 | 捣碓匠 | 枧匠 | 上马头 | 挑水夫 |
| 11 | 88 | 33 | 44 | 150 | 9 000 | 66 | 12 000 | 32 000 |
| 抬盐匠 | 挑炭夫 | 驮夫 | 工程师 | 修理 | 开车工 | 生火工 | 学习 | 管五金 |
| 24 000 | 24 000 | 6 000 | 50 | 50 | 50 | 1 353 | 50 | 50 |
| 生火 | 锅炉匠 | 杂工 | 土木石工 | | | | | |
| 160 | 80 | 450 | 700 | | | | | |

## 二、盐道体系上的盐业景观

富荣盐场的运销主要通过以下运岸运出：仁岸以合江为运岸，经习水、茅台分道转运至贵阳和安顺；綦岸以江津为运岸，经綦江分道转运至正安和遵义；涪岸以涪陵为运岸，经沿河分道转运至铜仁和思南；永岸以叙永为运岸，由此分道转运至安顺和威宁；楚岸以长江水道顺江而下。盐道上的景观主要有验卡设置、水运路里及其运道情况、盐业转运城镇、会馆和文庙等景观。

## （一）验卡设置

清光绪三年（1877），四川总督丁宝桢创办四川盐务官运总局，各厂设分局购盐分运，各岸设岸局销售，设子局分卡，负责盘验船务，填换盐票。

井盐产量的增长带来了盐业运销的迅速发展。据《四川盐法志》和《川盐纪要》载：清咸同年间，"每年济销两湖的川盐载八千万斤左右"，光绪初年"托井灶而生者，即自流井一处，已不下百余万众，加以船户水手，又不下数十万众"。水路"帆桨如织"，陆路"挑夫盈途"。如此繁忙的水陆交通运输不仅带来了城市中心地区的繁荣，也促进了运输线上城镇的兴起和繁荣。重庆方向东大路上的大山铺、何家场、牛佛渡，宜宾方向西大路上的鳌头铺（今永安镇）、双石铺（今仲权镇），沿釜溪河而下的仙市、沿滩、邓井关以及沱江下游的赵化镇、怀德镇等或因盐运而产生，或因盐运而发达，它们的兴衰对盐业的运销也起着举足轻重的作用。

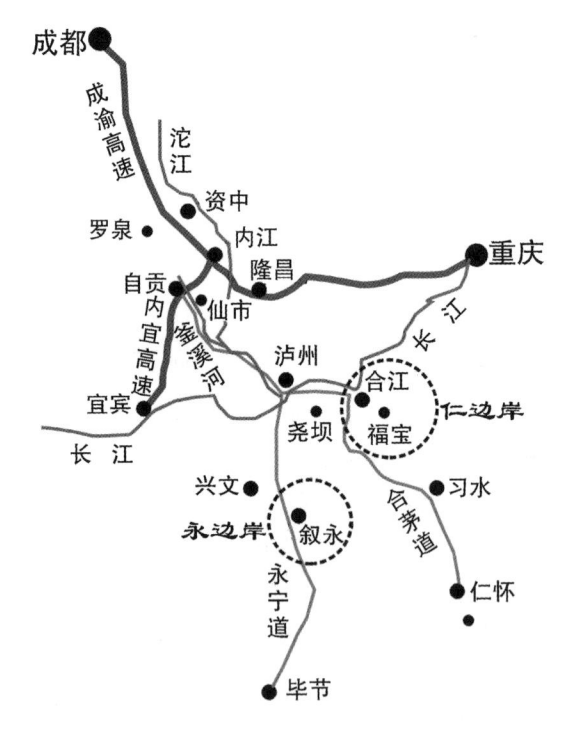

图 4-11 自贡与川黔盐道图

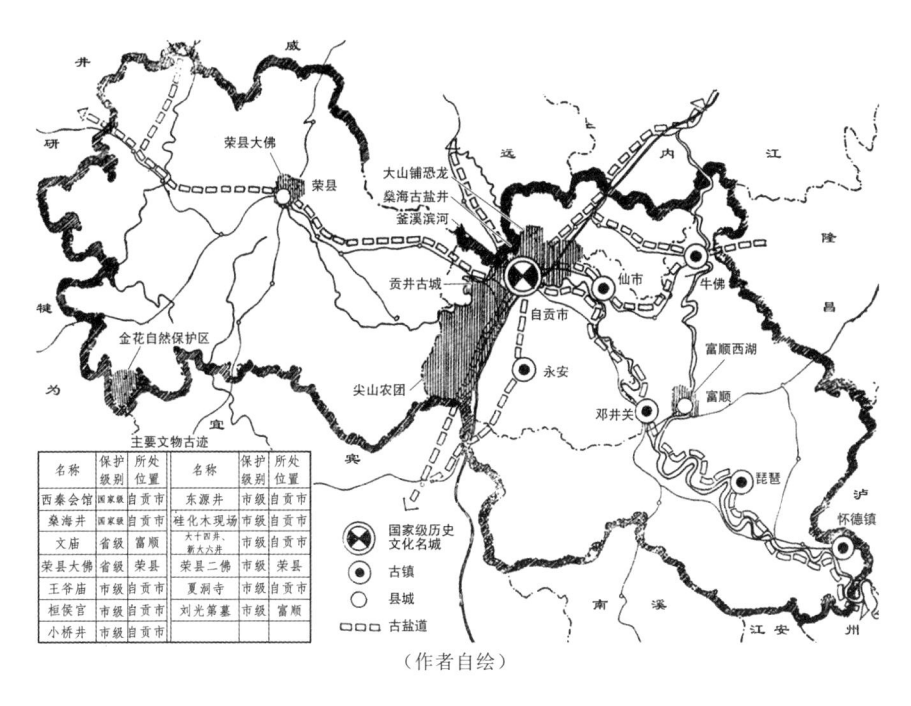

| 第四章　盐业城镇的空间结构与景观特征 |

图 4-12　自贡及周边盐道盐镇布局图

（资料来源：自贡市城市规划设计院《自贡市城市规划与城市发展史》）

图 4-13　自流井稽查处

**图 4-14 五通桥盐政官署**

（民国时期的盐务官署在现在看来也十分豪华气派）

**表 4-6 自贡盐运验卡分布表**

| 东场 | | | 西场 | | |
| --- | --- | --- | --- | --- | --- |
| 验卡 | 地点 | 距厂署距离 | 验卡 | 地点 | 距厂署距离 |
| 大山铺验卡 | 富顺大山铺 | 10千米 | 老栗湾验卡 | 荣县老栗湾 | 0.5千米 |
| 柑子坳验卡 | 富顺柑子坳 | 9千米 | 中溪河验卡 | 荣县中溪河 | 2千米 |
| 茶堂子验卡 | 富顺茶堂子 | 4千米 | 雷公滩验卡 | 荣县雷公滩 | 3.5千米 |
| 万家桥验卡 | 富顺万家桥 | 14千米 | 草学堂验卡 | 荣县草学堂 | 3千米 |
| 叶柴口验卡 | 自流井叶柴口 | 0.5千米 | 秀才坡验卡 | 荣县秀才坡 | 6千米 |
| 牛佛渡上关验卡 | 富顺牛佛渡 | 45千米 | 柿子岭验卡 | 荣县柿子岭 | 2千米 |
| 牛佛渡下关验卡 | 同前 | 45千米 | 杨泗庙验卡 | 杨泗庙 | 3.5千米 |

续 表

| 东场 | | | 西场 | | |
| --- | --- | --- | --- | --- | --- |
| 验卡 | 地点 | 距厂署距离 | 验卡 | 地点 | 距厂署距离 |
| 黄葛坡验卡 | 富顺黄葛坡 | 1.5千米 | 艾叶滩验卡 | 富顺艾叶滩 | 4千米 |
| 白马庙验卡 | 内江白马庙 | 45千米 | 土地河验卡 | 荣县土地河 | 4.5千米 |
| 凤凰坝验卡 | 富顺凤凰坝 | 3千米 | 重滩验卡 | 荣县重滩 | 3千米 |
| 曾家厂验卡 | 富顺曾家厂 | 4千米 | 泥巴湾验卡 | 富顺泥巴湾 | 3千米 |
| 仰天窝验卡 | 自流井仰天窝 | 1千米 | 江家桥验卡 | 富顺江家桥 | 5千米 |
| 太平场验卡 | 富顺太平场 | 47.5千米 | 长田验卡 | 富顺长田 | 2千米 |
| 高洞验卡 | 富顺高洞 | 6千米 | 玛瑙河验卡 | 富顺玛瑙河 | 5千米 |
| 麻柳湾验卡 | 富顺麻梆湾 | 7.5千米 | | | |
| 黄葛岭验卡 | 富顺黄葛岭 | 7千米 | | | |
| 三江店验卡 | 富顺三江店 | 7.5千米 | | | |
| 观音滩验卡 | 威远观音滩 | 5千米 | | | |
| 长石塔验卡 | 富顺长石塔 | 7.5千米 | | | |

## （二）道里设置

自贡的盐运销区主要是四川、湖南、湖北、云南、贵州等地，最有效的运输方式是船运。自贡盐的外销主要依靠釜溪河，釜溪河是沱江的一条支流，由旭水河和威远河在自流井凤凰坝双河口相汇而成，在富顺李家沱注入沱江，全长67千米。清康熙三十六年（1679），釜溪河道被疏通开凿，成为自贡外运的主要水道，其运盐量在清初为自贡盐产量的70%，清末为80%，抗战时期为90%。繁盛时可看到釜溪河盐船竞发、帆樯林立的宏大场面，如今，只有王爷庙见证着逝去的辉煌。

盐道分为水路和陆路。古代交通条件有限，河流险滩较多，船只设施简陋，官方在盐道的规定设计上既要考虑如何管理，防止私盐侵越，又要将道路的里程勘验清楚，将水上的险滩也清楚列出，定期加以疏浚，以保障盐路畅通。富荣盐场和犍乐盐场分别从沱江和岷江进入长江，以叙永为起运岸的盐主要来自犍为，其次是富荣。《四川盐政史》对岷江盐运水道的记载十分清楚，滩名、距离盐业支所的距离、险滩的等级（平常、次险、最险）以及险滩出现的季节和水位，都有记载。各险滩依次如下：[1]

牛心滩（距支所距离4里[2]）—鸭儿滩（13里）—道士观（15里）—分津水（35里）—三尖石（43里）—黄角窝（70里）—义鱼寺（75里）—斗切子（80里）—鸡毛砌（82里）—猪屎滩（90里）—隆昌三湾（100里）—猪圈门（130里）—干龙子（145里，距宜宾200里）—潇家湾（190里，距宜宾155里）—背时滩（195里，距宜宾150里）—斗碛子（235里，距宜宾110里）—吞口石（240里，距宜宾105里）—石鸭子（距宜宾65里）—门砍滩（距宜宾35里）—龙漩子（距宜宾30里）—虾蟆滩（距宜宾20里）—铜锣湾（距宜宾5里）—雷劈石（在宜宾附近）—钜梁子（距宜宾15里）—葛公山（距宜宾35里）。

图4-15 釜溪河的盐运景观

（如今釜溪河基本没有通航，只有左岸的王爷庙见证着盐都辉煌的岁月）

---

[1]《四川盐政史》卷五《运销》。
[2] 里，计量单位，1里=500米。

《四川盐政史》对各滩的险峻状况都有描述，比如"吞口石在枯水时最险：此滩列于西岸，归槽之水，滩陡水急长里余，傍岸怪石参差，河底又有巨石洪水，东岸高处有窄壕之水，可放船，冬季水浅概由西放水愈枯则愈险，川江中最著名险滩也"；"钜梁子在洪水时期最险：在钜梁子及雷劈石之间即叙府宜宾县城也，也自距钜梁子以至野猪羊大小共十六滩，水程计二百九十三里，系宜宾至纳溪一段"；"鸭儿滩（平常）：此地水浅石现，常有擦损船底之患，水大则无滩"；"猪屎滩（次险）：此滩乱石逼河，枯水甚危险，大水无碍"。这些描述相当于盐运行船手册，是难得的水文资料。

陆路由于山路崎岖，道里计算也十分关键，所以，在各场的行盐图上，都十分清楚地标明了运往各地的盐运公里数。如从合江入黔的四条盐道如下：

①合江县：茅台村（490里）、新场（160里）、滥泥湾（160里）、黔西州（60里）、镇西街（50里）、清镇县（今清镇市，90里）。

②合江县：滥泥湾（810里）、陆广（50里）、平远州（70里）。

③合江县：滥泥湾（810里）、安平县（40里）。

④合江县：鸭溪（640里）、团溪（160里）、瓮安猪场（60里）、平趣牛场（120里）。

### 三、盐转运城镇景观

盐在外运过程中，要经过许多转运口岸，这些口岸是区域的集散中心，也有部分口岸本身是产盐地，只是盐产不足，需要配引接济。这些因盐而兴的聚落一般具有如下特点：第一，主要分布在四川盆地东部的长江边上或长江支流附近，这一方面是由井盐形成的特殊地质地貌特征决定的，另一方面是便利的水运条件使更多的人聚集于此；第二，外地盐商的大量涌入使这些地区都曾建造过大量供外地人祭拜的祠堂庙宇和供聚会用的楼堂馆所，各盐场几乎都有"九宫十八庙"的记载；第三，产盐区的村落普遍因盐井资源枯竭而逐渐衰落，与昔日的繁华形成鲜明的对比。如今，产盐区大多还保留有废弃的盐井和产盐作坊等遗迹，仍延续着与盐业生产和运输有关的节会及民俗，如大宁有绞会，自贡有王爷会、火神会等。①

富荣盐场配引的众多口岸形成了许多独特精彩的城镇景观。在通往仁岸和永岸的盐道上，有最独特的过滩起运码头仙市，有因盐而兴后又转型的富顺，川黔交界处的福宝场和叙永古城以盐为纽带，展示出了多元文化的交流共存。在川盐济楚的口岸中，西沱和龚滩以其巧夺天工的场镇设计演绎着盐工的辛劳和匠人的精彩，南来北往的商客把原乡的情结和文明的传播随盐业一起迁移扎根，盐道上众多的会馆和文庙成为我们认识盐文化的重要载体。

### （一）仙市——"盘滩过坳"的盐运码头

仙市古镇始建于1400多年前的隋代，古称仙滩，民国二十二年（1933）改为仙市。1983年前属宜宾地区富顺县，1983年富顺县划归自贡，仙市镇始归自贡管辖，2005年自贡市行政区划再行调整，仙市镇调归自贡市沿滩区管辖。古镇位于距自贡市区仅约10千米的釜溪河畔，距旧时自流井仅半日行船（盐运木船）路程。从运盐的基本规律来看也许很难理解，仅仅半日行程为何却要形成转运码头？事实上，仙市成为盐业重镇的主要原因不是区位，更多是由于河道的障碍。经过对仙市古镇的深入考察，陶宏从古镇形成、功能和结构进行了全面分析。②

仙滩是釜溪河流经这里时的一个长长的石滩，湾急滩多水浅，致使运盐船只上下颇费时力，盐船至此无法直接下行，许多盐船在此候着过滩或停泊起载。工人们先将盐包卸在上码头，由纤夫将船拉过滩区后，再将盐包搬到下码头重新装船外运，形成历史上有名的"盘滩过坳"。由于这种天然障碍，运盐的挑夫、盐商、船家滞留于此，高峰时期，每晚屯留于此的船只不下四五十只，人员多达一两百人。陆路上过往仙市的成群结队的挑夫和马帮也在此歇脚。古镇虽然规模不大，却成为水路辐辏之地，热闹非凡。特别是在清末太平天国运动和抗日战争时期，两次"川盐济楚"使得此地达到了历史上最繁荣的鼎盛时期。在仙市不到2平方千米的范围内建有总长662米、宽6米的四条青石板铺的古街，还有五座会馆、三个古码头、五道城闸。"盘滩过坳"的独特条件使得仙市的交通区位日益重要，成为运盐船只必经之地，是自贡盐水运经釜溪

---

① 赵逵、张钰、杨雪松：《川盐文化线路与传统聚落》，《规划师》，2007（11），第89-93页。
② 陶宏：《古盐道上的明珠——仙市镇》，《盐业史研究》，2004（3），第46-48页。

河入沱江、进长江、溯赤水的第一个盐码头，也是"东大道下川路"运盐由水运转陆运的一个中转码头和自贡至成都、隆昌和荣昌等地的陆路要冲。

仙市的城市格局主要是"四街、五庙、三码头"，四街是新河街、半边街、新正街、正街，三码头是上码头、中码头和下码头，五庙分别是江西庙、湖广庙、川主庙、南华宫、天上宫。古镇以三个码头为主要支撑点分别形成三条街道，水路相通，垂直于三条正街，顺河就山，修建了两条横街——新河街和半边街，整个古镇基本呈"正"字形状。

古镇盐运繁忙，移民大量涌入，形成不同的社会群体和以五大会馆为代表的建筑群。

南华宫，又名广东会馆，由广东人于清咸丰末年（1862）建造，占地1 284平方米，位于上码头与下码头之间，建筑物坐北向南，主要建筑依次布于南北中轴线上，次要建筑对称于东西两侧，四合院布局，由山门、戏楼、大殿、廊楼、厢房及耳房组成，四周用廊楼相连，两侧廊楼下的过街门洞与半边街相通，使会馆与街市融为一体。

天上宫，又名福建会馆，由福建人于清道光二十九年（1850）建造，位于半边街下三分之一处，平面呈长方形，由山门、戏楼、大殿、廊楼、东西厢房和耳房组成，四周用廊楼相连，其戏楼为歇山顶，大殿为硬山顶，两侧廊楼下的过街门洞与半边街相通。

川主庙，亦称惠民宫，由四川人建造，占地2 220平方米。建筑宏阔雄伟，会馆虎踞镇北金银山上，坐北向南面向半边街。殿宇三重，由山门、戏楼、中殿、正殿、廊楼、东西厢房、耳房及一个庙坝和四个天井组成，四周用廊楼相连。整个建筑沿轴线依山势渐次抬高，后为仙市小学用地。

万寿宫，即江西庙，由江西人建造，位于镇东北方向，现仅存前殿，面积48平方米。

湖广庙，位于镇东下码头旁，为湖广移民会馆，整个建筑坐北朝南，依山而建，并逐次抬高，殿宇三重，气势雄伟壮观，其规模为仙市会馆建筑之最，现仅存正殿部分山墙。

古镇从总体布局看，分为码头—市场—祠堂—会馆四大部分。沿河的码头建有仓库、闸门，古镇上甚有小型门楼，主要用于盐运稽查，附带满足安全需求；从码头向古镇深入的街区为商业区，依地形抬升，分布有店铺及各种作坊，街区交汇处形成商业集中区域，为古镇最集中的中心场；本地人的祠堂和外地人的会馆适当分离，显示出文化的差异和社会群体利益的不同。本地盐商以杨家大院和川主庙为代表，会馆区相对集中。由于雄厚的经济基础，各种各样的行帮会馆为显示其势力，相互攀比竞争，会馆的戏台有时竞相唱戏，热闹非凡。

从图4-16所示的古镇全图可看出不同社会群体的分布。各大会馆占据着古镇最重要的区位，形成相对独立的势力范围：川主庙位于上码头入口，湖广会馆占据着下码头入口，江西会馆占据着正街入口，天上宫、南华宫位于半边界的中心，陈家祠堂位于码头之间的公共空间内。

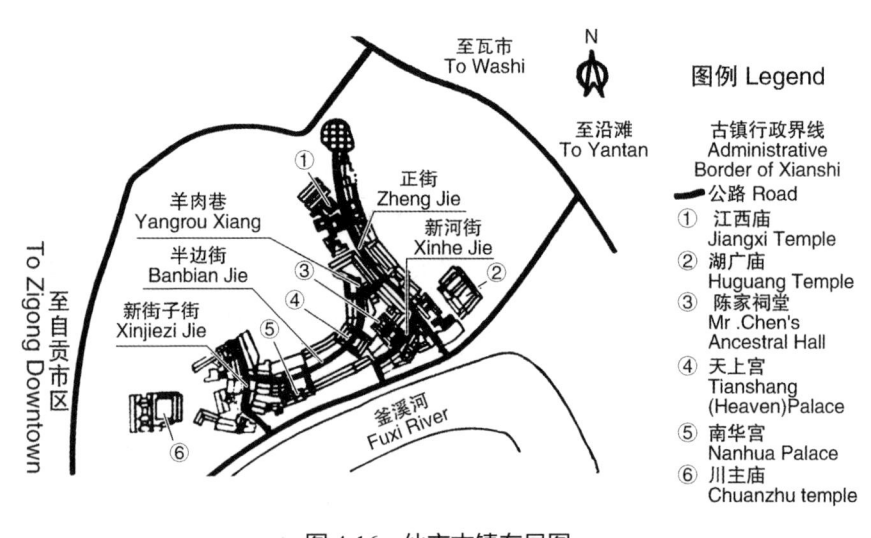

图 4-16 仙市古镇布局图

（资料来源：仙市古镇旅游管理中心）

人们将古镇的古建筑概括为"串庙长龙通南北，闭关锁闸各成囚"的"仙人变阵"图，古镇建筑仿佛釜溪河滩的一幅"仙女侧卧图"，故名"仙滩"。考察中，当地老人还专程带笔者去参观古镇中心的一口泉眼，据说每个月会浑浊几天，是仙女来的"例假"，每当此时，全镇都会到河里取水，待泉水清澈，再继续使用。看似很荒诞的传说，其实是中国古代城市中的"仿生学"理念，把城镇当成生命的活体，体现了大地为母的生殖崇拜理念，寄托了人们希望古镇永远生息繁衍、兴旺发达的愿望。

仙市附近的牛佛古镇也是如此。《元丰九域志》记载牛佛镇原名高市镇，因沱江南岸有座山形似牛，当地人崇拜牛神，于是在牛王山峭壁下建牛王寺，每逢农历十月初一至初五祭祀都盛况非凡。在古镇民间祭祀中，牛和井关系密切，牛府依赖盐井生存，自然崇尚井宿（又叫东井，它的象征动物为犴），云南昆明建有井宿祠，"井宿祠，俗名金牛寺。在城东盘龙江堤上昔人筑俐牛一，以镇水怪。其形独角卧地，昂头视江水起，作欲斗状，高五尺许，上覆一亭"[①]。同时，牛与人们的日常生活息息相关，牛的勤勉、率直和任劳任怨的精神，一直被人们所提倡。在传统文化中，人们又赋予牛以丰富的文化内涵。在八卦中，牛是坤卦的象征，坤为土，土又有克水的功能，因此牛的形象被广泛运用于水灾比较多的地方，以镇水患，盐运道上的安全意象在这里形成，与自贡的王爷庙有异曲同工之妙。牛佛镇附近的山体一直被神化，"山逆流丛峙，势颇雄杰，逼临江水，宛若牛形"，"牛佛渡踞江边状如獬豸"[②]。民间牛神进入了寺庙，盐运道上独特的牛佛，加上古镇本身的神兽意象，成为盐运道上的保护神。

### （二）富顺——盐城的转变

富顺古城是最早产盐的区域之一，后来随着盐矿条件的变化，盐的生产逐渐衰落，城市从单一的手工业生产逐渐转变为多功能城市，这是盐业城市转型后的一个景观特点。张蓉把这种转型归纳为：因盐筑城，因学兴城。张蓉从城市的空间布局进行了分析，总结出富顺古城的三大特征。

（1）因地制宜的城墙轮廓。富顺古城的城墙轮廓呈不规则的椭圆形，在三面环城的雒水包围之下，凸岸的形状呈釜形，加之西北面的山地环绕，自然只能有近似椭圆的平地可用。城墙随地形建起：东南西三面江水为防，北面高山为屏，有利于古城防御。

（2）文风蔚然的建筑设计。富顺建城之后，这里的向学之风日盛，富顺文庙始建于北宋仁宗年间，为教化乡人，鼓励科第。古城依靠的翠屏山形如"挂榜"，用山之形象做比喻，决定了建筑的位置。同时，与学宫建设相关的还有锁江塔的建造。从风水角度看，富顺古城虽然被金水城环绕，但是雒水从县城东流向西，人们认为不吉利，于是，在古城

---

[①] 民国《昆明县志》卷四《祠祀上》。
[②] 民国《富顺县志》卷二《方域》。

选择两山夹江的位置，在雒水北岸山峰上建了一座高十三层的八边形塔。当夕阳西下时，塔影落在江面上并正好跨过江面到对岸，意寓塔影锁住向西的江水，留住富顺的好风水。

（3）血脉畅通的内湖与外江。古城内的天然湖泊称为"西湖"，与城外雒水相通，曾是富顺城内一大名胜，湖面最大时达到六七里宽，文人骚客常在此歌咏览胜，水面因为与江水相通，故能常保水质清洁，对城中空气大有裨益。①

很明显，富顺的城市布局与自贡的资源型城市布局有着明显的不同，但富顺古城肇始于井盐的采掘和商贸，起初也是一个资源型的商贸城市。张蓉认为富顺的最初城市规划也是以盐业为中心发展工商业。公元567年，北周皇帝在此设县，不仅表明了其地位的重要性，也标志着这个地区因盐形成的聚落在当时已经具有了相当的规模。城市中心点的选择，是风水格局中城市的正穴所在，自古有"京都以朝殿为正穴，州郡以公厅为正穴"之说。北周建设富顺县城时，以富世盐井为中心，划出江阳所辖地域东西45千米，南北55千米，以井命名，设"富世"县。据唐人李吉甫《元和郡县图志》：富义（世）盐井在富世县"西南五十步"，即该盐井位于唐时县衙署西南约75米处。可见，该盐井在城市规划之初被作为城市的正穴，其地位比"公厅"还要重要，体现出富顺县以盐业为命脉的建城思想。

中国古代城市对风水的追求主要缘于人们的一种心理需求，在经济逐步衰落的时候，人们对城市的依赖往往体现在风水上面。王铭铭教授对明代泉州市民保卫风水的事件做出了社会学分析："这种传说是一种'传奇的事实'（Legendary Reality），即以虚幻的想象所表述的民众对现实不满的历史事实。……如果我们把民间传说延伸开来，那么海外移民恰好可以被解释为对于被'断坏'了的泉州风水的逃避：他们到这个城市之外去寻找新的风水秩序，或者去寻求风水的残酷逻辑所无法波及的空间。"②其实，这也是泉州人对于昔日繁荣的追忆和无奈的叹息。笔者认为，风水代表了古人五个层面的追求，即生殖崇拜的生命追求、安全心理的本能需求、宗族社会的血缘纽带、美学欣赏的愉悦感受、天人合一的宇宙理念。③如

---

① 张蓉：《因盐筑城、因学兴城的富顺古城》，《中华文化论坛》，2008（3），第150-156页。
② 王铭铭：《逝去的繁荣——一座老城的历史人类学考察》，浙江人民出版社，1999年。
③ 李小波：《中国古代风水模式的文化地理视野》，《人文地理》，2001（6），第28-32页。

果把中国古代风水模式图和富顺城池图做一对比，会发现它们的形态格局十分相似，由此可知，风水也赋予了城市相应的文化内涵。

首先，富顺山环水抱，河流自西向东流过，背靠马脑山，面朝翠屏山。马脑山为古城靠山，龙脉连绵。"马脑山在城西北一里，横亘盘礴，半麓为中岩，以北岩居左，澜岩居右，故名"，"岩下有七井，宛肖七星伴月"，"马脑山澜岩北岩互相围护，前对同心塔，翠屏桂子诸山叠翠浮岚，釜水萦抱，为众山之宗"。城市前面的雒水呈怀抱之势，江自东迤而南西萦绕县治，江中有夺锦洲台耀石，治城内有雒原郡旧迹钟秀山、神龟山……台耀石在县城东津门外，中流有石，高出水面，前三后七，分布两层，相传为三台七星。①

翠屏山明显是古城的案山，形为书案。"壁立如屏，正对学宫，如挂榜形，故一名挂榜山，邑中科第相承，以为是山之盛。"县城中的文庙历史悠久，成为富顺人文标志。富顺文庙建于北宋庆历四年（1044）。庆历二年（1042），富顺县出了第一个进士李冕，受此鼓舞，当地人民于两年后建成文庙，希望同乡才俊能继续金榜题名。文庙内立有石质"雁塔碑"，人过留声，雁过留名，宋代在雁塔刻名的进士有67人之多。有明一代，多次修葺文庙，赴京会试中进士者达139人，占四川省进士总数的十三分之一，故有"富顺多才子，才子甲西蜀"之美誉。但是，明末清初，由于战乱破坏，文庙破败，虽有修补，文气大伤。清代立朝到道光中期，富顺仅出了11名进士，百姓认为乃文庙败运之故。道光十六年（1836），富顺知县邓任坤重修文庙，取曲阜之图纸，运西部之巨木，订江西之琉璃，在文庙后建"龙池""风穴"，从曲阜拓回的孔子像系吴道子所画，脉系正宗，如此风水运势，自然文风蔚然。与文庙相应的布局还有文昌宫和魁星阁，从马脑山至雒水河的中轴线上，左文庙右武庙，工整庄严。

在以文取仕的古代，文运兴旺是一个家族或者一个城市的荣耀。分布在城南的各大会馆（如南华宫、禹王宫、天后宫等）是富顺商贸繁荣的象征。从码头市场到同乡会馆，再到文庙奎星，最后登顶马脑山，传统文化中的商、文、仕完整地反映在城市空间中。

---

① 同治《富顺县志·山川上》。

### （三）福宝——盐道通达的风水之脉

从合江起运到贵州茅台镇一线是川黔最重要的盐道。清乾隆十年（1745），贵州总督张广泗奏请疏通赤水河。经四次整修，赤水河始通舟楫。四川自流井盐经赤水河运入，至茅台镇起岸。赤水河通舟楫之前经合江入贵州的古盐道主要是四川自流井经釜溪河入长江，水运至纳溪，上岸经尧坝—福宝—天堂坝—洞坪入贵州。由于贵州高原为喀斯特地貌，地形崎岖，山地通行困难，而路线中纳溪—福宝一段地形比较平坦，福宝—天堂坝—洞坪段基本上沿大漕河畔逆水上行，相对便捷，这一路线从而成为赤水河通舟楫之前川盐入黔中路的首选。"天堂路"在唐宋时期即为川盐入黔的重要通道。[1]

据刘宏梅、周波教授研究，福宝古镇具有以下主要特征。

（1）移民文化的多元融合。

福宝古镇始建于元末明初，当时"湖广填四川"使大量移民在福宝定居（表4-7），在此之前，此地已有世居居民聚居，因此福宝是一个"历时迁入型"的古镇。据两位作者调查，移民对古镇影响很大。

表4-7 福宝移民简况

| 家族名称 | 原籍 | 迁入时间、地点、历史 | 备注 |
|---|---|---|---|
| 雷姓 | 福建 | 湖广填四川；沿长江而上，从东边、南边来 | "湖广填四川"而来的家族，曾经为古镇的"三宫八庙"建设做出巨大贡献，也为福宝古镇的社会文化添加了新的血液；他们带来的南方文化大大影响了古镇的空间格局和民居特色，为古镇引入了"封火山墙"等具有实用性的建筑元素，使福宝古镇发展成为一个多元文化融合的乡土聚落 |
| 王姓 | 湖北孝感 | 湖广填四川；沿长江而上，从东边、南边来。因建屋建庙等贡献，于道光十三年（1833），获得永久免税权 | |
| 何姓[2] | 不详 | 湖广填四川；原在古镇中做大烟买卖，如今后人全移居他乡，家道衰落 | |

（资料来源：刘红梅、周波）

---

[1] 刘彦群：《四川福宝镇古盐道旅游开发与新农村建设研究》，《四川理工学院学报》（社会科学版），2007（5），第15-19页。
[2] 古镇中最老的移民为何姓，90岁，原为当地地主，建有何氏庄园。

(2)以庙兴场。

福宝的兴起与庙宇文化有着不可分割的联系。福宝古镇不仅仅是商贸中心,还是崇神的中心,南来北往的善男信女使这里逐渐发展起集市,得以"以庙兴场"。古镇的"三宫八庙"中,象征佛教文化的庙数量多于象征道教文化的宫,但从占地面积与规模角度比较,宫胜于庙,形成了以道教文化占主体、"宫大庙小"的庙宇形制。这些异质的民间信仰显示了福宝古镇浓重的多元文化融合的社会氛围。因此,"三宫八庙"是福宝古镇社会文化多元融合最显著的表征。

(3)因地制宜。

福宝古镇建造在山丘上,与水系平行布局,街道顺山势走向而变化,石阶蜿蜒起伏伸向前方,呈现出曲折带状的聚落空间特征。回龙街是古镇中目前保存最完整的一条古街,民居错落有致地"生长"在青石板铺成的街道两旁。街道随山脊起伏,张弛有度,形成整个古镇空间布局的高潮。火神庙是古街的制高点,可欣赏到整个古镇的布局和肌理。

(4)建筑多元。

古镇中,受"移民"文化影响形成的最典型的是"廊坊街",类似广东"骑楼",既可以遮阳蔽雨又延伸了商业空间,形成了福宝独特的场镇风貌。"湖广填四川"带来的"移民"文化使得中原的建筑结构特征与四川的木构建筑相结合,使得民居在建筑空间结构形式上发生了演变,形成了多元文化融合的特征。

(5)吉祥趋吉。

福宝古镇中的封火山墙是根据五行特征建成的,这是因为民众希望以此获得保护,也形成了一种美学景观。

(6)本土特色。

四川民居的建筑材料,明以前多用竹木和泥,即传统的"竹篾夹土墙"。"湖广填四川"带来的"移民"文化使得明中期以后尤其是清代,四川的民居大量采用砖瓦结构,由此也使得合院式布局形式发展成熟。福宝古镇的民居多使用经济、廉价、易得的材料来进行建造,采用"竹篾夹土墙"的方式,就地取材。而古镇中的"三宫八庙"等公共建筑则是由社会组织筹钱修建,经费较充足,使用的材料就是古镇建筑中比较"贵重"的"青石"材料。[1]

---

[1] 刘宏梅、周波:《乡土聚落的多元文化融合——泸州市福宝古镇》,《四川建筑科学研究》,2006(6),第210-215页。

福宝的选址和布局，与周边的农耕地区有着明显的不同。由于商业在古镇功能中占有重要地位，古镇基本上没有平坝等宽敞的空间，在规划时主要考虑交通的通达性。季富政教授称福宝的布局为鱼脊形布局。①白色溪注入浦江河前，形成了一个270°的急弯，造就了一个鱼脊形的半岛，福宝正好处于这个半岛上，鱼头向西，鱼尾向东，鱼脊是场镇的制高点，独特的山川场镇联系着川黔古道。尽管古镇街道崎岖，但是，商业的繁荣仍然使得其兴盛发达。福宝的这种"商态"环境具有两大文化特点。

（1）对传统风水文化的不同解读。

刘沛林教授把中国古村落的地理特点总结为：人之居处，宜以大地山河为主——古村落环境空间形成的理念基础；山深人不觉，全村同在画中居——古村落生活空间形成的意境追求；凡立宫室，宗庙为先——古村落精神空间形成的礼制基础，并把风水意象作为古村落重要组成部分。②陈志华教授认为：福宝的风水观念是商人的风水观，福宝的人们认为，能带来利益的就是道路。四通八达的交通使得福宝商贾云集，财富汇集，所以，福宝的风水叫"五龙抱珠"，也叫"九龙汇首"。"五龙"是指五条主要大道，"九龙"则加上另外四条小道。在福宝，传统的风水理念是指一蛇盘三龟的地形，"一蛇"就是白色溪，三龟是指古镇的明月山、东面的天坛山和西面的乌龟山，龟蛇相交，是为玄武。玄武为北方之神，主水，可以避火，福宝老街曾经被大火烧毁，人们希望借玄武来保证全镇的安全。③笔者认为，龟山还有更多的文化含义，"龟"是风水学中以物取象的对象之一，苏州、成都、昆明、平遥皆有"龟城"之象，在中国传统文化中，龟、龙、麟、凤被推崇为灵物，而龟居四灵之首。传说大禹治水就得益于神龟负书。龟为货币，龟为宝物，龟是财富的象征。另外，龟的长寿人人皆知，据现代动物学研究，可达300～400年。龟还具有生殖崇拜的意象。饶宗颐先生还考证，龟为水母，龟是地液——生命之汁的代表。所以，古人总是将益寿延年、子孙繁衍、财富聚集与龟联系起来并加以崇拜，希望城内人群聚居，财富聚集，经济繁荣。

（2）求同存异的会馆与古镇空间格局。

福宝古镇作为一个小小的山区小镇，曾经有染房七家，有戏楼两座，有清源宫、万寿宫、天后宫、五显庙、土地庙、张爷庙、禹王庙、火神

---

① 季富政：《巴蜀城镇与民居》，西南交通大学出版社，2000年，第24-25页。
② 刘沛林：《古村落：和谐的人聚空间》，上海三联书店，1997年，第35-37页。
③ 陈志华：《福宝场》，生活·读书·新知三联书店，2003年，第52-54页。

庙、灯棚、王爷庙、观音庙等三宫八庙，还有乾隆年间建造的"惜字亭"。在大青石铺成的街道两旁，民房一字排开，形成九龙巷、刘家巷、包青巷、柴市巷、鸡市巷等五条街道。

众多的会馆代表了不同的地域群体和社会组织，不同的管理层次总是依靠相同的三种方式实现自己的领地控制，即政治（political action）、社会经济（social-economic action）和军事（military action）。政治行为表现为地理评估、港口利用、领土组织、执行培训等，社会经济涉及领土面积、生产因素、贸易、消费等，军事是指防御工事、后勤保障等。不同的方式因其实施的功能各有不同，因而必然产生不同的分区和景观，从福宝的会馆布局（见图4-17）可明显看出这一点。天后宫、禹王宫、万寿宫等分别占有街道的两侧和上、中、下段，形成自己的势力范围。但是，作为一个场镇整体，各利益集团之间也需要合作协调，共同的宗教需求和融入本土的文化观念体现了"和而不同"理念，所以，在街道两端的公共空间里，设置火神庙、五显庙、王爷庙、张爷庙，存异求同。这样，火神庙成为全场镇的制高点，王爷庙成为场外的起点，五显庙成为场镇的基点，就不难理解了。所以，福宝的空间布局分为三个层次：以会馆为中心的地域社会群体空间—以两端入口和中间公共崇拜宫庙为古镇纽带的精神公共空间—以王爷庙和码头为联系的外延空间。

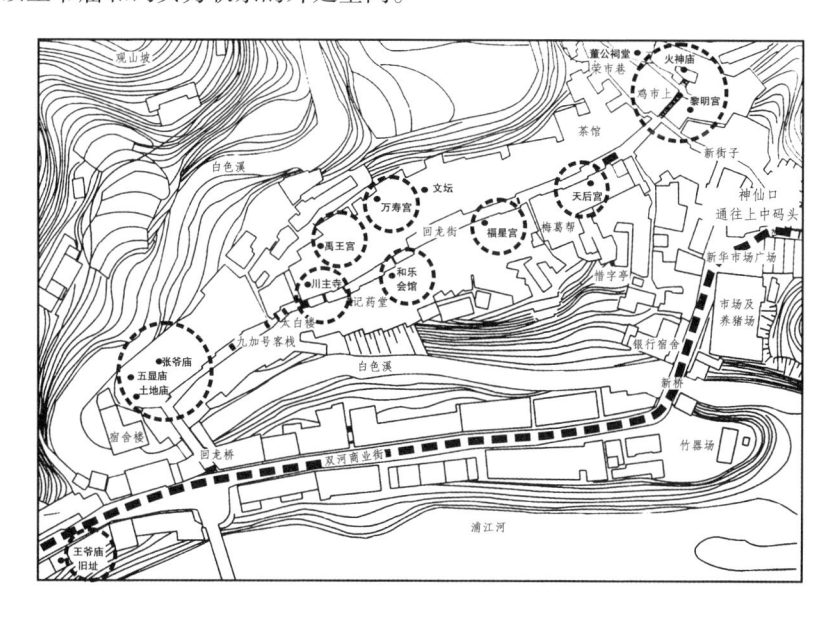

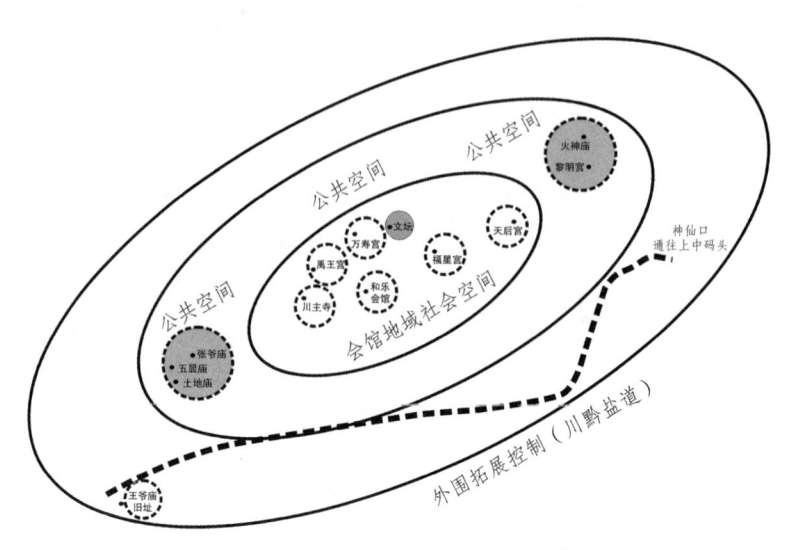

图 4-17　福宝古镇文化空间分析图[①]

(作者自绘)

## （四）叙永——黔蜀分疆的盐业标志

叙永县城坐落在永宁河上游，河水由南向北穿城而过，形成东西两座城。东城俗称"土城"，明时隶属贵州都司，为永宁宣抚司所属，又称"贵城"。西城俗称"石城"，隶属四川，为永宁卫驻地，又称"川城"。所以，叙永被称为"黔蜀分疆处"。

东西二城皆始筑于明洪武年间，"（永宁宣抚司）洪武十五年（1382），迁于今治，东南有狮子山，西北有青山，南有永宁河，东北流经泸州境，入于大江。又东南有赤水河，东有鱼浮关"[②]。"东西两城，四川宣抚旧居，明洪武十三年（1380）设卫，隶黔。弹压宣抚，修筑石城。"[③]叙永城的修建，当在设卫之际，至于整个城垣的完成时期，从城墙中出土的明永乐十七年（1419）石刻佐证，应在明永乐十七年（1419）以后。明清以来均有修葺，乾隆三十二年（1767）同知朱孝纯、乾隆三十六年（1771）知县范肃先后重修西城，西城较东城更坚实壮观。据县志记载：东城周长1470米，有2座城楼、1个水关；西城周长原为2200米，后扩建为

---

[①] 底图来源于陈志华：《福宝场》，生活·读书·新知三联书店，2003年。
[②] 《明史·地理志》。
[③] 康熙《叙州府志·叙永厅》。

3 520米，有 7 座城楼、9 个城门河、1 个水关。九城门分别为"观澜门四、迎恩门三、水和门一、聚宝门一"。①两城之间的永宁河上有上下两桥相连，皆为明末修筑。

叙永的管理权在川黔之间多次变动。明永乐十一年（1413）春，设贵州布政使司后，叙永归贵州省管，时间长达 300 余年。雍正五年（1727）才又并入四川叙州府。原称"贵城"的东城中有一条绵亘十里的古街，不但历史悠久，而且一度辉煌。明清之际，人们都习称这条十里长街为"贵城"。它南邻乌蒙，北通大江，西控戎州（宜宾），东屏渝涪，是川南与贵州西北部接壤的一个军事重镇，也是川、滇、黔三省的边境贸易中心。十里长街路幅宽仅一丈二至一丈五（4～5 米），街两旁均是单檐式青瓦平房，鳞次栉比，"夜市千灯"，热闹非凡。②

贵城的繁荣与永宁古道的盐运业直接相关。清雍正年间，钦定永宁为四大边岸之一，此后，"永边岸"盐源通过十里长街不断运进贵州，而黔西北的山货、土特产又经十里长街转运出口。清末时，十里长街上已有 13 家盐号，盐运入黔主要是用骡马。每日有一二百驮马和近千苦力过此，十里长街成为他们唯一的食宿之地。贵城商店毗连，旅栈林立，其繁荣热闹胜于"川城"。贵城在商业之外还发展了手工业，各类市场也在有序发展，而且还兴建了图书室、公园等社会文化事业，成为功能齐全、设施相当的边贸大镇。

随着商业的兴盛，叙永的宗教文化也繁荣起来，明、清两代小寺庙多达百余处。中华人民共和国成立前夕，东西城内有大型庙宇近 30 座，会馆 9 座，小型的尚有 10 余座，城郊的大型寺庙计有 20 余座。寺庙宫祠中保存完好、价值较高、名气最大的是西城中心区内的"春秋祠"。"春秋祠即陕西会馆，在盐店街。清光绪二十六年陕西盐商等重修。"③这座始建于清光绪二十六年（1900）的陕西盐商会馆，建筑面积 2 500 平方米，长方形布局，进大门沿中轴线依次排列四个封闭式四合院，从前到后依次为乐楼、大厅、正殿、三官殿。乐楼前的广墀两侧系走楼。其余厅殿之间间隔天井、院坝，组成三个院落群体。整个建筑以精湛的木雕艺术见称，被誉为"川南瑰宝，木雕一绝"，尤以"百鸟窗"和"叙

---

① 光绪《叙永县志》。
② 应金华、樊丙庚：《四川历史文化名城》，四川人民出版社，2000 年，第 422-423 页。
③ 光绪《叙永县志》。

永八景"木雕为最佳。"百鸟窗"是正殿前壁装置的八扇雕窗，上有百只不同姿态的喜鹊，配以梅枝、花朵组成图案。"叙永八景"浮雕在戏台两侧走楼的八块装板上，用写生的手法雕有"万寿朝霞""双桥夜月""铁炉晚照""定水晓钟""红岩霁雪""漫岭腾云""宝珠春桃""流沙悬练"八景。春秋祠留给人们的不仅是有形的建筑，而且是因盐而兴的春秋大义和川黔之间的人文标志。

### （五）仁怀——茅台酒中的盐语

仁怀是川盐入黔后的一个盐业重镇，川盐从四川二郎陆运15千米到马桑坪（先在沙滩，后改在马桑坪）入库，再从马桑坪（沙滩）溯赤水河而上至茅台，再由茅台陆运到全省各地。通过仁怀的陆运盐道主要有两条：一条是由茅台经三百梯、岩栈口、怀阳洞、坛厂、桑树湾、长干山到枫香坝、柴溪（今鸭溪）去遵义，然后由遵义至贵阳；另一条是由茅台经梅子坳、盐津河、生界坝、鲁班场、吴马口到金沙去黔西。母光信认为，盐运不仅刺激了区域的经济发展，而且对贵州茅台酒业功不可没。盐业对仁怀的贡献主要体现在三个方面。[①]

#### 1. 从盐运到盐街

清乾隆元年（1736）允许私商纳税后，仁怀专利运销黔盐，因而仁岸盐商开始在茅台村设立盐号。清光绪时，仁岸盐商主要为"永隆裕""永发祥""协兴降""义盛隆"四家。四大号在茅台村羊叉街建筑盐仓，盐仓鳞次栉比，故羊叉街又称为"盐巷街"。民国十二年（1923），仁岸盐商发展到16家，各盐号在茅台扩建盐仓。民国十六年（1927），周西城主黔政，以整顿盐务为名，狠抓盐税，改认商制，重新规定仁岸盐商为10家。后来，盐政多次改革，盐商呈现规模化、集中化的趋势。

#### 2. 盐业社会群体与管理机构

在陆运食盐时，由于时局动荡，盐工们要集队而行，以防匪劫。茅台运销局提高单头津贴，拟定盐夫编队办法，大力征集盐夫，编造花名册送县政府备案，免除兵役。民国三十一年（1942）改为"仁怀县官盐运输大队"，直到1950年。茅台自清光绪初年起就断断续续地有盐警（或称盐防军、盐防税警）驻守。清光绪初年驻有盐防武装队，隶四川盐茶

---

[①] 母光信：《川盐入黔与仁怀的经济和文化》，《贵州文史丛刊》，1996（6），第63-66页。

道署盐防军安定营。民国年间，多次改编盐警队，在当地驻兵，很大程度上保卫了川盐入黔的安全。

**3. 盐业发展对区域经济文化的影响**

川盐入黔，通过仁怀境内流向遵义、贵阳、金沙、黔西乃至省内大部分地区。仁怀的茅台、沙滩、马桑坪等是川盐集散地，同时也形成了人才的集散地。清代诗人郑珍在《吴公岩》诗中描绘："蜀盐走贵州，秦商聚茅台。"先后有四川、江西、上海等省市和本省巨商到仁怀运销食盐，带动了仁怀的经济发展。为了适应盐运的需要，自清乾隆十一年（1746）始，赤水河在仁怀境内的沿岸就有了12个码头。其中，马桑坪和茅台两个码头的装卸量较大，有固定的装卸工人。乾隆十年（1745），茅台始通盐船，仁怀的造船业也随之发展起来。民国时期，茅台的储旺沱、银滩、二合树以及罗村小河口等地都有了造船和修船业。随着食盐的运销，布匹、针线等小百货及石油等物品也从遵义、重庆、合江等地贩入仁怀销售，仁怀的酒、土布、皮纸等土特产品也从盐道上输出。由于川黔物资交流的集散，商旅进出频繁，城市中的服务业也随之发达。举世闻名的茅台酒的酿造，就是随着盐业商销的发展而兴起的。

# 第三节 以三峡为中心的盐业景观考古和城镇景观

三峡盐业考古工作已经基本结束，但是，对于当初的设想依然还有许多问题需要进一步思考和解决。罗泰教授在理论和方法上提出了景观考古的思路，一直强调不能单纯从制盐的角度去思考，而是要放到更大的产业系统和区域空间去思考。他的构想主要有三个方面：

一是产业系统和社会复杂化问题。他认为若将"制盐"作为考古这一学科研究的题目，相当于是管中窥豹，我们应该关注不断发展的"社会复杂化"问题，将其视为"产业系统"的一个组成部分。其焦点是古人在某些地区对于"盐"这种具体的自然资源的开发问题。需要揭示的是，盐究竟是如何成为商品的，工艺技术与手工工厂组织水平的不断提高如何刺激制盐业的发展，掌控一处制盐地点如何能够成为权力的根源，从而刺激社会复杂性的提高。换言之，我们希望将分析对象聚焦在一定生态背景下的"经济行为"与"社会—文化发展"之间的相关性上。

二是关于景观考古学的方法。将考古学研究的对象由过去单一的"遗址与人工制品"拓展到更具普遍意义的探索上去，即研究长时间内人类是如何对自然环境施加影响，以及如何适应自然环境的。这种景观考古方法与通常所说的环境考古方法的不同之处在于，它将地质考古和环境考古研究与对聚落或其他遗迹的发掘及对历史、文化性质的阐释完整结合在了一起。

三是关于研究的范围和时间问题。从景观考古学范式的整体看，盐业景观考古尤其适合对长江上游盆地古代盐业各方面问题的考察。由于制盐会对环境产生巨大的影响（特别是由于制盐对能源的巨大需求），此项研究也为中国环境史的研究提供了重要的背景材料。我们不能忽略的是，除了对制盐地点周边具体环境的研究之外，我们的研究还应包括对食盐流通地域之间的相互关联和流通的经济机制的讨论。因此，在研究中，构成基本分析单位的就不应当是环境本身，而应该是"产业系统"。"经济行为"本身不在于哪一个具体"地点"。在考察的地域内，制盐业是一种"整体性社会事实"，它不仅是针对某个时期或阶段（如文明开端）的社会—文化的发展来开展，更是在理想条件下对每个地域的长期发展过程都进行探索，即从人类进驻这里开始，直到现在。[①]

---

① 罗泰：《研究项目的背景和目的》，载《中国盐业考古——长江上游古代盐业与景观考古的初步研究》（第一集），科学出版社，2006年，第10-15页。

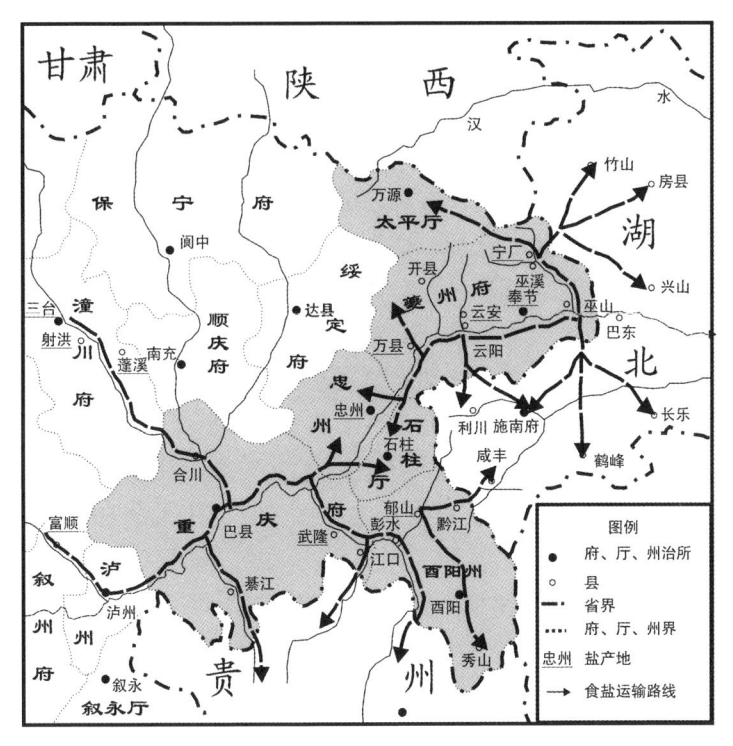

图 4-18 三峡地区盐业城镇与盐道

（作者自绘）

但是，由于考古和文献资料的缺乏，很难建立起这个区域完整的景观体系，相对零散的材料几乎不可能让我们对这个区域的社会经济体系以盐为中心进行建构，只能选择其中的典型点适当地扩大其时间和空间的范围，对有可能联系起来的要素加以分析，也许这些要素之间的联系度不够紧密，尽管用侯仁之先生提倡的历史地理剖面方法不可能完全复原过去的真实情况，但若能够发现时间空间的一些线索，也可以做些探索。笔者认为，以忠县中坝盐业遗址为中心，扩大到盐业作坊与周边的联系，时间延续至清代盐业运销，使得中坝盐业景观不至于孤立存在。另外，云阳和宁厂是另外两个盐业中心，对云阳周边的考古遗址的盐业要素分析和对宁厂古镇的景观解读，似乎能够建立一些景观意象。

根据目前三峡地区的考古成果，把先秦盐业遗址中坝—唐宋市镇考古遗址（云阳明月坝）—明清盐业古镇景观（宁厂古镇）结合起来，基本上可连接成相对完整的景观序列，使得中坝盐业遗址的意义更加丰富。

## 一、忠县中坝盐业景观

### （一）逐盐而居的聚落景观

吴良镛教授认为，人类对人居环境的选择，主要考虑有五大系统：①自然系统（气候、水、土地、植物、动物、地理、地形、环境、资源等）：自然环境和生态环境是人类聚居产生并发挥其功能的基础，是人类安身立命之所。②人类系统：主要指作为个体的聚居者，是自然界的改造者，又是人类社会的创造者。③社会系统（社会生产、生产关系、文化特征、社会分化、经济发展等）：人居环境既是人类聚居的地域，又是人群活动的场所，社会就是人们在相互交往和共同活动的过程当中形成的相互关系。④居住系统：主要指住宅、社区设施、聚落选址等。⑤支撑系统：供水、排水、道路等为人类活动提供支持的，服务于聚落并将聚落连为整体的所有人工和自然的联系系统、技术支持保障系统等。[1]

忠县中坝的盐业考古遗址在前已有论述，从景观角度看，盐业要素在景观塑造上的作用巨大。首先，从城市选址看，重庆、涪陵、奉节因区位优势而形成城市，但是，从涪陵到奉节之间，在什么地方建城，主要取决于长江岸边的地形和经济开发功能，因为在这部分江段，可选择的聚落点很多。任乃强教授提出的疑问很有意思：忠县古称临江，长江边的城市都可以称"临江"，为何选在这里？如果用"盐江"解释就好理解了。

其次，从聚落环境看，中坝是长江支流上的一个孤岛，面积不大，应该不是适合人居的地方，而且易受洪水威胁。但是，这片弹丸之地却有着三峡考古发现中最完整的文化层，被称为5000年"无字史书"，"逐盐而居"的景观形态在这里较为典型。根据四川省文物考古研究院、北京大学考古文博学院、美国加州大学洛杉矶分校（UCLA）、中国科技大学科技史与科技考古系、自贡市盐业历史博物馆的综合研究，发现中坝遗址是较完整的盐业考古景观。[2]

---

[1] 吴良镛：《人居环境科学导论》，中国建筑工业出版社，2001年。
[2] 孙智彬、左宇、黄健：《中坝遗址的盐业考古研究》，《四川文物》，2007（1），第31-45页。

（1）自然环境。

中坝遗址位于忠县县城的正北约6千米㵛井河两岸的台上，遗址东西最长约350米、南北最宽约140米，总面积约50 000平方米。中坝遗址呈西北—东南向陈列，地貌为三级阶地，西北高，东南低。第三阶地处于中部偏西，是直径约13米的圆形土台，有人认为是奎星阁庙宇废址，高出第二级阶地约2米；第二阶地分布于中坝西部至中部，相对较平，面积约2 800平方米，高出第一级阶地约2米；第一阶地分布于中坝中部、东部，自西向东倾斜至河滩，面积约4 000平方米。

（2）卤水槽遗迹。

春秋战国时期遗址发掘中，发现一类长方形坑壁、用黄黏土加工、内壁常常留有灰白色钙化物的遗迹，推断为作坊配套使用的卤水槽。

（3）盐灶。

在中坝遗址唐代地层中，有排列有序的盐灶多座，与明清时期盐灶的原理差别不大，两两成组，前部煎煮，后部预热，两侧在长方形沟上置木板，再在上用竹席围成圆形，将卤水煎煮到浓度饱和后浇淋其中形成盐包。

（4）龙窑。

中坝遗址对岸发现汉代龙窑一座，与之前的尖底杯和花边陶釜形成连接，至汉代，煮盐的工具多为铁锅或"牢盆"，这与中坝遗址发掘时发现汉代后的地层中陶片明显减少的情况相一致。

（5）房址。

中坝遗址发现的房址数以百计，但这些房址与国内已知的其他遗址发现的房址却存在明显的差别。在数百座房址中只发现地面、柱洞、卤水水槽和用火痕迹等，这类房址应该不是人们生活、居住的地方，而是用于盐业生产的作坊。

可见，盐井—制盐陶器—卤水池—龙窑—作坊房址，构成了古代完整有序的手工业景观（见图4-19）。在实地考察中，我们还发现附近有大量的高岭土分布，旁边的陶器厂仍然用传统的办法生产日常生活陶器，制陶的原料到今天仍然存在，考察中制陶老工人的现场表演仿佛连接了历史和今天的生活。在因三峡水位上涨而即将被淹没的地区，众多的出土文物揭示着我们既陌生又熟悉的生活。江水将中坝遗址淹没，让人不禁发出一声感叹。

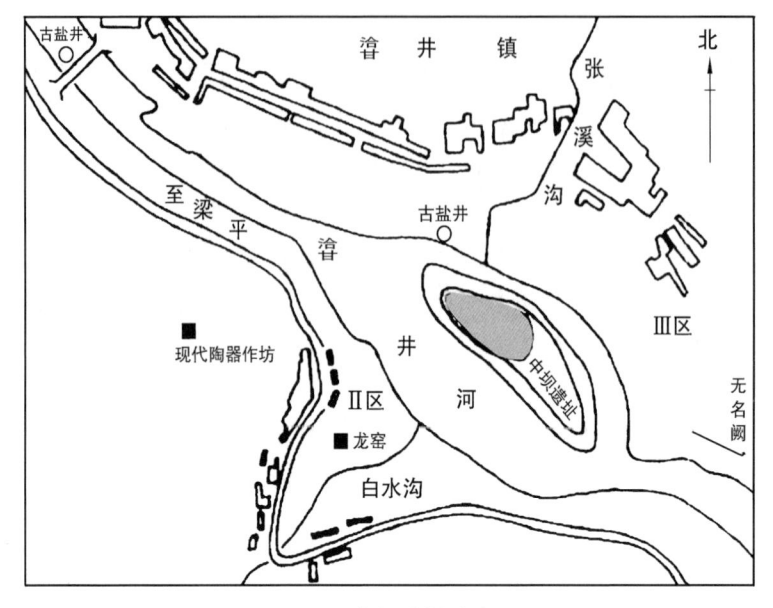

图 4-19　中坝遗址分布图

(图片来源：潘碧华)

## （二）盐井旁的汉阙和崖墓

忠县的两个古盐井区域都有汉代崖墓和汉阙分布，涂井崖墓间接地说明当时盐业生产的规模和盐商的富庶。1985年，四川省文物管理委员会考古工作队、万县地区文化局、忠县文化局共同组成工作组，在涂井附近卧马凼山南面，发掘了蜀汉崖墓15座，出土器物近3 600件（其中铜钱3 000多枚）。墓葬均由墓道、甬道、墓室三部分组成，形制完整，规模较大。其中有房屋模型10件，皆为合模和捏制，平面为横长方形，有屋顶、天窗、檐额、瓦当、斗拱、柱、栏板、门、窗等，檐额中部悬挂壁形饰，斗拱上有垂瓜饰和小鸟，檐额、拱、壁饰原绘红、绿和白色，瓜饰和鸟绘绿色。人物有抚琴、吹箫的男女俑，听琴的男人头上着帻、戴冠，女人头上梳髻，旁边还有嬉戏的儿童，屋里有床和垂帐，床上卧一人。其中还有一座牢房，门外墙上悬吊三人，门前立一人监视。还有大量舞俑、说唱俑、乐俑、庖厨俑、武士俑、拱手俑、牵马俑、侍从俑、跽坐俑等以及鸡、狗、猪动物模型，三件井的模型中，有一件与现存的古盐井形状一致。崖墓及出土器物反映了当地庄园的富庶和强大，考虑到崖墓位于涂井溪井盐产区，同时该地农业生产条件极差，所以推断崖墓的主人应是盐商家族。盐商庄园里竟然私设监狱,可见地方豪强的势力之强大。①

从眷井沟到县城的途中,有一巨大的汉阙,无人知道其来历,称为"无名阙"。此阙通高 5.66 米,由台基、阙身、一层楼、腰檐、二层楼及阙顶组成。在阙身中发现有东汉光武帝时期所造的五铢钱,建造时代为东汉。②无名阙与丁房阙、乌杨阙合称"忠县三阙"。阙是古代建于门外两侧的建筑物,可以登临远望,"中央阙然为道",所以叫作阙。在汉代,建阙之风盛行,有城阙、宫室阙、祠庙阙及陵墓阙等。忠县三阙的规模较大,建筑形态完整,设计精美。今天看来,忠县偏僻的荒郊野外出现汉阙似乎有些突然,如果联系到盐业开发就不难理解了,《华阳国志》记载"豪门大家皆有盐井",建筑的气派即有可能。除此以外,忠县乌杨镇出土有许多汉阙和石柱,其中泰始五年石柱是刘宋时期文氏家族的墓前立柱,也反映了当时的经济状况。③

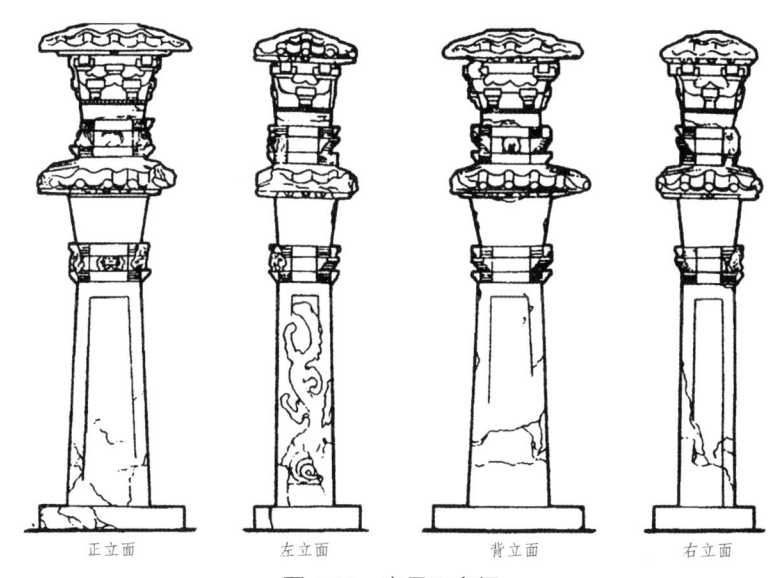

正立面　　左立面　　背立面　　右立面

**图 4-20　忠县无名阙**

(资料来源:忠县文物考古所)

---

① 张才俊:《四川忠县涂井蜀汉崖墓》,《文物》,1985(7),第 49-86 页。
② 祁幼林:《汉代双阙耀忠州》,《中国三峡建设》,1999(10),第 41 页。
③ 孙华:《重庆忠县泰始五年石柱》,《文物》,2006(5),第 80-87 页。

中坝盐业遗址是目前最早的井盐开发遗址，从商周制盐的区域看，规模并不很大，但到了汉代巴郡分化，忠县的盐业却是"一郡所仰"，可见其经济地位的重要。陈伯桢对早期盐业开发及其社会意义的转变提出了新的观点，认为商周时期一般贫民不可能有稳定的食盐来源，盐这时候还是一种珍贵的、具有权力象征的威望物品，不是一种民生必需品和战略物资。到东周时期盐的功能才有所转变，如齐国的盐政富国。汉武帝时期盐政改革是最重要的转折点，盐成为国家的经济命脉。[1]中坝遗址景观周边的汉晋时期的阙与崖墓景观也反映了这种变化。

### （三）忠州古城格局与盐业开发

忠县古城虽然破坏严重，但是整体格局尚可辨析。杭侃曾对古城做过详细调查，忠县古城东门尚存，城北门和面向长江的上南门、下南门、西门城门虽已不存，但位置均可确定，四门的城名尚存，城门拆毁后形成的豁口仍然是联系城内外的主要交通通道。[2]明清忠州城墙在地方志中有明确记载："州城面江枕山，东南与西南半壁石壁峭立，高数百丈不等，西北与东北半壁以石垒之，高数十丈不等，周五里三分，共九百五十四丈。明以前无考，洪武十四年，知州王谦、守御千户陶璋修筑，天启六年，知州马易从补修，为门五：上南曰听清，下南曰怀宝，西南曰怀忠，正北曰修政，正东曰修文。国朝因其旧，然历有补修。康熙间于东北添设一门曰黄龙，城外有井甘洌，北城居民赖之，井曰黄龙，故以名。道光间于西北设一门曰金水，初名白鹤，城之外亦有井甘洌，足济州人，井名白鹤，门故以名，后知州曹廷燮名更金水。其城因山高下不一。"[3]

从同治《忠州直隶州志》舆图上可看出，忠县东北部的两个盐产中心中坝和涂井皆设有铺所，是县城通往东北的两条交通要道。城内的建筑主要有桓侯祠、禹王宫、许真君庙、帝主庙、城隍庙等，城外的建筑主要有学宫、文昌宫、镇江神、火神庙、药王庙、鲁班庙等。会馆基本位于城内，其余宗教建筑主要位于城外，盐井通往城市的东面、东北面，是主要建筑集中地。除了地方会馆和公共宗教空间外，位于涂井和忠州城之间的罗公

---

[1] 陈伯桢：《中国早期盐的使用及其社会意义的转变》，《新史学》，2006（4），第15-21页。
[2] 杭侃：《重庆忠州城址调查》，《四川文物》，2001（4），第17-22页。
[3] 同治《忠州直隶州志》卷二。

祠体现了人们对盐的重视。明隆庆年间，罗青霄任兵部郎中期间，为忠州盐产有省减课税之疏，于是，当地百姓立罗公祠以资纪念。

### （四）云梯街——延续至今的盐业履痕

忠县的盐除了供给周边以外，还要运销到湖北等地，涂井对面的西沱古镇就是进入武陵山区的主要起点。恩施州境内各族人民例食川盐，食盐运输道路随之形成，这些道路俗称"盐大路"，因历代王朝对食盐的生产销售实行管制，故又称"官盐大路"。"官盐大路"北起长江边的江运重镇西沱古镇（自贡盐、忠县盐的集散地），向南通过鄂西的利川、恩施、宣恩、咸丰、鹤峰、来凤，进入湘西，再经湖南的龙山、桑植、吉首、凤凰、里耶、矮寨，东进洞庭湖流域。[①]

赵逵等通过对官盐大道上的古镇的考察研究认为，这些古镇的共性是：古镇大多以商业老街为中心呈带状布局；古镇中至今仍有盐铺的遗址及与盐店相关的街道；古镇附近有过去贩盐留下的石板路，旧称"三尺道""盐大路""骡马路"；古镇中大户人家的老宅多以青砖砌筑，马头墙、西洋柱、坡屋顶等元素体现了中西合璧及徽居特色，这是由于"川盐济楚"期间大量安徽、江西、山西及陕西商人到四川做盐业生意，把不同地域的建造技术带到了四川，促进了各地技术和文化的交流与融合。[②]在官盐大路的古镇中，西沱古镇的特点尤为突出，早在北宋真宗咸平五年（1002）时就已是盐运的起点和货物集散地，清代的建筑遗迹"下盐店"至今仍保存完好。古镇内的"云梯街"，依山取势，垂直长江，依崖蛇行，从江边一直延伸到方斗山脚下的独门嘴山巅，长 2.5 千米，共 113 个台地、1 124 步青石梯（大约 10 步一台），弯弯曲曲，像登天的云梯，云梯街两旁顺坡而建、错落有致的土家民居极富巴渝特色。

西沱古街的形成与福宝类似，因商而建，与长江边顺江而建的街道不同。云梯街顺势而上，构成古镇的骨干主体，当地百姓形象地称之为"龙吸水"。目前修复整治的街道依然保留这一特色，滨江广场节点为"龙头"，衙门路和月台路两个节点为"龙爪"，独门嘴节点为"龙尾"。[③]云梯街除了以下盐仓为中心，从江边到山顶，相间建设有张爷庙、关帝庙和二圣宫，

---

① 《恩施州志》卷九《交通》。
② 赵逵、张钰、杨雪松：《川盐文化线路与传统聚落》，《规划师》，2007（11），第89-93页。
③ 龙彬、陈茜：《重庆西沱古镇云梯街保护修复设计研究》，《规划师》，2008（2），第31-37页。

以保佑穿越武陵山区的盐商们。从云梯街回望对岸，荒废的古盐井旁，顺江而立的是现代的忠县城和雄奇的石宝寨。石柱县西沱古镇云梯街平面图见图4-21。

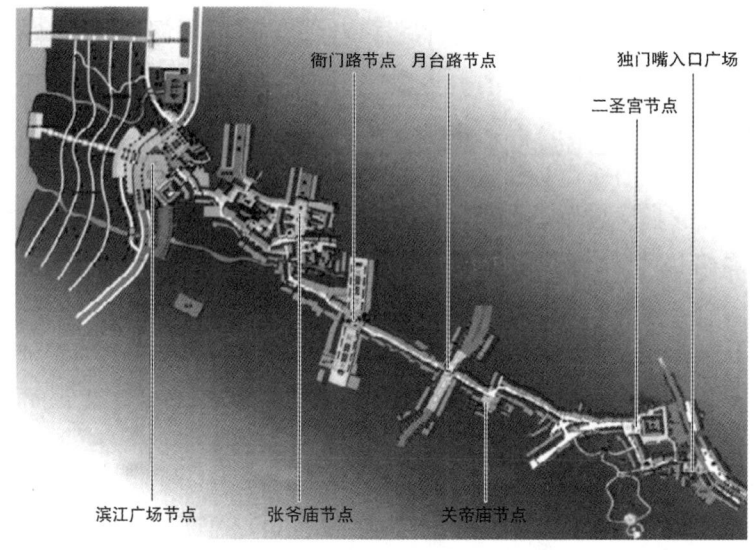

图4-21 石柱县西沱古镇云梯街平面图

（资料来源：龙彬绘制）

## 二、云阳明月坝——唐宋盐业市镇的考古学景观

唐宋之际是市镇形成的关键时期，长江三峡地区由于盐、茶等物产丰富，在盐产地和茶产地形成大量的镇（见本书第三章）。市与镇的关系学术界曾有争议，有学者认为先有"镇"后有"市"。何荣昌提出："市"指商贾贸易之地；"镇"原指戍兵置将的军镇，其含义为设置官将加强镇压，北魏始设军镇，隋唐沿袭其制。北宋建国初，赵匡胤废除藩镇以加强中央集权，但有些镇的名称保留了下来。镇之外设有"监镇"，其功能主要是管理民政，征收商税。到了明清时期，镇的名称因主要具有"市"的功能而通称"镇市"或"市镇"。[1]李学勤等认为城市、市镇是以完全脱离或部分脱离农业，以从事手工商业活动为主体的，并拥有

---

[1] 何荣昌：《明清时期江南市镇的发展》，《苏州大学学报》，1984（3），第96-101页。

一定的地域，非农业人口相对集中的社会的、经济的、地理的实体。[①]但大多数学者认同先有"市"、后有"市镇"的历史变迁路径。郭正忠认为镇市崛起之初，大都是先出现中心市场，然后形成市镇。[②]李德阳指出，在中国历史上存在着集市—集镇—城镇—城市的进化规律。[③]任放认为大多数学者认同先有"市"后有"镇"。[④]但是，随着历史时期聚落的演变，各种社会经济文化要素不断叠加更新，这种"市"向"镇"转化的景观在目前的城镇中几乎看不到，而云阳明月坝遗址的发掘就为我们提供了十分珍贵的考古景观。

明月坝遗址位于长江支流澎溪河南岸的一级台地上，属重庆云阳县高阳镇走马村，距云阳老县城48千米，距新县城17千米。明月坝遗址最早由四川省文物考古研究所于1992年发现，由四川大学考古系主持发掘，发掘面积达到27 000多平方米，清理出唐、宋、明、清时期建筑遗迹80余座、灰坑60座、土坑墓葬58座、瓮棺葬27座、道路22条、沟13条、祭祀遗迹2处，出土各类标本总计万余件。尤其是发掘出的大量建筑基址显示了唐宋时期集镇的布局。

据李映福研究，明月坝的建筑形态分为四类。A型：木骨泥墙式建筑。B型：石块垒砌台基式建筑。C型：石条围砌台基式建筑。D型：石板围砌台基式建筑。

A型建筑基址的年代大体在唐代初年，上限不会早于六朝；B型建筑基址的年代在唐代初期阶段，部分建筑延续使用，下限可以到唐代中期前段；C型建筑基址的年代应在唐代晚期；D型建筑基址的年代应在宋代中期，个别建筑，特别是分布于台地较高位置的建筑可能延续使用的时间更长。

从建筑形态到物质文化特征，结合唐宋经济的发展，李映福认为，明月坝遗址是以盐业经济为主的集镇形态，而且是目前唐代由"市"向"镇"转化的唯一证据，具有重大的考古学价值，其演变阶段和论据如下：

（1）集镇草创阶段（唐初至唐代中期前段）。

---

[①] 李学勤、徐吉军：《长江文化史》，江西教育出版社，1995年，第757页。
[②] 郭正忠：《城郭·市场·中小城镇》，《中国史研究》，1989（3）。
[③] 李德阳：《从城镇化的高度去认识和发展农村集市》，《湖南师范大学学报》，1997年增刊。
[④] 任放：《二十世纪明清市镇经济研究》，《历史研究》，2001（5），第168-182页。

从建筑的分布和形制来看，A 型建筑集中的两个片区是澎溪河下游地区进入明月坝集镇的必由之路，建筑中既有居住房址，又有各类作坊，平面布局大体呈"L"形。这里的房屋建筑技术不成熟，未发现有瓦当之类的建筑材料，房屋分布比较零散，房屋门向不一，反映出房屋布局缺乏整体的规划，随意性强。同时，物质文化遗存非常单一，日常生活用具以陶、瓷器等的南方青瓷系产品为主。这说明这一时期的集镇仍未突破地域性限制，看不出有远距离的人员、物资流通迹象，其功能主要为服务于周围乡村的基本日常生产、生活需要，表明仅仅具有"集市"的功能。

（2）集镇形成期（唐代中期后段至唐代晚期）。

唐代中晚期明月坝集镇建筑基址数量众多，经过发掘清理的建筑有 30 余座，整体形成两纵一横的基本格局，建筑基址中有衙署建筑，表明明月坝集镇已经成为一座拥有政治管理中心的开放性集镇。

（3）集镇发展期（唐末五代至北宋中期）。

大体在唐末五代之际，明月坝集镇最终形成大体呈"Ⅲ"字形的平面布局。新建的两组院落式的建筑群组成佛教寺庙，说明明月坝不仅是区域性的经济中心、区域性的集散中心，而且是区域性文化中心。大体在北宋中期以前，由于受洪水影响，建筑于台地西端地势较低地带的临江建筑，如寺庙、道路等，已遭废弃，集镇中心渐渐东移，到明代形成了整齐有序的街道、码头等设施，而原来唐宋时期的衙署等被改造成为一块近 4 000 平方米的集市广场。从物资交流看，唐代中晚期南北各地著名窑口的瓷器在集镇出现，如湖田窑、龙泉窑、耀州窑、涂山窑等，说明集镇的辐射范围更广，人员、物资往来更加频繁，寺庙、衙署建筑群的新建，说明集镇已经具备了更加完善的功能。[1]

明月坝的集镇功能以盐为中心，符合历史文献记载，盐业考古也进一步证实了这些史料。中国历史博物馆、福州市文物考古工作队对云安盐场的制作遗址连续开展了四个年度的勘探和发掘，清理出了宋代、清代的盐场作坊。宋代制盐遗迹发现了宋代衙署建筑基址，表明该区域盐业生产早在宋代就已开始。[2]

---

[1] 李映福：《明月坝唐宋集镇研究》，四川大学博士学位论文，2006 年。
[2] 重庆市文物局：《三峡文物珍存》，北京燕山出版社，2003 年。

云阳唐宋集镇遗址与中坝遗址可以构成考古学景观的延续，前者以盐业作坊为主要特征，后者更多体现了盐业经济支撑下的市镇的演变及其总体布局，之后的明清时期大宁河流域的宁厂古镇则直观体现了一座盐业古镇的景观特征。

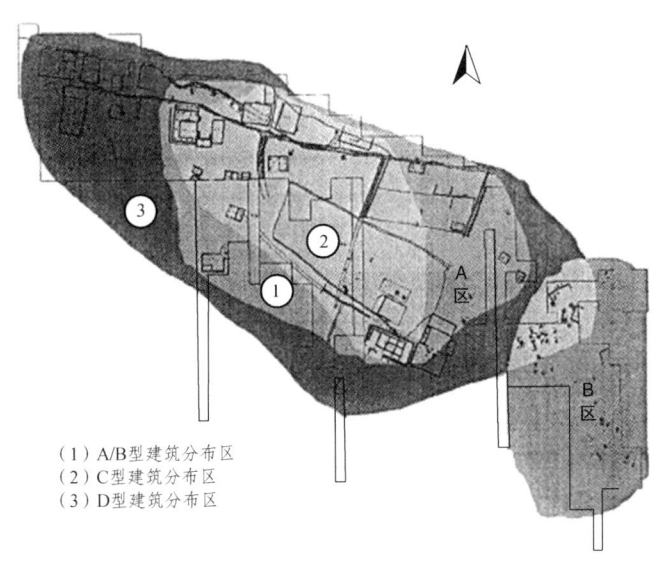

（1）A/B型建筑分布区
（2）C型建筑分布区
（3）D型建筑分布区

**图 4-22 明月坝遗址与建筑分布图**

（资料来源：李映福绘制）

**图 4-23 明月坝遗址区位图**

（资料来源：李映福绘制）

## 三、宁厂古镇——固守着盐泉财富的流逝

大宁河是三峡考古的重点区域，考古成果显示这里曾是人类活动频繁的地区，目前保留的城镇格局是两县两镇（巫山县、巫溪县、大昌镇、宁厂镇）。作为盐业考古的对象，宁厂尤为重要。从考古证据看，忠县中坝是陶器制盐最早的区域，但是，从推断看，宁厂应该更早，因为这里的天然盐泉人类可以直接利用。从盐业景观看，宁厂古镇比忠县中坝展示得更加全面，中坝是单纯的制盐基地，宁厂还具备生活与管理功能。更加难得的是，三峡水位提升后，宁厂不但不会被淹没，还因水位提高，交通更为方便。宁厂古镇是盐业遗产中难得的活化石，其盐业开发历史前面已有详述，本节根据地方志和民国《四川盐政史图册》、史料记载以及实地考察对古镇的空间格局和景观进行分析。

宁厂古镇由于坐拥天然盐泉，盐业开发很早，宋代就可以因"一泉之利"而"奔走四方"，盐业生产景观完整而独特。盐场倒闭后，由于交通不便，这些传统的制盐方式和遗迹保得基本完好。笔者通过考察，对照民国时期的盐场图，对宁厂盐业的自然景观和人文景观进行了分析，其工业生产主要包括以下环节：原料采集—工艺制作—产品—运输方式。传统工业的发展依赖于自然，同时也使自然面貌发生了极大改观，盐业工业遗产的景观既反映了自然的人文化过程，又演绎了"工业史"历程。其基本要素景观类型见表4-8。

表4-8　宁厂古镇景观变迁表

| 景观类型 | 原料 | 制作 | 产品 | 运输 | 管理 | 社会 | 城镇 |
| --- | --- | --- | --- | --- | --- | --- | --- |
| 自然景观 | 天然盐泉 | 河流阶地 |  | 天然河道 |  |  | 选址 |
| 文化景观 | 盐池、分卤孔、绞渡（过河输卤管道） | 龙窑、厂房、民居、火神庙 | 盐 | 船队、码头、栈道 | 盐署、验卡、秤放处、公垣 | 会馆 | 半边街空间形态 |

### （一）盐泉与龙君崇拜

"宝源天产"的自然恩赐使得人们对盐泉龙君的崇拜达到鼎盛。古镇的庙宇祠堂不多，有龙君庙、泰山庙、武圣宫等。后两个宫庙基本没有地位，逐渐被毁掉。基本上，古镇唯一崇拜的神是盐泉龙君。清初龙

君庙有碑，其上《盐场龙君庙碑记》不仅弘扬了盐泉之惠利，还记载了贺珍由汉中入大宁，借反清之名、盐泉之利占据一方土地的故事，这个事件也说明了龙君崇拜的重要性。碑文中记载如下：

龙君庙创自汉代。相传猎者见一白鹿而逐之，遂得盐泉，始庙祀焉。所谓龙君者，凡五，位号襃懿，不可得而稽考，大概国家财赋之所出，民生食用之所利，自有为之主宰者。在昔井灶殷繁，商贾辐辏；春秋粢盛，丰洁倍恒。慨沐猴之会，渊滨邱夷，泉源虚挪，祀典废弛。自歧侯贺公建节兹土，招徕抚集，百堵皆作，籍什一之赋而民租减，革盐法之弊而税课蠲。诸如虑民之病涉也，则造梁以济之；惧神之匮祀也，则捐资以享之。出则以勤王灭虏为事，入则以课农练兵为本。犹谓盐泉为储备所基，庙祀不丰，而傍多秽杂，乃远其居民，焕建牌坊。越辛丑岁，复增其旧制，创阁于前，俾禋祀馨香，为宁厂游览之胜，宜神之降福遐远，开异时恢廓之地也。盖公之心，视天下如一家，视朝廷如一身，故保黔首如赤子，奉神明如父母，所谓成民而致力于神者，公之谓也。昔管子治齐，谨盐策之数以致富，攘夷尊周，桓公用霸；公效而则之，扩而充之，旦暮遇之矣。予嘉公之行事，遂镌石以传不朽。[①]

图 4-24　宁厂天然盐泉"宝源天产"

（资料来源：民国《四川盐政史图册》）

---

[①] 在宁厂考察时没见到碑刻，碑文引自任桂园：《大宁〈龙君庙碑〉的文化阐释》，《重庆社会科学》，2006（8），第 118-124 页。

图 4-25　盐泉旁的龙君庙

（资料来源：民国《四川盐政史图册》）

## （二）独特的绞渡景观和输卤栈道

大宁制盐技术与其他盐产区无太大区别，只是在分卤和输卤时有所不同：先将天然盐泉输入龙池，由龙池分出若干分卤孔，分至各盐灶烧煮。由于高山峡谷地区用地紧张，盐灶主要分布在王家滩、张家澜和沙湾。这里卤笕众多，过河绞渡成为宁厂特色，输卤和交通桥梁功能合二为一。由于制盐场地的限制，大宁甚至将卤水通过栈道输送到大昌或者巫山县城制盐。当然，宁河栈道争议颇多，笔者认为栈道用于输卤的可能性很大，也有拉纤运粮（宁厂周围无农业生产，粮食需要外运）等多种功能。盐仓主要位于卫家涧街，并设官署和验卡进行管理。

图 4-26　龙池分卤图

图 4-27　绞渡桥是大宁独特的生产和生活景观

（资料来源：民国《四川盐政史图册》）

## （三）华屋与茅板的居住空间差异

宁厂盐场由于盐泉开采较易，周围煎盐的薪材充足，商人不需要充足的工本也能开设。宁厂盐成本不高，又有船直下长江的便利交通优势，在三峡盐业以至全川具有十分突出的竞争优势。生产的兴盛体现在小小的山间峡谷人居繁杂。季富政教授分析了文献记载，认为宁厂古镇是"华屋"与"茅板"的结合，不同经济地位和社会地位的人群在这里为获取盐利而共处。[1]据《蜀中广记》："五方杂处，华屋相比，繁华万分。"光绪《大宁县志》做了进一步描绘："居室完美，街市市井，夏屋如云……华屋甚多。"各种条件决定了宁厂必往城镇方向发展。陈明申《夔行纪程》："自溪口至灶所，沿河山坡俱居民铺户，连接六七里不断。"民国时巫溪县城仅有六百余户人家，而大宁盐厂则有一千余户。一千多户者当为厂区较稳定的居民，包括灶户、商人等，余者杂役、佣人、搬夫、船工等，他们构成宁厂镇的基本居民，在建筑类别上，亦可划出灶户之厂房，商人之栈房、饭铺、茶馆、酒肆等。《大宁县志》记载："官民屋宇，多覆茅竹及板，以瓦者无几……至高山老林，散若星辰。"这些茅板之屋遍布山间，居住状况差异十分明显。所以，宁厂弹丸之地的繁华与自贡不同，它的经济形态更加单一。在宁厂的入口处，有一条陕西街，概因陕西商帮所建，但是，在这里几乎看不到任何会馆建筑，大量的会馆集中在县城之中。

---

[1] 季富政：《巴蜀城镇与民居》，西南交通大学出版社，2000年，第113-114页。

图 4-28　宁厂古镇全景

（资料来源：民国《四川盐政史图册》）

## 第四节　盐业城镇的仿生学形态

　　天地仿生，城市有灵。仿生学原理是中国古代城市最独特的规划思想，于希贤教授认为：中国古代的城市是一个由城墙、城壕所围合确定了的生命活体。一座城市表现出来的主体和地方某种生物的形象性质相像，古人用"取象比类"的方法，模仿此种生物的形态建城，赋予这座城市此种生物的灵气。这样，就出现了"仿生学"的城市与乡村选址、规划和布局。所谓"仿生"，就是把城市"取象"于某种生物的形象与灵气，取之于当地特有的山水灵气，形成这一城市区别于其他城市的独特个性。[①]

---

[①] 于希贤：《中国古代城市规划的仿生学原则》，《城市规划》，2000（10），第26-28页。

"取象"的理论基础源于中国古代地理学,认为大自然的生命在于阴阳的结合,天地间有风、寒、热、湿、燥无形的元气,有金、木、水、火、土有形的物质,"气"和"形"相交,就生化成色彩缤纷、丰富多彩的万事万物了。万物的成分与结构不同,所处的位置与层次也不同。老子把"道、天、地、人"视为"域中四大"系统。其关系是"人法地,地法天,天法道,道法自然"。"道"是指宇宙万物的内在机理;"天"是指日月、星辰的天体及其大气与天空;"地"是地理环境;"人"是人类及社会;"自然"是自然规律。城市、乡村、住宅处于"人""自然""天地"这三大不同生命活体的层次之间,沟通其间的气场,自身也是一个活体,从不间断地进行着新陈代谢,吐故纳新,进行生命活动。城市、乡村、住宅的文化历史特色就是它的灵气所钟。这种灵气一方面取之于当时的天文时运,另一方面取之于当地的自然环境,也取之于当地的历史文化环境。[①]具有某种"物象"的城市,给城市带来了神秘而吉祥的意象,人们认为能够获得特定的神奇功能,以保佑城市和人民的吉祥平安。这种文化现象是中国城市规划最独特的文化现象。

盐业城市生产发达,文化昌盛,在城镇规划时大都十分考究,一些"仿生"是有意规划所为,一些"仿生"是自然或者偶然形成后,人为附会所致,但无论哪种情况,这些吉祥景观都是城镇的美好祥愿。

## 一、罗城——山顶踏船盐行四方

罗城位于四川省乐山市南部、犍为县东北部,始建于明末崇祯元年(1628)。该镇地处铁山北麓,坐落在一个椭圆形的山丘上,布局独特,形如一只硕大的船,故被人们称为"船城"(见图4-29)。

罗城主街东西长209米,南北宽9.5米,街面是"船底",两边的建筑是"船舷",西端的回民"清真西寺"似"船头",四角宝顶的戏楼位于镇中心,如同"船舱",东端的"灵官庙"似船的"尾篷"。从"清真西寺"始,街道由窄变宽,在中心戏楼位置达到最宽(达20米)后又逐渐变窄,直至"灵官庙",组成了"梭形"的"船身"。沿街两侧的200多米的长廊如同船篷,西端的天柱是船的篙竿,"灵官庙"右侧22米的过街

---

① 于希贤:《中国传统地理学刍议》,《北京大学学报》(哲学社会科学版),1999(6),第47-49页。

楼是"船舵",鸟瞰如同一只搁置在山顶上的船,形态十分完整。在这座"船"上,修有三宫(南华宫、寿福宫、文昌宫)九庙(禹王庙、肖公庙、川主庙、灵官庙、星鑫庙、鲁班庙、大福鼎庙、东岳庙、罗城庙)。

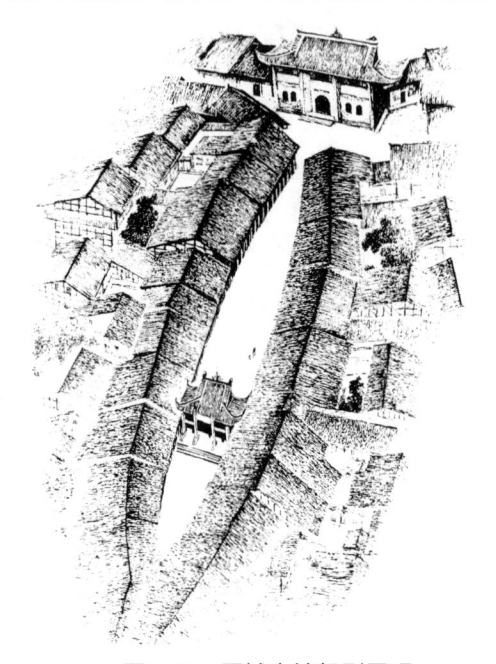

图 4-29　罗城古镇船型景观

(资料来源:季富政绘制)

  罗城修建为船形与水源有关。由于选址的原因,罗城不临江河,年年干旱,明清时是方圆百里的贸易交换中心,也是有名的"旱码头"。小镇年年有不同形式、规模的"求雨"活动,如朝拜"灵官",向水龙泼水等。人们历传:"罗城旱码头,滴水贵如油。"罗城的缺水状况可见一斑。"要得不缺水,罗城修成舟。"船与水紧相依,人们认为,将罗城修建为"船形",就能使罗城免于旱灾。为了达到求水的目的,祈祷上苍保佑,风调雨顺,五谷丰登,数百名能工巧匠精心修建了船形街。梭形场镇如同天上仙女掉下的一把梭,也是人们求雨愿望的象征。同时,罗城商贾云集,众商人同在一只扬帆进发的大船之中,建"船"形镇有"同舟共济"之意。①

---

① 李健、曾绍伦、杨方琳:《罗城历史文化名镇旅游资源特色与可持续发展探讨》,《生态经济》,2005(11),第 103-105 页。

罗城不论是建筑空间还是文化内涵都达到了高度统一。"罗"表示四维,以示东南西北,众志成城。街道、商店、檐廊构成美妙的视觉形象。作为精神中心的戏楼构成了"船舱",达到了形与义的完美结合。[①]

罗城船城的空间布局还具有教化管理的功能。在商贸云集而又相对偏僻的古镇中,人们长期坚守传统道德伦理,诚信力行,这是难能可贵的。古镇的空间布局,内涵了极大的暗示力量,如影随形的寺庙好似灵魂的守望者与审判者,非分之想,焉能放纵,浓厚的宗教氛围仿佛从灵魂深处净化着人的心灵。十分绝妙的是,罗城将古戏台置于船城中间和入口,宗教的自我约束演绎成民间的道德说唱,所谓"戏乃虚万籁由虚变实;台尤古千年借古喻今"。在一个会馆林立的城镇中,日常道德的教化力量也许胜过严格的管理,将无形的精神力量融入城镇管理之中,寓理于形,由形至意。

## 二、罗泉——山川盐脉兴"龙"城

《说文解字》云:"龙,麟虫之长,能幽能明,能细能巨,能短能长,春分而登天,秋分而潜渊。"《管子》中说:"(龙)欲小则如蚕蠋,欲大则函天地,欲上则凌云,欲沉则伏泉。"龙在天地之间变化万千,在古今之际升腾飞跃,在人间行云施雨,成为中华民族的象征。在地理上,普遍把山脉称为龙脉,因为山的形态变化万千,或大或小、或隐或显、或起或伏。同时,山脉之中生物繁盛,生气灵动,古人从对山的崇拜,逐步变为对山的依赖。位于四川绵阳三台县的郪江古镇,由于古代盛产盐,是四川在秦汉时期最早设立县治的地区之一,后来县级行政中心才移向了三台和绵阳。

郪江古镇位于郪江和锦江的交汇处,鼓楼山、金钟山分别从东北方和西北方蜿蜒而上,酷似两条巨龙朝会,在河的对岸有一圆形的山体(狮子山),如同宝珠,形成了"双龙朝贡""二龙抢宝"的山水环境。郪江古镇深隐山水之中,街道、庙宇、戏台、会馆、桥梁有机地散落其中。"双龙"之前的山体又被命名为狮山和象山,构成了"狮象把门"的吉祥威严形态(见图4-30)。

---

[①] 季富政:《巴蜀城镇与民居》,西南交通大学出版社,2000年。

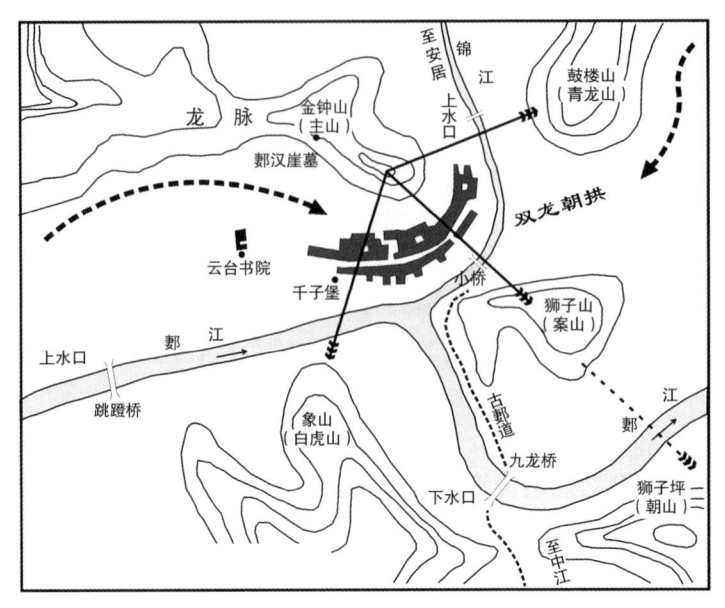

图 4-30 郪江古镇风水结构图

（作者自绘）

  依据龙脉进行选址布局，这在中国许多古城古镇都存在，但是依据山川龙脉将城市的形态建成龙形、将城市与自然融为一体的情况却不多见。川中第一龙镇——罗泉，就是典型的例子。罗泉古镇位于四川仁寿、威远、资中三县交界的深丘中，隐藏在沱江支流球溪河旁。由于当时球溪河水不能饮用，人们只能挖井取水，井似筜筐，泉水奔涌，故名罗泉。罗泉古镇在球溪河的北岸，顺着睡狮山，修建了一条五里街，整个罗泉背山面水，背靠睡狮山，紧邻球溪河，自然构成一条昂头向东、随地势起伏、蜿蜒如悠然游荡的"蛟龙"。

  古镇布局中，镇北的城隍庙、盐神庙等构成了"龙头"，罗泉井一带构成"龙颈"，镇街中段的院落及连接的风火山墙形似"龙身"，后面的街道构成"龙尾"。"龙头"和"龙颈"是整个古镇的重要命脉。罗泉盐井开发历史悠久，据《四川盐法志》载："资州罗家井，古厂也，创于秦。"因盐兴盛，因盐设镇，所以位于"龙颈"的罗泉井构成了全村的经济命脉。盐井旺则镇兴，盐井枯则镇衰。人们的物质生活基本得到满足后，就有了更高的精神述求，于是城隍庙、盐神庙形成"龙头"，好似精神的引导者。然后人们生活在"龙身"和"龙尾"中，怡然自得。

罗泉古镇的"龙头""龙颈""龙身""龙尾"依次构成了精神依赖空间—物质依靠空间—市井生活空间的丰富层次，妙不可言（见图4-31）。

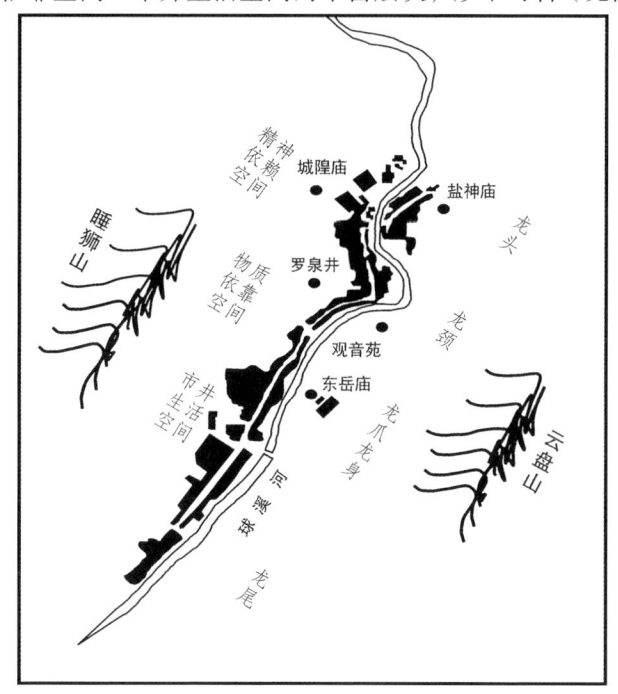

图 4-31　罗泉古镇龙形景观意象图

（作者自绘）

## 第五节　云南盐业古镇与村落

云南盐业城镇的发展与四川有着不同的特点，最明显的有三点：一是地处少数民族地区，盐业开发商业化所带来的社会经济文化影响与本土文化能够长期共生；二是历史上，云南与中原战争频繁，在城镇发展中出现了许多复杂因素，使历史文化城镇的景观要素出现叠加甚至混杂的现象；三是云南盐产地的自然条件十分艰苦，在经济开发过程中，对宗教的诉求和对文化的需求较为强烈，逐渐从自发的原始崇拜、行业神崇拜、佛教道教崇拜转变为对文化昌盛的追求，云南盐产地规模宏大的文庙成为古镇或者村落的典型标志。基于此，对云南盐业城镇的研究首先要理清其城镇文脉的发展过程，再去认识在复杂地理条件、多元文化交汇以及政治纷争背景中各种文化要素的共融共生。

## 一、黑井镇——失落的盐都

黑井位于云南楚雄州禄丰县，是云南盐业开发最早的城镇之一。黑井因盐而兴，又因盐而衰，保留了丰富的盐文化遗产，成为云南省第一个中国历史文化名镇。黑井始建于汉代，曾经是"南方丝绸之路"上著名的"盐乡"。自明代起，朝廷在黑井设有专司盐务的"提举司"，使其一度成为滇中繁华的"陆上码头"。黑井盐业在云南财政赋税中占有举足轻重的地位，明朝、清朝中期和清末民初上缴的盐税分别占云南总赋税的67%、50%和46%。"以滇视井，则井弹丸耳。而课额则当云南地丁之半，而八井则什百焉。故人之言赋税者，率以黑井为巨擘。"[1]

黑井盐业之所以能够兴盛，李兴福认为有四大原因：①特殊的地理位置。云南地处边疆，交通极为不便，海盐运输到云南的成本较高。行销区域特定的政策使云南盐业生产和销售处于垄断状态。②移民政策的推行。通过移民屯田，部分具有盐业生产技术的人员移民到黑井，带来了内地先进的盐业生产技术，推动了黑井盐业的发展。同时大量人口入滇，增加了对食盐的需求，刺激了黑井盐业的快速发展。③特殊的盐业政策。政府为保证盐业的高额利润，元、明、清三代制定了整套的生产、运输、销售体系，有效保证了盐业市场的正常运转。④军事活动不断，刺激黑井盐业生产。

黑井盐业衰落的原因有以下几点：①黑井盐业在明清高速发展，对生态破坏严重，煎盐薪本昂贵。②在政府垄断的保护伞下，黑井盐业生产工艺提高较慢，能源消耗高，在市场竞争中处于劣势。③民国期间，

---

[1] 〔清〕沈懋价纂订，李希林点校：《康熙黑盐井志》，云南大学出版社，2003年。

战火不断，严重影响盐业生产。④新井开发，外盐入境，导致黑井盐业面临严峻的市场竞争，逐渐衰落。①

兴盛与衰落，是一个城镇发展的轮回。黑井是云南盐业历史上最辉煌的一章，在过去的历史中，黑井留下了众多的人文古迹，成为今天宝贵的资源，许多学者都对这些资源进行了总结梳理。②古镇的特色如下：

景观特色：黑井古镇位于金沙江水系的龙川江岸凤岑山和玉碧山之间的峡谷之中，是滇中地区的一个山中古镇。黑井镇依龙川江走势在其两岸形成北侧江西与南侧江东两条狭长的地带，中间有五马桥连接。两侧山上的文笔塔和飞来寺是古镇地域的重要标志，而古镇北端的文庙、中部的五马桥和南端的节孝总坊是其空间的识别标志。

街道结构：黑井镇区内至今依然保持着街、巷、坊的传统格局，主要道路均为南北走向，江东的一街和江西的四街是古代黑井镇的主要商业街，此外还有与四街基本平行的二街和三街，以及一条沿江堤道路。明清两代，黑井镇分别有六街十五坊十八巷和七街六坊十八巷，今天的黑井镇仍然保持着四街六坊十六巷的空间格局。

建筑特色：沿街商铺一般为两进两层，前店后宅或下店上宅；普通民居主要为合院式和三方一照壁式民居建筑，仅四合院就有32座，民居建筑多为撑拱结构。武家"王"字大院是典型的明清时期中原民居格局与云南山地特色相结合的院落，其建筑结构蕴含着丰富的文化内涵，其规模之大、建筑之精美，堪比都会。

文物古迹：黑井镇区内的文物古迹有92处之多，其中最具代表性的是古建筑。元、明、清三代黑井镇先后建寺庙56座、石牌坊5座、石塔5座，如始建于元代、横跨龙川江的五马桥和绝峰山灵感寺，始建于明代的大龙祠、三元宫、香山寺、诸天寺和文庙，以及建于清代的文笔塔、莲峰庵、安庆堤和节孝总坊等。

但是，黑井的众多古迹历经千年的岁月洗礼，很难理清其文化和空间的脉络，笔者认为，对黑井古镇的研究方法应该运用历史剖面理论，

---

① 李兴福：《试论云南黑井盐业的兴衰》，《云南师范大学学报》（哲学社会科学版），2007（6），第61-66页。
② 杨庆：《黑井古镇历史保护与开发》，《思想战线》，2002（2），第49-53页。
  阎柏：《古镇的兴衰对滇中社会经济发展的影响——以云南楚雄黑井和石羊盐业古镇为例》，《云南民族大学学报》（哲学社会科学版），2007（5），第37-42页。

将历史时期的发展断面置于空间之中，才能深刻认识其空间结构和景观特色。

### （一）黑井古镇的历史剖面

笔者通过对《黑井历史资料辑录》的整理，将历史各阶段最重要的断面展示出来，首先揭示其发展的文脉过程。（见表4-9）[①]

表4-9 黑井历史沿革表

| 时　间 | 事　件 |
| --- | --- |
| 公元1297年（元大德元年） | 黑井修建五马桥于龙川江上 |
| 公元1315年（元延祐二年） | 南岳临济派僧人君山于万春山创建真觉禅寺 |
| 公元1340年（元至元六年） | 真觉禅寺建成 |
| 公元1342年（元至正二年） | 洪水泛涨，冲埋井口，建治水塔镇之 |
| 公元1343年（元至正三年） | 晋宁盘龙寺盘龙祖师莲峰，到黑井募盐，提出疏河建议，解决了河水浸渗卤井的难题。自此黑井向盘龙寺"每岁送盐十引常住食用" |
| 公元1382年（明洪武十五年） | 正月明军进驻黑井，置盐运司，十一月改黑井井盐课提举司，马守正主持修建三道河清真寺 |
| 公元1392年（明洪武二十五年） | 建黑盐井盐课提举司署 |
| 公元1426年（明宣德元年） | 明廷封黑盐井七局龙王庙龙王为"九头金盖如意大自在龙王" |
| 公元1444年（明正统元年） | 明廷令云南各盐课提举司，每一灶户添拨余丁二人，免除差役，专门承担采薪河煎盐事务 |
| 公元1548年（明嘉靖二十七年） | 盐课提举司新开岩泉井，即后之复隆井 |
| 公元1570年（明隆庆四年） | 新开东井，于井侧建东井龙王祠，明廷封号为"涌卤惠民龙王" |

---

[①] 〔清〕沈懋价纂订，李希林点校：《康熙黑盐井志》，云南大学出版社，2003年，第292-297页。

续 表

| 时 间 | 事 件 |
| --- | --- |
| 公元 1599 年（明万历二十七年） | 岩泉井几度兴废，此年复开，盐卤大旺，更名为复隆井 |
| 公元 1617 年（明万历四十五年） | 倡建黑井文庙 |
| 公元 1657 年（清顺治十四年） | 黑盐井灾变，大井卤竭，复隆井崩坍，东井卤泉减缩 |
| 公元 1658 年（清顺治十五年） | 十二月，清军入滇 |
| 公元 1665 年（清康熙四年） | 平西王吴三桂议定黑井每月增煎食盐 12.5 万斤，加盐课银 2 000 两 |
| 公元 1681 年（清康熙二十年） | 四月，清军平叛入滇，委夏其美办理黑井盐务 |
| 公元 1688 年（清康熙二十七年） | 经云南学道提议，抚、宪批允，黑井学童改归盐井提举考录后送楚雄府试，不再参与定远县考 |
| 公元 1693 年（清康熙三十二年） | 黑盐井盐课提举司重修五马桥 |
| 公元 1694 年（清康熙三十三年） | 寻东井旧迹，开挖修葺，东井盐卤复出 |
| 公元 1723 年（清雍正元年） | 复开草溪、只旧二井 |
| 公元 1724 年（清雍正二年） | 清廷加封各盐井龙神封号为"普泽龙王"。奉旨敕封"灵源普泽龙王" |
| 公元 1861 年（清咸丰十一年） | 正月，云南提督申有谋率领清军进攻滇西大理杜文秀回民义军，攻占黑井、琅井等盐井 |
| 公元 1901 年（清光绪二十七年） | 黑井于五马桥头建"圣旨旌表"节孝总坊 |
| 公元 1912 年（民国元年） | 设立盐兴县，首任县长张和秋上任 |
| 公元 1934 年（民国二十三年） | 黑井场由商民徐智仁等新开裕济井 |

从历史剖面看，黑井盐业发展具有明显的地域特色和时代背景。民间相传彝族女阿诏牧牛发现黑牛井，成为黑井开发之始。史料记载有汉代青蛉盐井到唐代的盐泉县的发展轨迹，但是，黑井盐业的大发展主要在元代以后，忽必烈为军事需要，平定大理，迁行政中心至昆明。至治三年（1323）设大理路白盐城榷税官，同年，在中庆路设置榷税官，黑井盐业开始进入了兴盛时期。元代黑井盐业开发与佛教的进入密切相关。临济派僧人君山首先创立万春山真觉寺，李源道《万春山真觉寺记》载："滇池西走六驿，有郡曰威楚，东北五舍，沿深山入长谷，有卤鹾井，取雄于一方，以佐国用，以资民生。"元至正三年（1343），晋宁盘龙寺祖师莲峰在黑井解决了河水浸渗卤井问题，黑井成为向盘龙寺进贡的最大的施主，"每岁送盐十引常住食用"。《元混一方舆胜览·姚州》记载："云南盐井四十余所，推姚州白井、威楚黑井最佳。"

明代，一是盐政机构提举司的设立，二是大开新井，三是建立行业神崇拜并兴文运，黑井的发展成效显著。清代除了延续明代的做法外，还提倡民风教化，设立节孝牌坊。据李兴富统计，明洪武初，黑井盐课提举司岁办 573 300 斤盐，仅次于安宁井，为云南第二大井，到永乐间，黑井盐课提举司岁办 616 370 斤，正德年间，为 3 722 800 斤。明代黑井的行盐地方有云南府、曲靖府、澄江府、广南府所领州、县共 38 处，约占今云南土地面积的三分之二。[①]清代黑井盐业年产量增长很快，顺治十八年（1661）至康熙三年（1664），黑井盐年产量为 600 万斤，康熙四年（1665）至康熙七年（1668），黑井盐年产量为 750 万斤，康熙九年（1670）至康熙二十年（1681），为 630 万斤，康熙二十一年（1682）至二十三年（1684），为 600 万斤，嘉庆年间，为 9 784 500 斤，道光年间，为 10 131 026 斤，至清末，达到 10 920 551 斤，[②]真正成为云南"盐业巨擘"。

### （二）黑井古镇的空间结构与景观叠加

黑井古镇景观演变的显著特点是：盐业经济开发、宗教和战争灾害并行发生，不同于其他区域的物质文化（盐业资源开发）—制度文化（官

---

[①] 李兴福：《试论云南黑井盐业的兴衰》，《云南师范大学学报》（哲学社会科学版），2007（6），第 61-66 页。
[②] 数据来源：〔清〕沈懋价纂订，李希林点校：《康熙黑盐井志》，云南大学出版社，2003 年；《新纂云南通志·盐务考》。

方管理和民间行业规范)—精神文化(行业神等宗教崇拜)的渐进过程,所以景观演替的过程叠加影响十分明显。

对于黑井的景观研究,杨毅认为分为四个层次:一是山川意象,峡谷河流间的古镇选址;二是桥梁意象,古镇入口的标志;三是街道意象,曲折延伸的生活空间;四是以武家大院为首的建筑意象。①但是,这种解读仅仅是作为游客的观光线路感知,没有对古镇的空间结构做深入了解和分析。从《康熙黑盐井志》的两幅图和现代黑井旅游图上,可看出黑井的空间结构分为纵向、横向、场域内外三个层次。

(1)纵向景观:人人之系—人神之间—天人之际。

黑井以盐产地为核心,首先形成生产性空间和景观,从龙川江两侧的东山、西山,逐级而上。从图4-32可以很清楚地看到,主要盐井是大井和东井,盐井附近分布有盐仓、盐课司、商业街和各种民居坊;向山上发展的第二个空间层次是行业神和城隍神庙,主要有大井龙池、东井龙池和七局龙池庙,形成最直接的盐神崇拜;接近山顶则体现了天人之际的精神境界,主要分布有诸天阁、万春寺、接天寺、天子台等。

表4-10 黑井文化景观层次表

| 文化层次 | 东山 | 西山 |
| --- | --- | --- |
| 天人之际 | 诸天阁、鱼尾寺、天子台 | 万春寺、接天寺、天子台、观音寺、宝宏寺、玉皇阁、密塔寺、莲峰庵 |
| 人神之间 | 海德寺庙、南山庙 | 大井龙池庙、东井龙池庙、七局龙池庙、城隍庙 |
| 人人之系 | 东井、五马桥、太平坊、节孝总坊、盐仓、盐课司 | 大井、盐仓、文庙 |

---

① 杨毅:《以意象感知聚落——云南历史文化名镇黑井镇透视》,《室内设计与装修》,2001(7),第89-91页。

图 4-32　黑井景观图（西山、东山）

（资料来源：《康熙黑盐井志》）

　　黑井（图 4-33）的精神崇拜空间还有一个独特性就是佛教率先进入后，以教化的功能让古镇人民信仰佛教，弘扬先报答自然恩赐，然后积德行善，实现轮回的思想，最后，逐渐发展成为对行业神的信仰，以祈求资源永不枯竭。"吾侪介于裔夷，蕞尔绝缴，荷县官之麻，锢山泽之利，食土之毛，皆帝之力与佛之造也，可无报乎？"[①]并且佛教在进入黑井后，尽可能解决盐业开发的问题，取得信众认可。在黑井的祠庙中，以盐神龙王崇拜最为隆重，表 4-11 展示了明清数次修建龙王庙的碑文。

---

① 刘景毛等点校：《新纂云南通志：五》，云南人民出版社，2007 年。

表 4-11 黑井盐神龙王庙修建碑记列表

| 黑井碑刻 | 碑记摘要 | 备注 |
|---|---|---|
| 复盘龙寺募盐记 | "至正三年,师至井募盐,井人再四不肯出,遂以钵取龙去,趺坐万春山石岩下,卤随淡,且竭。人知募盐僧所为也,因首肯之,许以盐一引。师纳龙井中,卤乃如初。" | 龙川江淹没盐井,经过莲峰大师设计疏浚而成,谓之"法力" |
| 〔明〕重修七局龙祠记 | "楚雄属邑,在西南有定远,而七局乃邑之辖境。山势鬼峨,风气所萃。去宝泉十里许,有曰'七局龙王祠'。祠右飞瀑,流灌田亩,居民仰荷洪泽。龙王或在天,或在渊,福善祸恶,莫测其妙,士民靡不崇重。世传与黑井泉流通,相为表里。" | 明宣德元年封龙王为"九头金盖如意大自在龙王" |
| 〔清〕黑井龙王灵赡碑记 | "地脉失和,大井泽涸,伏卤变淡,艰危特甚。……幸托朝廷洪庥,百灵效顺,是以龙神格祐,复涌咸泉,流膏注液,苏困瘳于沉痼之余,吐润潆甘,回淑气于枯菀之际。" | |
| 〔清〕重修复隆井龙祠碑记 | "旧名'崖泉',因其出没不常,更名曰'复隆'。……夫治民以祀神,有司事也,山川神祇有不举者,为不敬,非其族者不在祀典。今井之得名以盐,盐之所出以卤,隆杀盈缩,必有神焉主之,即所谓龙也。井课计万,神与有力焉,况井人之赖以生全者众乎!" | 岩泉在崖下,卤水不稳定,以龙王拜之,希望盐泉丰旺 |
| 〔清〕重修七局龙祠碑 | "且井源自盐海来,北至吐蕃界,在金江外为盐井,因设卫。至丽水为南州井,东至黑水楪榆间为云龙井,递至弄栋蜻蛉,则为白井,递至挈州界则为琅井,定边、景东亦产盐井者,盖此山之右臂也。黑井独中,出卤什百于他井,故以大称之者,盖曰:他井特黑井之支流余裔云尔。井源所出,山名万春。……'泉水甘,其性阳,卤水咸,其性阴,阳像男,阴像女,二祠异像,是之取尔。'" | 将"七局"、"七村"、龙王"七女"合为一体,龙王崇拜达到极盛 |
| 〔清〕重修东井龙王祠记 | "仁之至,义之尽也。古之君子使之必报之,迎猫为其食田鼠也,迎虎为其食田豕也,迎而祭之也,祭坊与水庸事也。卤出于井,井出于龙,报土功者以社,报田功者以稷。彼猫与虎,且迎而祭之。矧龙之涌卤出泉,煮以为盐,以足民食国用,以供天地祖宗之享祀者,其可忽诸?龙王命祀也。" | 盐神龙王在黑井享有极高的地位 |

233

图 4-33 黑井盐井与盐神庙

（黑井的黑牛井、储盐池、晒盐棚台阶和山上的盐神庙构成了完整的盐业景观。作者摄）

（2）横向景观：有机进化景观和关联性景观。

从古镇的平面图上，可看出古镇的演变序列，文化景观的两大路径在这里完整体现：一是有机进化景观，二是关联性景观。有机进化景观为盐井—开采—储藏—运输，关联性景观主要指与盐业生产相关联的社会服务功能，比如商业街区、居住里坊、文化设施等。西岸从南向北依次为：三大井（生产作坊区）—商业街区（六坊）—居住区（贫民工棚区主要在五马桥作坊附近，富人区集中在北部的武家院子和南部的小武家院）—文化区（文庙武庙集中在武家院子周围，节孝牌坊分布在公共场域和五马桥入口）（见表 4-12）。

表 4-12　黑井文化景观分布表

| 文化景观路径 | 生产 | 储存 | 交易 | 运输 |
|---|---|---|---|---|
| 有机进化景观 | 东井、大井 | 东井盐仓、大井盐仓 | 上凤坊、中凤坊、下凤坊、德政坊 | 五马桥 |
| 关联性景观 | 居住与环境（贫民区与节孝牌坊教化；富人区与文庙武庙标志）；<br>盐署管理（生产、储存、交易、运输）；<br>精神信仰（行业神盐神崇拜—佛教道教的共性需求） ||||

（3）场域景观：内教化外彰显。

由于黑井是云南最大的盐业中心，商贾云集，五方杂出，管理者在内部实行三个层次的管理：一是盐政管理，二是宗教约束和教化，三是兴文运。但是，对于外部，黑井镇极力彰显古镇的繁荣。五马桥是商人们南来北往频繁经过的咽喉，节孝牌坊正好位于桥头入口，其目的就是对内教化民众，对外彰显繁荣的经济与淳朴的风俗，所以，黑井在云南历史上一直拥有良好的口碑。

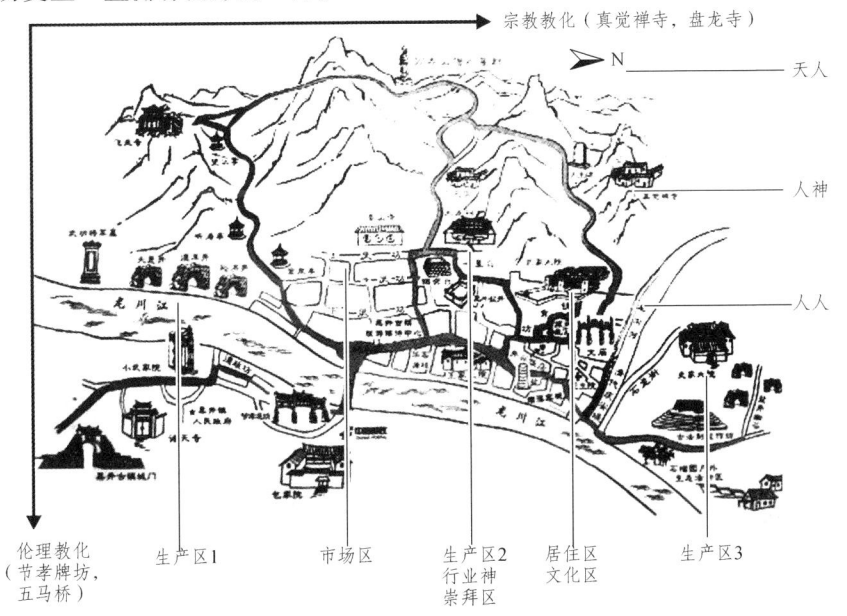

图 4-34　黑井古镇景观意象图

（资料来源：根据景观图作者改绘）

## 二、诺邓——盐业造就的美丽村落

诺邓村位于大理云龙县,是云南盐业开发最早的地区之一,由于地理位置偏僻,过去学者对诺邓的研究不多,林文勋教授对村落进行了感性认识的解读。[1]马米从保护与开发角度提出了诺邓的发展构想,[2]朱霞对诺邓的私盐问题、民间信仰问题进行过深入研究,[3]陶少华从视觉景观的角度对诺邓村落景观进行了解析,[4]李珍明通过对诺邓中元祭祖习俗调查,分析了民族信仰的演变。[5]但是,所有的研究成果都没有对诺邓村空间结构的演变和特征进行研究,笔者就此做如下剖析。

### (一)诺邓发展的主要脉络

诺邓盐业开发很早,汉代比苏县就有盐业开发的记录,西汉洱海地区只有大理和云龙这两个县治,说明盐业的规模和影响不小。但是,诺邓真正得到快速发展是明朝以后,尤其是设五井提举司后。五井提举司作为盐业管理中心,极大地推动了盐业及其区域经济的发展,诺邓村落的主要设施也是从这以后大量建成的。从历史脉络看,诺邓人文景观的演变与黑井不同。黑井处于交通要道上,各种外来经济文化要素不断进入。而诺邓偏居大理西北,一直在相对独立的空间里发展,从内向外,景观的"相继占有"符合一般的经济规律,从农耕文明到盐矿开采再到手工业景观,在经济基础之上,逐步使文化得以昌盛。明代以后诺邓的建设主要有以下事件(见表4-13)。[6]

---

[1] 林文勋:《诺邓村:一个盐井村落的历史文化解读》,《盐业史研究》,2004(4),第36-42页。
[2] 马米:《诺邓千年白族村的开发与保护》,《大理学院学报》,2007(1),第88-92页。
[3] 朱霞:《盐井与卤龙王:诺邓盐井的技术知识与民间信仰》,《广西民族学院学报》(自然科学版),2004(2),第62-67页。
朱霞:《私盐、国家垄断与民间权力——以云南诺邓井的私盐问题为例》,《广西民族大学学报》(哲学社会科学版),2007(2),第48-54页。
[4] 陶少华:《我国南方山地型古村落的视觉审美及其展示——以云南诺邓村为例》,《宜宾学院学报》,2006(8),第34-38页。
[5] 李珍明:《云龙诺邓中元祭祖习俗调查》,《大理学院学报》,2008(9),第4-9页。
[6] 李文笔、黄金鼎:《千年白族村——诺邓》,云南民族出版社,2004年,第299-305页。

表 4-13　诺邓沿革大事表

| 时　间 | 事　件 |
| --- | --- |
| 洪武十四年（1382） | 明征南将军傅友德、沐英攻云南入大理，大理平章段明奔永昌。次年二月，傅友德、沐英获段世、段宝、段仁、段义、段顺、段拔，俱释之，段氏子孙各分迁居遍于通省。段世、段宝、段拔迁云龙、安宁、临安。段世迁居诺邓，为诺邓段氏始祖（家谱：始祖考讳世字鳌头段公妣杨氏段太） |
| 洪武十六年（1384） | 五井盐课提举司设诺邓 |
| 嘉靖三十年（1551）前后 | 建玉皇阁——"五云首山" |
| 嘉靖三十五年（1556） | 祝寿寺重修完工，提举李琼题诗，刻碑立于寺内（祝寿寺后改名万寿宫）。李琼，江西抚州府南昌三都人，任提举后落籍诺邓 |
| 嘉靖四十五年（1566） | 五井提举司发给诺邓盐民杨用灶用柴山马崇硐执照（灶用柴山贴），盖有提举司大印 |
| 万历四十八年（1619） | 诺邓井、箭杆场、师井、上五井、十二关、顺荡井由浪穹县划归云龙州 |
| "康熙国初" | 黄之骥、涂衍李、杨久业等建云崇寺 |
| 康熙七年（1668） | 莹慧庵建成 |
| 康熙三十四年（1695） | 前数年间，玉皇阁重新修绘 |
| 康熙五十三年（1714） | 诺邓"秉礼桥"建成 |
| 康熙五十五年（1716） | 扩建玉皇阁 |
| 康熙六十年（1721）春 | 建成关圣殿 |
| 康熙年间 | 建成"熙朝人瑞"牌坊 |
| 乾隆四十二年（1777） | 黄绍魁归里后建黄姓题名坊。翰林院侍读刘必达题书前额"士大夫第"，修建孔庙前棂星门，称"腾蛟起凤坊" |

续 表

| 时　间 | 事　件 |
|---|---|
| 道光年间<br>（1821—1850） | 元年二月二戌时玉阁失火 |
| 道光七年（1827） | 玉阁重修竣工 |
| 咸丰六年（1856）<br>八月初四 | 村南立风水标杆 |
| 咸丰末至同治年间<br>（1862—1874） | 兵燹迭起，井运维艰，饥寒交迫 |
| 光绪四年（1878） | 贡生黄世宗倡修财神殿 |

### （二）诺邓村的人文景观构成

诺邓村的空间从村口的盐井开始，分为东西两个部分，形成两个明显的功能区域，在半山后，两个序列又合在一起，构成全村的景观中心和交流中心，最后进入宗教崇拜区域。全村基本可分为三个序列（见图4-35、4-36）：

（1）生产—管理—移民文化序列：从盐井向右，首先经过龙王庙，盐井与盐神布局在一起，希望泉流不息，富甲一方。龙王庙之后是万寿宫，是由江西商人修建的江西会馆。江西商人是外来较大的社会群体，他们在此同叙乡情并经商繁衍。民国盐署居于后，许多著名的院落也布于周围，如贡爷院、银匠家、道长家等。

（2）生产—销售—居住序列：盐业的生产主要分布在左侧，煮盐作坊与市场一体，后面的众多民居呈现不同规格和不同风格，这主要有两个原因：一是经济水平的差异，二是居民的来源不同。全村保留有元、明、清代的建筑院落90多个，民国后的建筑院落60多个，所以诺邓村被称为云南建筑博物馆。在众多的民居中，有一颗印、三坊一照壁、四合五天井等云南典型建筑风貌，也有根据地形抬升修建的台阶式四合院，这是对传统民居的一种再创造。在两侧山坡对望的时候，诺邓村的层次感、韵律感十分强烈，美不胜收。

（3）村落中心—宗教崇拜中心序列：以上两个序列在进士家汇聚。诺邓在经济繁荣之后，十分重视教育。诺邓村的科举，在云龙中"进士"最多（清代三人中诺邓就有其二），举人、贡生和秀才则不胜枚举，目前仅从几户诺邓人家族谱上查实的贡生就有60余名，秀才有500多人。诺邓村的两个进士都出于黄家，黄绍魁于乾隆庚辰（1760）中进士，黄云书于道光癸未（1823）中进士。一门两进士，自然是全村的骄傲，所以，进士家成为全村的景观中心和公共交流中心。从进士家再往山上行进，主要是宗教崇拜区域。诺邓最奇妙的地方在于，朝圣的路程中，一条通往文庙、武庙，一条通往玉皇阁，笔者将之称为人文之道和神文之道，构成了诺邓神圣而奇妙的精神境界。

图 4-35 诺邓村平面图

（资料来源：云龙县城市建设局）

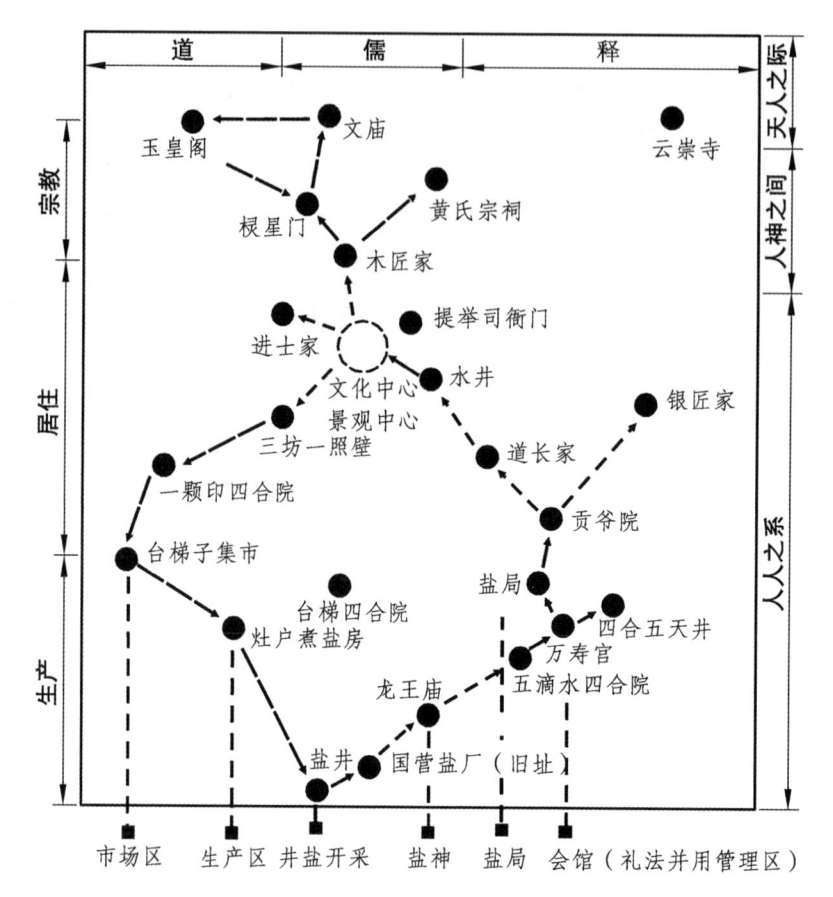

图 4-36 诺邓村景观分析图

（资料来源：作者自绘）

  笔者在云南进行盐业野外考察时，第一次走进诺邓村，就被村落的美丽所震撼，继而在考察中，又为它精妙的布局叹服。与所有盐业的聚落不同的是，从汉代有记载开始，历经两千余年的开发，诺邓一直保留着农耕文化与手工业文明，诺邓盐井无论多么兴盛，诺邓仍然以本土文化的姿态接纳着外来文化。今天的村落，繁华已经逝去，唯有老人和孩子守望着家园，但我们仍然能在村落中见到祭祖的香火与崇拜盐神的仪式，这种文化的固守令人钦佩，也让我们为盐业的衰落感到惋惜。值得庆幸的是，盐业造就的美丽令所有来到诺邓的人们，仍能感受到古老村落中无比精彩的"盐语"。

# 结语

　　盐是人类生活的必需品,在人类文明的进程中扮演着极其重要的角色。盐的利用是人类生活史上的一大进步,被称为"食肴之将",同时,盐是"国之大宝",盐的税利收入是历代官府的重要财源,经济作用巨大,盐业与国家的政治、军事、文化、科学技术等诸多方面也密切相关。以往的盐业研究内容主要集中在盐政管理、生产技术、社会经济、思想文化等方面,在研究方法上,多以文献资料为出发点和立论依据。三峡盐业考古的重要发现是盐业史研究的重要突破,为盐业史研究提供了新的角度。本书以盐业考古发现为基础,将研究范围扩大到长江上游地区,时间从先秦至明清,主要探讨盐业开发对城镇变迁的影响以及盐业城镇形成的独特的景观。本书的结论如下:

## (一)以盐业为视窗研究聚落和城镇景观具有较新的视野

　　以前在探讨早期人类活动以及聚落起源时,主要关注温和的气候、宽阔的冲积平原或阶地、充足的食物来源等因素,极少考虑盐的重要性,这是历史学、考古学、地理学的空白点。盐的开发利用与早期聚落形成、古代科技发明、环境变迁、经济发展密切相关,具有重要的研究价值;聚落与城镇是认识长江上游政治、经济、文化的重要载体,其起源和变迁反映了长江上游历史地理的演变过程,对盐业资源的发掘、开发、运输等具有生产的关联性和空间的连续性。而且研究的区域是多民族聚居地,在盐业资源的开发和城镇发展中与汉族地区具有一些差异性;长江上游是中国文明的重要发源地,经济开发历史十分悠久,原始先民们依托艰苦的自然环境进行开发和发展,手工业的发展与环境的关系尤为密切。以盐业开发为核心,探讨其人地关系和城镇景观的演变,具有较新的视野。同时,长江上游盐业城镇是资源性城市和衰落城市的典型代表,研究其从兴盛、衰落到今天的保护和发展,具有十分重要的现实意义。

## （二）盐业考古发现为早期盐业开发提供了重要证据，但是早期盐业开发与聚落起源的关系还需进一步探索

早期盐业开发与文明起源的关系已经有学者提及。以任乃强先生为代表，他提出了以三峡为中心的"巫䓍文化"，以清江流域和郁山盐泉为中心的"黔中文化"以及盐业与羌族源流的关系。但是，由于文献记载的缺乏，学界普遍认为任先生的观点具有很大的推断性。中坝盐业遗址发现的尖底杯和花边圜底罐，将井盐开发的时代上溯至商周时期，同时，遗址中发现的窖藏、柱洞、房址、水槽、龙窑等，基本展示了早期盐业作坊的面貌，也从某种意义上论证了任乃强先生的大胆假设。但是，目前的考古学证据仅仅只有忠县一个点，有些孤证难立，而且，三峡水位上升后，绝大部分人类活动遗迹已经淹没水下，给今后工作带来很大困难，如果其他区域的发现（比如山东盐业考古）继续深入，才有可能使相应研究得以延续。

## （三）资源型城市的特点决定了本研究具有一定的局限性

盐业城市作为资源型城市，对自然条件具有极大的依赖性，所以，选取的区域和时代都需要一定的界限，类似于自然科学的"受控实验"，才能得出相对科学的结论。在地域选择上，长江流域的高山峡谷地区是理想的区域，因为在这些范围内，其他生产活动很难进行，"逐盐而居"的典型性才能凸显。同时，随着历史进程，某一地域的经济活动越频繁，复杂性越大，盐在其中的作用越难以确定，所以，盐与城市的关联性在三峡地区十分密切，但是，扩大到整个长江流域后，论证显得有些不足。

## （四）古代盐业开发对城市和行政区划的影响存在明显的时间和区域差异

秦汉时期长江上游地区自然条件较差，农业生产落后，盐业经济的地位十分突出，盐产地往往成为一个区域的经济、政治中心。汉代实行盐铁专卖，盐的经济性产生区域的"极化"效应，盐业产地与县的设立存在较强的关联性，尤其是长江上游的许多高山峡谷地区，城市与盐相生相伴，盐业与行政区划关系密切。其中，三峡地区最为典型，汉代三峡所设的县基本是所在郡的经济支柱所在地，如临江、朐忍、巫县、汉发等；新县设立也多为盐业产地分出，而且新设县也有许多是盐产地，

如朐忍—羊渠、汉丰，涪陵—汉发、永宁等。与西汉盐铁专卖政策不同，东汉盐业管理发生了重大变化，盐业经济被地方掌握，因盐聚众、聚众成邑的地方势力在汉末使得巴郡出现分化，并且成为中国行政区划史上的独特案例，地方自下而上主动要求政区分划。但是，三峡盐业与城镇的密切关系在蜀郡和云南地区就不十分明显。

唐宋时期和汉代相比，其他经济形态相应有所发展，盐业经济对于区域经济的作用逐渐变小，区域中心对盐的依赖性逐渐减弱，但是，盐业经济在其中究竟占有怎样的地位，从单纯的文献中很难得出结论。这一时期盐业对城镇和行政区划的影响主要体现在三个方面：第一，盐产地的开发伴随着城市的形成，唐代盐产地新设县大约二十多个；第二，唐宋盐业开发形成了城—镇的格局，唐代以前，盐产地多分布在长江支流，随着经济的发展，盐产地逐渐变为单纯的工业基地，区域城市中心逐步向长江干流转移；第三，盐业开发对行政区划产生了一定的影响，主要体现在以三台为中心的行政中心的形成，剑南东川及其梓州路的形成与盐业开采也存在一定联系，构成了一定的区域经济基础。

明清时期以盐运为线索，在盐业官营体制下，开始划定食盐运销区域，每一产区有固定的销售区和运销路线，明清根据五大盐业中心形成四通八达的盐运系统，不仅联系了本省的区域城镇，而且使得川、鄂、湘、黔交界地带构成了以盐为纽带的城镇体系。

### （五）盐业城镇构成独特的景观体系

作为资源型城镇，盐业城镇具有鲜明的特征，从有机进化景观到关联性景观，以及资源—生产—储存—运销及其相应的文化景观的出现，盐业城镇为世界留下了宝贵的工业遗产景观，也为衰落以后的恢复重建提供了可供借鉴的历史图像。本书选取了三个重点区域：一是以自贡为中心以及以盐道为纽带的盐业城市群，二是三峡盐业景观，三是云南独特的盐镇与村落。

以自贡为生产中心的盐业城镇和盐道体系（以永宁道与合茅道为中心）包括自贡—釜溪河—仙市—富顺—泸州—合江—仁怀。景观体系体现在以自贡为中心的生产性景观和生活性景观、以盐道为中心的文化线路景观和以转运码头为中心的商业贸易景观。

以三峡为中心的盐业考古和城市景观体系包括中坝盐业考古遗址—唐宋集镇考古—明清盐镇，用景观考古的理论和方法对其时间空间加以拓展研究，中坝体现了早期盐业作坊体系，云阳明月坝是目前唯一的从"市"向"镇"转化的考古学遗址，大宁河宁厂古镇是明清盐业古镇的典型代表，展现了完整的手工业遗产景观。

云南盐业城镇的发展与四川有着不同的特点，地处少数民族地区的盐业开发使生产贸易所带来的外来文化与本土文化长期共生。云南在各历史时期与中原的分合中战争频繁（以南诏和大理国为代表），在城镇发展中有许多复杂因素的渗透，使历史文化城镇的景观要素出现叠加甚至混杂的现象。同时，云南盐产地的自然条件十分艰苦，在经济开发过程中，对宗教的诉求和对文化的需求较为强烈，逐渐从自发的原始崇拜、行业神崇拜、佛教道教崇拜转为对文化昌盛的追求，形成了多元文化与自然地理背景的共融共生。

# 参考文献

## 一、古籍文献

[1] 〔西汉〕司马迁. 史记[M]. 北京：中华书局，1959.

[2] 〔东汉〕班固. 汉书[M]. 北京：中华书局，1962.

[3] 〔南朝宋〕范晔. 后汉书[M]. 北京：中华书局，1965.

[4] 〔唐〕房玄龄，等. 晋书[M]. 北京：中华书局，1974.

[5] 〔唐〕魏征，等. 隋书[M]. 北京：中华书局，1973.

[6] 〔后晋〕刘昫，等. 旧唐书[M]. 北京：中华书局，1976.

[7] 〔宋〕欧阳修，等. 新唐书[M]. 北京：中华书局，1975.

[8] 〔元〕脱脱，等. 宋史[M]. 北京：中华书局，1985.

[9] 〔明〕宋濂，等. 元史[M]. 北京：中华书局，1976.

[10] 〔清〕张廷玉，等. 明史[M]. 北京：中华书局，1976.

[11] 〔清〕赵尔巽，等. 清史稿[M]. 北京：中华书局，1976.

[12] 山海经[M]. 上海：上海古籍出版社，1989.

[13] 管子[M]. 上海：上海古籍出版社，1989.

[14] 〔西汉〕桓宽. 盐铁论校注[M]. 王利器，校注. 北京：中华书局，1990.

[15] 〔北魏〕郦道元. 水经注[M]. 丛书集成初编本. 北京：中华书局，1991.

[16] 全唐诗[M]. 北京：中华书局，1979.

[17] 〔唐〕李吉甫. 元和郡县图志[M]. 丛书集成初编本. 北京：商务印书馆，1957.

[18] 〔宋〕王溥. 唐会要[M]. 北京：中华书局，1990.

[19] 〔清〕徐松，辑. 宋会要辑稿[M]. 北京：中华书局，1957.

[20] 〔宋〕司马光. 资治通鉴[M]. 北京：中华书局，1976.

[21]〔宋〕李昉,等. 太平广记[M]. 上海：上海古籍出版社, 1990.

[22]〔宋〕高承. 事物纪原[M]. 上海：上海古籍出版社, 1992.

[23]〔宋〕王象之. 舆地纪胜[M]. 北京：中华书局, 1992.

[24]〔宋〕祝穆. 方舆胜览[M]. 上海：上海古籍出版社, 1991.

[25]〔宋〕文莹. 玉壶清话[M]. 北京：中华书局, 1991.

[26]〔宋〕苏轼. 东坡志林[M]. 影印本. 上海：上海书店, 1990.

[26]〔宋〕文同. 丹渊集[M]. 四部丛刊本. 上海：上海古籍出版社, 1984.

[28]〔宋〕陆游. 入蜀记[M]. 影印本. 台北：文海出版社, 1981.

[29]〔宋〕范成大. 吴船录[M]. 丛书集成初编本. 北京：商务印书馆, 1937.

[30]〔宋〕司马光. 涑水纪闻[M]. 影印本. 上海：上海书店, 1990.

[31]〔元〕马端临. 文献通考[M]. 影印本. 北京：中华书局, 1986.

[32]〔明〕明实录[M]. 台北"中研院"历史语言研究所校印, 1962.

[33]〔明〕王士性. 广志绎[M]. 北京：中华书局, 1981.

[34]〔明〕朱廷立, 史绅, 等. 盐政志[M]. 明嘉靖刻本.

[35]〔明〕吴潜. 夔州府志[M]. 刻本. 1513（明正德八年）.

[36]〔清〕贺长龄,等. 皇朝经世文编[M]. 影印本. 北京：中华书局, 1992.

[37]〔清〕清文献通考[M]. 万有文库本. 北京：商务印书馆, 1936（民国二十五年）.

[38]〔清〕丁宝桢. 四川盐法志[M]. 刻本. 1882（光绪八年）.

[39]〔清〕常明等. 四川通志[M]. 刻本. 1816（嘉庆二十一年）.

[40]〔清〕王梦庚. 重庆府志[M]. 刻本. 1843（道光二十三年）.

[41]〔清〕吴友, 熊履青. 忠州直隶州志[M]. 刻本. 1826（道光六年）.

[42]〔清〕王槐龄. 补辑石柱厅新志[M]. 刻本. 1843（道光二十三年）.

[43]〔清〕刘绍文, 洪锡畴. 城口厅志[M]. 刻本. 1844（道光二十四年）

[44]〔清〕刘德铨. 夔州府志[M]. 刻本. 1827（道光七年）.

[45]〔清〕松林, 何远鉴. 增修施南府志[M]. 刻本. 1871（同治十年）.

[46]〔清〕酉阳直隶州续志[M]. 刻本. 1863（同治二年）.

[47]〔清〕王寿松. 秀山县志[M]. 刻本. 1892（光绪十八年）.

[48]〔清〕朱言诗. 梁山县志[M]. 刻本. 1894（光绪二十年）.

[49]〔清〕谢必铿, 李炳灵. 垫江县志[M]. 刻本. 1900（光绪二十六年）.

[50] 〔清〕田秀栗. 重修酆都县志[M]. 刻本. 1893（光绪十九年）.

[51] 〔清〕廖恩树. 巴东县志[M]. 重刻本. 1880（光绪六年）.

## 二、近人著作

[1] 陈然，谢奇筹，等. 中国盐业史论丛[M]. 北京：中国社会科学出版社，1987.

[2] 陈可畏. 长江三峡地区历史地理之研究[M]. 北京：北京大学出版社，2002.

[3] 丁长清，唐仁粤. 中国盐业史：近代当代编[M]. 北京：人民出版社，1997.

[4] 邓少琴. 巴蜀史迹探索[M]. 成都：四川人民出版社，1983.

[5] 戴裔煊. 宋代钞盐制度研究[M]. 北京：中华书局，1981.

[6] 傅宗文. 宋代草市镇研究[M]. 福州：福建人民出版社，1989.

[7] 郭正忠. 宋代盐业经济史[M]. 北京：人民出版社，1990.

[8] 郭正忠. 中国盐业史：古代编[M]. 北京：人民出版社，1997.

[9] 何一民. 近代中国城市发展与社会变迁（1840—1949）[M]. 北京：科学出版社，2004.

[10] 黄国信. 区与界：清代湘粤赣界邻地区食盐专卖研究[M]. 北京：生活·读书·新知三联书店，2006.

[11] 侯仁之. 历史地理学四论[M]. 北京：中国科学技术出版社，1994.

[12] 李小波，陈喜波. 城市景观的本土化解读与旅游意义[M]. 成都：四川大学出版社，2006.

[13] 李水城，罗泰. 中国盐业考古：长江上游古代盐业与景观考古的初步研究：第一集[M]. 北京：科学出版社，2006.

[14] 李晓杰. 东汉政区地理[M]. 济南：山东教育出版社，1999.

[15] 李悦言. 四川盐矿志[M]. 中华民国经济部中央地质调查所地质专报（甲种第十八号），1944（民国三十三年）.

[16] 林超. 林超论文集[M]. 北京：北京大学出版社，1998.

[17] 刘淼. 明代盐业经济研究[M]. 汕头：汕头大学出版社，1996.

[18] 林元雄. 中国井盐科技史[M]. 成都：四川科技出版社，1997.

[19] 梁方仲. 中国历代户口、田地、田赋统计[M]. 上海：上海人民出版社，1993.

[20] 蓝勇. 长江三峡历史地理[M]. 成都：四川人民出版社，2003.

[21] 蓝勇. 四川古代交通路线史[M]. 重庆：西南师范大学出版社，1989.

[22] 毛曦. 先秦巴蜀城市史研究[M]. 北京：人民出版社，2007.

[23] 彭泽益，王仁远. 中国盐业史国际学术讨论会论文集[M]. 成都：四川人民出版社，1991.

[24] 彭久松，陈然. 四川井盐史论丛[M]. 成都：四川省社会科学院出版社，1985.

[25] 潘光旦. 潘光旦民族研究文集[M]. 北京：民族出版社，1995.

[26] 漆侠. 宋代经济史[M]. 上海：上海人民出版社，1988.

[27] 钱穆. 国史大纲[M]. 北京：商务印书馆，1997.

[28] 任乃强. 四川上古史新探[M]. 成都：四川人民出版社，1986.

[29] 任乃强. 华阳国志校补图注[M]. 上海：上海古籍出版社，1987.

[30] 任乃强. 羌族源流探索[M]. 重庆：重庆出版社，1984.

[31] 谭其骧. 长水集[M]. 北京：人民出版社，1987.

[32] 谭其骧. 中国历史地图集[M]. 北京：中国地图出版社，1990.

[33] 唐仁粤. 中国盐业史：地方编[M]. 北京：人民出版社，1997.

[34] 童恩正. 古代的巴蜀[M]. 成都：四川人民出版社，1979.

[35] 吴良镛. 人居环境科学导论[M]. 北京：中国建筑工业出版社，2001.

[36] 隗瀛涛. 中国近代城市不同类型综合研究[M]. 成都：四川大学出版社，1998.

[37] 徐中舒. 论巴蜀文化[M]. 成都：四川人民出版社，1981.

[38] 袁见齐. 盐矿地质论文选集[M]. 北京：学苑出版社，1989.

[39] 云阳县盐厂. 云阳县盐业志[M]. 1990.

[40] 严耕望. 唐代交通图考：第四卷：山剑滇黔区[M]. 上海：上海古籍出版社，2007.

[41] 张其昀. 中华五千年史[M]. 台北：中国文化大学出版部，1981.

[42] 中国地质科学院地质研究所，武汉地质学院. 中国古地理图集[M]. 北京：地图出版社，1985.

[43] 张学君，冉光荣. 明清四川井盐史稿[M]. 成都：四川人民出版社，1984.

[44] 张光直. 考古学专题六讲[M]. 北京：文物出版社，1986.

[45] 周振鹤. 西汉政区地理[M]. 北京：人民出版社，1987.

[46] 周振鹤. 周振鹤自选集[M]. 南宁：广西人民出版社，1999.

[47] 钟长永. 川盐史论[M]. 成都：四川人民出版社，1990.

[48] 曾仰丰. 中国盐政史[M]. 北京：商务印书馆，1998.

[49] 张小也. 清代私盐问题研究[M]. 北京：社会科学文献出版社，2001.

[50] 吴受彤. 四川盐政史[M]. 1932（民国二十一年）.

[51] 吴受彤. 四川盐政史图册[M]. 1932（民国二十一年）.

[52] BROWN I W. Salt and the eastern North American Indian: an archaeological Study[M]. Peabody Museum, Harvard University，1980.

[53] CHEN P. Salt production and distribution from the neolithic period to the Han Dynasty in the eastern Sichuan Basin, China[M]. University of Califorlia，Los Angeles，2004.

## 三、学术论文

[1] 毕光宏. 云南盐矿地质特征及盐矿地质调查勘探史略[J]. 盐业史研究，1996（3）.

[2] 陈伯桢. 中国盐业考古的回顾与展望[J]. 南方文物，2008（1）.

[3] 陈庆江. 改土归流：明代云南治所城镇发展历程的重要转折[J]. 思想战线，2001（1）.

[4] 程龙刚. 长江三峡地区自然盐泉发现时期考[J]. 盐业史研究，2001（2）.

[5] 程龙刚. 元代四川盐业生产[J]. 盐业史研究，2000（3）.

[6] 程龙刚. 试论三峡盐资源对巴文化的重要作用[J]. 南方文物，2008（1）.

[7] 戴斌武，郭正开，黄学. 丁宝桢与四川盐政改革[J]. 成都教育学院学报，2003（11）.

[8] 傅汉思，张学君. 中国火井历史新证[J]. 自然科学史研究，2000（4）.

[9] 段渝. 秦汉时代的四川开发与城市体系[J]. 社会科学研究，2006（6）.

[10] 段渝. 巴蜀古代城市的起源、结构和网络体系[J]. 历史研究，1995（1）.

[11] 戈叔亚，张跃兵. 黑井古法制盐图[J]. 中国西部，2001（6）.

[12] 顾文栋. 从清末到民国时期贵州盐税及盐价变动的剖析[J]. 盐业史研究，1995（1）.

[13] 顾文栋. 贵州进口盐源及其运销区的演变史略[J]. 盐业史研究，1996（4）.

[14] 顾文栋. 对清代前后期贵州盐政成败的评议[J]. 盐业史研究，1999（2）.

[15] 胡继民. 盐、巴人、神[J]. 湖北民族学院学报（社会科学版），1997（2）.

[16] 何伟福. 清代贵州境内的外省商贾[J]. 贵州社会科学，2005（3）.

[17] 黄润，等. 长江三峡中坝遗址地层中 Rb 和 Sr 的分布特征及其古气候演变[J]. 第四纪研究，2004（5）.

[18] 何一民. 长江上游城市文明的兴起：兼论成都早期城市的形成[J]. 中华文化论坛，2002（2）.

[19] 何一民. 20世纪后期中国近代城市史研究的理论探索[J]. 西南交通大学学报（社会科学版），2000（1）.

[20] 何一民. 近代中国衰落城市：一个被忽视的重要研究领域[J]. 四川师范大学学报（社会科学版），2007（4）.

[21] 黄健. 云南盐业考察报告[J]. 盐业史研究，1996（3）.

[22] 黄国信. 清代滇粤"铜盐互易"略论[J]. 盐业史研究，1996（3）.

[23] 黄国信. 从"川盐济楚"到"淮川分界"：中国近代盐政史的一个侧面[J]. 中山大学学报（社会科学版），2001（2）.

[24] 黄勇，赵万民. 三峡地区古代城镇时空格局变迁[J]. 重庆建筑大学学报，2008（2）.

[25] 侯虹. 渝东地区古代地质环境与盐矿资源的开发利用[J]. 盐业史研究，2003（1）.

[26] 吉成名. 辽代食盐产地研究[J]. 盐业史研究, 2006（4）.

[27] 吉成名. 唐代井盐产地研究[J]. 四川理工学院学报（社会科学版）, 2007（6）.

[28] 吉成名. 魏晋南北朝时期的盐产地[J]. 中国经济史研究, 1996（2）.

[29] 吉成名. 先秦时期食盐产地[J]. 盐业史研究, 2008（1）.

[30] 吉成名. 元代食盐产地研究[J]. 四川理工学院学报（社会科学版）, 2008（3）.

[31] 金少萍. 云龙山地白族宗教文化探析：与盐井相关的宗教民俗文化[J]. 宗教学研究, 2006（3）.

[32] 陆荣华. 略论渝东盐业运销制度的嬗变[J]. 盐业史研究, 2003（1）.

[33] 李小波. 盐铁经济与汉末巴郡分化[J]. 中国社会经济史研究, 2000（1）.

[34] 李小波. 川东古代盐业开发对行政区划和城市分布的影响[J]. 长江流域资源与环境, 2009（3）.

[35] 李小波. 三峡盐业考古发现及其意义[J]. 重庆大学学报（社会科学版）, 2002（1）.

[36] 李小波. 古盐业遗址与三峡历史景观变迁[J]. 四川师范大学学报（哲学社会科学版）, 2003（6）.

[37] 李小波. 三峡历史时期盐业发展兴衰及其原因[J]. 盐业史研究, 2004（1）.

[38] 李三谋. 清代四川盐井土地买卖契约简论[J]. 盐业史研究, 2001（1）.

[39] 李世斌. 古代三峡地区的巴人与巴国[J]. 三峡学刊, 1994（1）.

[40] 李福德, 赵伯蒂. 从历代缉私看川盐缉私[J]. 盐业史研究, 1995（2）.

[41] 李晋昆. 滇西北盐业和白族文化的关系[J]. 民族艺术研究, 2006（6）.

[42] 李兴福. 试论云南黑井盐业的兴衰[J]. 云南师范大学学报（哲学社会科学版）, 2007（6）.

[43] 李水城. 近年来中国盐业考古领域的新进展[J]. 盐业史研究, 2003（1）.

[44] 李正亭. 元代以前滇盐与云南经济社会发展[J]. 盐业史研究, 2008（2）.

[45] 李忆春，黄炳康．成渝地区城镇体系结构研究[J]．经济地理，1999（2）.

[46] 刘卫国．从忠县涂井溪的古盐泉看人工井的早期演进[J]．盐业史研究，2003（1）.

[47] 刘卫国．渝东古盐泉奇景探秘[J]．盐业史研究，2008（1）.

[48] 刘卫国．奉节鱼复浦上的八阵图与盐灶[J]．盐业史研究，2004（1）.

[49] 刘卫国．渝东古盐业探源[J]．盐业史研究，2004（3）.

[50] 刘卫国．试论渝东古盐泉向人工井的演进[J]．盐业史研究，2002（1）.

[51] 刘新有，黄剑，唐姣艳．历史文化名镇旅游资源的开发与保护：以云南禄丰县黑井镇为例[J]．保山师专学报，2006（6）.

[52] 刘吕红．清代云南区域次中心城镇演变与区域经济发展[J]．中华文化论坛，2007（2）.

[53] 刘德林．滇盐矿山开发史略论[J]．盐业史研究，1996（3）.

[54] 鲁子健．大宁盐泉与巫䖝文明[J]．盐业史研究，1998（4）.

[55] 陆韧．明代汉族移民与云南城镇发展[J]．云南社会科学，1999（6）.

[56] 林文勋．大理国货币流通分析[J]．云南民族学院学报（哲学社会科学版），1999（3）.

[57] 梁中效．宋代蜀道城市与区域经济述论[J]．西南师范大学学报（人文社会科学版），2004（5）.

[58] 母光信．川盐入黔与仁怀的经济和文化[J]．贵州文史丛刊，1996（6）.

[59] 马琦．清代贵州盐政述论：以川盐、淮盐、滇盐、粤盐贵州市场争夺战为中心[J]．盐业史研究，2006（1）.

[60] 潘世东．横亘东西勾连南北的汉水流域古代盐道[J]．郧阳师范高等专科学校学报，2008（1）.

[61] 任桂园．三国魏晋南北朝时期三峡盐业与移民及移民文化述论[J]．盐业史研究，2004（1）.

[62] 任桂园．第一次"湖广填四川"与三峡井盐业[J]．西南大学学报（人文社会科学版），2006（3）.

[63] 任桂园．秦汉盐政与三峡盐业综论[J]．重庆三峡学院学报，2002（6）.

[64] 任桂园. 三国魏晋南北朝时期的盐制与三峡盐业综论[J]. 重庆三峡学院学报, 2003（6）.

[65] 任桂园. 隋唐五代盐政与三峡盐业[J]. 重庆三峡学院学报, 2005（5）.

[66] 任桂园. 廪君、盘瓠后裔反抗斗争与三峡盐业内在联系[J]. 湖北民族学院学报（哲学社会科学版）, 2004（4）.

[67] 任桂园. 三峡地区盐资源与早期中原文化因素融入之关系：三峡盐文化简论（二）[J]. 三峡学刊, 1996（2）.

[68] 任均尚, 郑毅. 近20年来西南古代商业贸易与市场发展史研究综述[J]. 重庆三峡学院学报, 2003（4）.

[69] 四川省文物考古研究所, 等. 中坝遗址的盐业考古研究[J]. 四川文物, 2007（1）.

[70] 孙智彬. 忠县中坝遗址的性质：盐业生产的思考与探索[J]. 盐业史研究, 2003（1）.

[71] 孙华. 渝东史前制盐工业初探：以史前时期制盐陶器为研究角度[J]. 盐业史研究, 2004（1）.

[72] 石应平. 盐源地区的民族变迁与笮文化[J]. 中华文化论坛, 2002（4）.

[73] 史继刚. 中国古代私盐的产生和发展[J]. 盐业史研究, 2003（4）.

[74] 陶宏, 黄健. 西藏芒康县盐井乡盐业研究[J]. 盐业史研究, 2002（4）.

[75] 汤绪泽. 巫溪古盐道[J]. 盐业史研究, 1997（4）.

[76] 田强. 清代长江三峡地区的食盐问题分析[J]. 盐业史研究, 2001（2）.

[77] 谭刚. 清末民初川江轮船运输的兴起与济楚川盐运输近代化[J]. 盐业史研究, 2006（2）.

[78] 吴晓亮. 古代云南城镇人口探析：以洱海区域城镇人口为例[J]. 云南民族学院学报（哲学社会科学版）, 2003（6）.

[79] 吴海波. 近十五年来清代私盐史研究综述[J]. 盐业史研究, 2001（3）.

[80] 王慎之, 王子今. 四川竹枝词中的盐业史信息[J]. 盐业史研究, 2000（4）.

[81] 王肇磊. 清代鄂西北私盐泛滥原因探析[J]. 盐业史研究, 2006（2）.

[82] 王清明. 我国盐矿地质勘查研究简史[J]. 盐业史研究, 2006（2）.

[83] 武晓芬. 清代及民国云南盐政变化与地方经济的关系[J]. 中国经济史研究，2004（3）.

[84] 吴佩林，邓勇. 清代四川南部县井盐业概论：以《清代四川南部县衙门档案》为中心的考察[J]. 盐业史研究，2008（1）.

[85] 宣之强. 中国盐矿开发的历史回顾与前瞻[J]. 化工矿产地质，1997（3）.

[86] 熊月之，张生. 中国城市史研究综述（1986—2006）[J]. 史林，2008（1）.

[87] 徐朝鑫. 川东并非世界最早的人工钻井地：兼谈川盐的起源问题[J]. 文史杂志，1994（3）.

[88] 谢本书. 滇盐发展的历史特点[J]. 盐业史研究，1996（3）.

[89] 姚晓瑞. 唐代盐产考[J]. 宁夏社会科学，2007（6）.

[90] 余明. 明清时期川盐与林产利用[J]. 盐业史研究，2006（1）.

[91] 阎柏. 古镇的兴衰对滇中社会经济发展的影响：以云南楚雄黑井和石羊盐业古镇为例[J]. 云南民族大学学报（哲学社会科学版），2007（3）.

[92] 杨彩丹. 清末陕西私盐问题研究[J]. 盐业史研究，2006（3）.

[93] 杨炳鑫. 浅谈云南主要盐矿开采工艺[J]. 中国井矿盐，1999（4）.

[94] 杨君昌. 汉代朐䏰县的"大小石城"与唐代云安县盐官的位置[J]. 三峡学刊，1994（1）.

[95] 杨庆. 黑井古镇历史保护与开发[J]. 思想战线，2002（2）.

[96] 杨柳，诸锡斌. 黑井传统制盐技术新考[J]. 云南农业大学学报（社会科学版），2007（3）.

[97] 钟长永. 盐与云南的民俗风情[J]. 盐业史研究，1997（2）.

[98] 钟长永，黄健. 川东盐业与三峡库区的盐业遗址[J]. 四川文物，1997（2）.

[99] 曾先龙. 中坝遗址在三峡库区盐业考古中的地位[J]. 盐业史研究，2003（1）.

[100] 张强，等. 川江中坝遗址5000年来洪水事件研究[J]. 地理科学，2004（6）.

[101] 张鸿德. 云南盐矿资源开发利用条件分析[J]. 中国井矿盐，1994（5）.

[102] 朱继平，王昌燧，等．长江三峡早期井盐开发的初步探讨[J]．中国科学技术大学学报，2003（4）．

[103] 张汝．犍乐盐业对盐区经济发展的作用研究[J]．农业经济，2007（12）．

[104] 张金河，刘世光．温泉盐场的卤井和取卤方式[J]．盐业史研究，2004（1）．

[105] 张学君，张缪斯．关于临邛、蒲江的盐业历史：汉代蜀郡井盐开发的历史背景与工艺特点[J]．盐业史研究，2007（3）．

[106] 张学君，张莉红．明代四川火井探微[J]．盐业史研究，2005（4）．

[107] 张学君．南方丝绸之路上的食盐贸易[J]．盐业史研究，1995（4）．

[108] 张洪林．清代四川盐井买卖契约[J]．现代法学，2001（6）．

[109] 张祥光．明代"开中"在黔实施述评[J]．贵州师范大学学报（社会科学版），2004（1）．

[110] 朱霞．从《滇南盐法图》看古代云南少数民族的井盐生产[J]．自然科学史研究，2004（2）．

[111] 朱霞，李晓岑．西藏自治区芒康县盐井镇的井盐生产[J]．中国藏学，2007（3）．

[112] 朱霞．私盐、国家垄断与民间权力：以云南诺邓井的私盐问题为例[J]．广西民族大学学报（哲学社会科学版），2007（2）．

[113] 朱霞．民间卤水资源分配与国家灶户制度：以云南诺邓白族村盐井的"十六灶"习俗为个案[J]．云南社会科学，2007（1）．

[114] 朱霞．盐井与卤龙王：诺邓盐井的技术知识与民间信仰[J]．广西民族学院学报（自然科学版），2004（2）．

[115] 朱霞．云南诺邓盐井的求雨仪式[J]．民俗研究，2005（2）．

[116] 宋良曦．中国盐业的行业偶象与神祇[J]．盐业史研究，1998（2）．

[117] 赵小平．历史云南盐币流通探析[J]．盐业史研究，2007（2）．

[118] 赵小平．试论滇盐在商品流通中的历史作用[J]．盐业史研究，2002（1）．

[119] 赵小平．清代滇盐的流通与销盐市场的拓展[J]．盐业史研究，2004（1）

[120] 赵逵，杨雪松，张钰．"川盐古道"文化线路之研究初探[J]．华中师范大学学报（自然科学版），2007（2）．

[121] 赵逵，杨雪松. 川盐古道与盐业古镇的历史研究[J]. 盐业史研究，2007（2）.

[122] 赵小平. 试论云南盐矿生产、移民与工商市镇形成、发展的关系[J]. 四川理工学院学报（社会科学版），2006（4）.

[123] 赵逵，张钰，杨雪松. 川盐文化线路与传统聚落[J]. 规划师，2007（11）.

[124] 赵心愚. 唐代磨些部落与《格萨尔王传·保卫盐海》中的"姜国" [J]. 西南民族学院学报（哲学社会科学版），2002（4）.

[125] 曾超. 试论巴人对乌江流域的经济开发[J]. 贵州文史丛刊，2003（5）.

[126] 张莉. 巴盐与巴族的兴衰[J]. 涪陵师范学院学报，2003（6）.

[127] 张学君，张莉红. 长江上游市镇的历史考察[J]. 社会科学研究，2006（5）.

## 四、硕博学位论文

[1] 黄建平. 清代云南商业研究[D]. 昆明：云南师范大学，2004.

[2] 李映福. 明月坝唐宋集镇研究[D]. 成都：四川大学，2006.

[3] 李青淼. 唐代盐业地理[D]. 北京：北京大学，2008.

[4] 罗玲. 论三峡地区盐业资源的开发与政治、经济、文化的互动关系[D]. 重庆：重庆师范大学，2004.

[5] 刘吕红. 清代资源型城市研究[D]. 成都：四川大学，2006.

[6] 潘碧华. 三峡早期人居环境研究[D]. 上海：复旦大学，2007.

[7] 田永秀. 近代四川沿江中小城市研究[D]. 成都：四川大学，1999.

[8] 王运辅. 三峡先秦渔猎经济的考古学观察[D]. 重庆：重庆师范大学，2006.

[9] FLAD R K. Specialized salt production and changing social structure at the prehistoric site of Zhongba in the eastern Sichuan Basin, China[D]. University Of California, Los Angeles, 2004.

# 后记

这是一本迟来的书稿，充满着感激的"盐语"。

感谢唐晓峰教授，带我进入历史地理领域，并推荐我参加"四川盆地及其邻近地区古代盐业的景观考古学研究"项目。感谢李水城教授，让我有幸加入中美联合的盐业考古学术团队，为我打开了一个陌生而充满魔力的领域。感谢何一民教授，指导我从城市史的角度进行研究，让研究视野更加宽阔。本书以盐业为核心，涉及历史地理、景观考古和城市研究的初步探索，这也是一段学术轨迹，感谢恩师们的厚爱，也惭愧自己贡献甚少，从学术研究到经世致用，希望不忘初心。

感谢 UCLA 著名汉学家罗泰（Lothar von Falkenhausen）教授，让我感受到学术研究的国际视野。感谢哈佛大学的付罗文（Rowan K. Flad）教授和台湾大学的陈伯桢教授，在一路盐业考察交流中让我收获颇丰，而且在美国期间的全程陪同，也开启了我对国家公园考察的先行视野。痛惜伯桢英年早逝，天妒英才。

感谢国家出版基金的支持，感谢西南交通大学出版社为本书出版做出的努力。

学术和生活如盐语，正如诗人巴勃罗行吟的诗句："盐滩上，我看到粒粒的盐，也许你并不相信，但我知道，它在歌唱，盐，在歌唱……"

# Brief introduction

During the course of the development of Chinese civilization, "migrating in search of salt" was one of the ways of its origin. From the "ancestor of all tastes" and "the general of foods" in daily life to the "half state's taxes coming from salt profits" as a national material strategic, all reflect the "salt language" in the historical time and space. The archaeological discovery of salt industry in the Three Gorges shows that salt mining and manufacturing may date back to the Shang and Zhou dynasties and provides a new perspective for the historical and geographical changes in the upper reaches of the Yangtze River. The salt layer around the Sichuan Basin was shallow, so it was exploited earlier. And the middle part of the basin, which was deeper buried and richer in reserves, was deepened into further gradually. From Dakou Well to Zhoukou Well, the depth of well salt mining represented the height of scientific and technological civilization in the ancient world, and also formed a great well salt civilization integrator represented by Zigong. At the same time, people gathered for salt and cities formed for the gathering. The organic evolution landscapes of the salt mining process, as well as their associated landscapes closely followed, have retained a valuable industrial heritage, and also constituted a typical representative of the world cultural landscape heritage. The people-to-people, people-to-gods and heaven-to-people humanity space structures in the salt industry towns radiate a unique charm of ancient salt industry in the upper reaches of the Yangtze River.